ROMANOS

Hno. Ismael Perla
New York
MVC
4/7/19

INFOMI

Otros libros de Evis L. Carballosa

ROMANOS

Una orientación expositiva y práctica

Evis L. Carballosa

EDITORIAL
PORTAVOZ

Romanos: Una orientación expositiva y práctica, de Evis L. Carballosa, © 1994 por Evis L. Carballosa y publicado por Editorial Portavoz, filial de Kregel, Inc., Grand Rapids, Michigan, 49505 USA. Todos los derechos reservados.

EDITORIAL PORTAVOZ
2450 Oak Industrial Dr. NE
Grand Rapids, Michigan 49505 USA

Visítenos en: www.portavoz.com

978-0-8254-5652-7 (rústica)
978-0-8254-0640-9 (Kindle)
978-0-8254-8093-5 (epub)

2 3 4 5 6 edición / año 24 23 22 21 20 19 18 17 16

Impreso en los Estados Unidos de América
Printed in the United States of America

Contenido

Prólogo

Escribir el Prólogo al trabajo que el doctor Carballosa desarrolla en el presente comentario sobre la Epístola a los Romanos es un verdadero honor, a la vez que una satisfacción, al poder recomendar a los estudiosos de las Escrituras uno de los trabajos mejor elaborados con espíritu y mente didáctica sobre esta importante epístola.

La Epístola a los Romanos es, sin duda, uno de los escritos bíblicos que mayor impacto ha causado al mundo cristiano a través de los siglos. Escritores, maestros, teólogos de todos los tiempos, han comentado total o parcialmente esta joya de la literatura bíblica; algunos con un impacto tal que sacudió desde los cimientos de la Iglesia; baste recordar obras como las que salieron de la pluma de Martín Lutero o Juan Calvino, entre otros.

El escritor humano de esta carta tiene en mente lo que él mismo llama "el evangelio", y afirma que es "poder de Dios para salvación a todo aquel que cree". Tal afirmación se desarrolla en el contenido teológico-doctrinal de la misma, en una magistral aportación de un caudal de verdades enlazadas y presentadas con la profundidad, el orden y la precisión que son propios de un "maestro de maestros" como lo fue Pablo. Sin embargo, no solo hay teología o doctrina. La carta tiene también un alto contenido "práctico" para el desarrollo y progresión de la vida cristiana, consecuencia natural de "vivir la fe dada una vez a los santos", cuya evidencia se expresa en obras que concuerdan con el "poder de Dios" en el creyente. Vidas transformadas son el mejor comentario a la verdad doctrinal de esta carta. Hombres y mujeres transformados por Dios que, aún estando en el mundo no son del mundo, han de producir necesariamente un impacto en la sociedad que les rodea, de tal magnitud que sean una confirmación a la verdad expresada por Pablo: "*el evangelio es poder de Dios para salvación a todo aquel que cree.*"

Un evangelio desprovisto de su contenido doctrinal es un mensaje muerto. La exposición y proclamación del mensaje de salvación requiere un conocimiento doctrinal profundo, si lo que se pretende es realmente predicar el evangelio del que Pablo habla. Lamentablemente los expositores bíblicos han dado paso hoy a muchos predicadores que sólo son eso, predicadores, pero que carecen de lo más imprescindible: un contenido doctrinal sólido en su mensaje, producto en muchos casos de un desconocimiento serio de las Escrituras.

En su comentario el doctor Carballosa facilita, no sólo una visión panorámica detallada del contenido de esta carta, sino que, con su experiencia como profesor bíblico y expositor de las Escrituras durante tantos años, aborda dos facetas que para muchos han sido ignoradas: 1) un material que permite la investigación personal, facilitando la base de un estudio personal con una amplitud considerable, y 2) el modo de aplicación personal de la carta de manera que ésta pueda ser "vivida" por el estudiante en cada momento y circunstancia por la que atraviesa.

Al concluir esta breve "presentación", soy consciente de que esta obra no necesitaba mi recomendación, ya que ella sola es suficiente para tal menester. Tan sólo me resta pedir al Señor que la use como instrumento bajo el poder de su Espíritu para edificación de su Iglesia y medio formativo a hombres "idóneos que sean capaces de enseñar también a otros" (2 Ti. 2:2). Todo para la gloria de Dios.

SAMUEL PÉREZ MILLOS

Mayo de 1993
Vigo, España

Descripción del libro

Este estudio sobre la Epístola a los Romanos consta de quince lecciones basadas sobre el contenido de dicha epístola. Hay, además, un total de veintiocho "Hojas de trabajo". Cada hoja proporciona al estudiante la oportunidad de realizar su propia investigación del contenido de la epístola. También se incluye un total de 251 "Preguntas de repaso". Dichas preguntas tienen el objeto de que el estudiante sea capaz de recordar los detalles del material estudiado en cada capítulo. Se ha intentado hacer un estudio exegético versículo por versículo que, aunque no pretende ser exhaustivo, tiene la finalidad de establecer algunas directrices para que el estudiante se oriente en la práctica de la exégesis bíblica. Se espera que el estudiante preste atención cuidadosa al plan de cada lección. El mayor provecho de este estudio lo obtendrán quienes sigan los pasos que se sugieren y realicen todas las tareas señaladas.

Finalmente, se han seleccionado más de cien expresiones, palabras o frases para que el estudiante se compenetre con el vocabulario teológico de la Epístola a los Romanos. El provecho que el estudiante obtenga de este comentario estará en proporción directa con su esfuerzo y dedicación.

¡Quiera Dios bendecir este esfuerzo y usarlo para su gloria!

Instrucciones para el estudiante

Usted está a punto de emprender uno de los estudios más remuneradores de su experiencia cristiana. Mucho dependerá, sin embargo, del esfuerzo y dedicación que invierta en este proyecto. Este curso está diseñado de tal manera que se requiere un promedio de dos a tres horas de trabajo para completar cada lección. El autor confía en que el estudiante se esforzará para obtener el mayor provecho posible en la consecución de este estudio.

1. Lea la Epístola a los Romanos en tres versiones distintas. Se recomiendan las siguientes:
    1.1 Reina-Valera (1960).
    1.2 Versión Hispanoamericana.
    1.3 Versión Moderna.
    1.4 Biblia de Jerusalén.
    1.5 Biblia de las Américas.

2. Lea algunos comentarios exegéticos sobre la Epístola a los Romanos.
    2.1 Se recomienda como libro de texto:
         Romanos: Versículo por versículo, por William R. Newell (Editorial Portavoz).
    2.2 Otras obras que pueden consultarse:
         Epístola a los Romanos, por Ernesto Trenchard (Editorial Portavoz).
         Romanos, por William Barclay (Editorial la Aurora).

2.3   Además, deben consultarse las siguientes obras:
      Introducción al Nuevo Testamento, por Everett F. Harrison
      (Subcomisión Literatura Cristiana).
      Nuestro Nuevo Testamento, por Merrill F. Tenney (Editorial
      Portavoz).
      "Romanos", por A. B. Mickelsen, en *Comentario bíblico
      Moody: Nuevo Testamento*, editado por Everett F. Harrison
      (Editorial Portavoz).

3. Se recomienda el siguiente procedimiento:
    3.1   Lea el pasaje bíblico sobre el que se basa la lección.
    3.2   Lea el comentario de Newell.
    3.3   Complete las hojas de trabajo correspondientes a cada lección.
    3.4   Conteste las preguntas de repaso que acompañan a cada lección.
    3.5   Haga una reflexión personal sobre cada lección y escríbase un
          párrafo que exprese el provecho personal obtenido del
          estudio de cada lección.

1

Introducción a la Epístola a los Romanos

La Epístola a los Romanos ha sido considerada por muchos como el libro más sobresaliente del Nuevo Testamento. Tanto por su contenido como por su profundidad, la carta a los Romanos ocupa un sitio singular entre los libros canónicos neotestamentarios. La autenticidad de esta epístola ha sido generalmente aceptada, aunque algunos cuestionan que el capítulo 16 formase parte del texto original de la carta.

La carta a los Romanos revolucionó el pensamiento de Martín Lutero, el gran reformador alemán del siglo XVI, tocante al tema de la justificación por la fe, aunque Lutero comenzó su estudio tocante a la justificación en los Salmos. Hombres tales como Felipe Melancton, Juan Calvino y el escocés Juan Knox, fueron profundamente afectados por la lectura y el estudio de la Epístola a los Romanos. Se ha dicho, con mucha razón, que sin la Epístola a los Romanos no hubiese ocurrido la Reforma protestante.

La influencia decisiva que la carta a los Romanos ha tenido en la historia de la Iglesia es, sin duda, indiscutible. Grandes avivamientos, como el de los tiempos de Wesley en Inglaterra, han comenzado con el estudio de Romanos. Incluso la denuncia de la teología liberal realizada por Karl Barth, el padre de la neoortodoxia, tuvo sus raíces en el comentario escrito sobre Romanos por el teólogo suizo-alemán en el año 1920.

Hoy día, cuando existe tanta confusión doctrinal, tanto dentro como fuera de la iglesia local, el estudio de la Epístola a los Romanos constituye una tarea imprescindible para el cristiano que con seriedad desea servir a

Dios y enseñar a otros las verdades de las Sagradas Escrituras. La carta a los Romanos tiene mucho que decir a la Iglesia hoy, tanto en cuanto a la fe como en cuanto a la práctica.

Autor

Las evidencias tanto internas como externas apoyan decisivamente la paternidad paulina de esta epístola.

A. *Evidencias internas*: (1) el autor se identifica como Pablo (1:1). (2) Se reconoce como apóstol de los gentiles (11:13). (3) El ministerio descrito en 15:15-20 se ajusta mejor al de Pablo. (4) El estilo y el contenido de la epístola manifiestan una paternidad paulina. (5) Las circunstancias mencionadas en 15:15-28 concuerdan con lo ocurrido en 1 Corintios 16:1-4 y 2 Corintios 8:9.

B. *Evidencias externas*: la paternidad paulina de Romanos es reconocida por Clemente Romano, Ignacio, Justino Mártir, Policarpo, Hipólito, el Canon Muratori, Ireneo, Tertuliano, San Agustín y otros.

Lugar de origen

Lo más probable es que Pablo escribiese Romanos desde Corinto por las siguientes razones: (1) Hechos 20:2-3 menciona que Pablo permaneció en Grecia durante tres meses. (2) Durante ese tiempo promovió y recogió la ofrenda para los santos necesitados en Jerusalén (1 Co. 16:1-4; 2 Co. 8:9, ver también Ro. 15:25-27). (3) Pablo estaba hospedado en la casa de Gayo, quien vivía en Corinto (Ro. 16:23; 1 Co. 1:14). (4) El Erasto mencionado en Romanos 16:23 vivía en Corinto según 2 Timoteo 4:20. (5) Después de haber recogido la ofrenda, Pablo parte para Jerusalén (Hch. 20:17-38) y de allí esperaba salir para Roma.

Ocasión de la epístola

Evidentemente, Pablo deseaba visitar a los creyentes residentes en Roma, pero sus actividades evangelísticas y misioneras no le habían permitido hacerlo (15:22). Parece ser que el Apóstol había determinado cumplir ese gran deseo después de realizar el viaje a Jerusalén para llevar la ofrenda a los hermanos necesitados (15:23-32). Pablo aprovecha el viaje de Febe a Roma para enviar su carta (16:1). Esta carta serviría de anticipación de su viaje a Roma y al mismo tiempo de plataforma para la predicación del evangelio de la gracia de Dios. Pablo deseaba continuar su ministerio apostólico en España. Era su propósito proclamar el mensaje de salvación en sitios donde aún no había sido predicado (véase 15:20-24). Evidentemente, el Apóstol deseaba involucrar a los hermanos en Roma en su proyecto de evangelizar España. Como puede inducirse, Pablo reconocía que la labor misionera es responsabilidad de toda la Iglesia. Él era, sin duda, un hombre de equipo. Trabajaba con otros en la inmensa tarea de proclamar el evangelio.

Es posible que, de algún modo, el Apóstol tuviese conocimiento de la existencia de tensiones entre los creyentes judíos (minoría) y los gentiles (mayoría) en la iglesia o iglesias de Roma. De haber sido así, es evidente que Pablo quiso aliviar esas tensiones exponiendo el lugar que tanto el judío como el gentil ocupan en el plan de Dios.

Fecha

Probablemente Pablo compuso su Epístola a los Romanos en el invierno del año 57 o la primavera del año 58 d.C., poco después de haber escrito su Segunda Epístola a los Corintios y antes de realizar su viaje a Jerusalén (Hch. 20:17—21:17).

Propósito

El propósito central de la Epístola a los Romanos es exponer el tema de la santidad y la justicia de Dios a través del evangelio de la gracia (1:16-17). Además, demostrar que todo ser humano está desprovisto de la santidad y la justicia que Dios demanda (1:18-32). Tanto el judío como el gentil están perdidos y, por lo tanto, necesitan la justicia de Dios. En esta epístola Pablo aclara cuál es la posición que ocupa tanto el judío como el gentil dentro del plan divino de la salvación.

Evidentemente la iglesia o iglesias de Roma estaban compuestas de una mayoría de gentiles y una minoría de judíos. Los cristianos gentiles necesitaban saber que Dios no ha desechado al judío, y los cristianos judíos necesitaban saber el plan de Dios para la salvación de los gentiles (1:8-17).

En el desarrollo de su argumento Pablo expone la universalidad del pecado. Tanto el gentil como el judío están bajo condenación (1:18—3:20). Tanto el gentil como el judío necesitan la gracia salvadora de Dios. La justificación es por la fe, tanto para el judío como para el gentil. La justicia del hombre es insuficiente e inaceptable delante de Dios (3:19-20). La única justicia aceptable delante de Dios es la que se obtiene por la fe en la persona de Cristo (3:21—5:21).

La imputación de la justicia divina en el creyente comporta las demandas de una vida nueva. El nuevo hombre puede tener victoria sobre el pecado mediante la práctica de la obediencia a la Palabra, la dependencia del Señor y la sumisión a la voluntad del Espíritu (6:1—8:39).

Pablo añade que Dios tiene un propósito inmutable con la nación de Israel (9:1—11:36). Israel como nación está bajo juicio por su desobediencia. La ceguera de Israel es judicial. Su caída no es total ni final. Cuando la plenitud de los gentiles haya entrado (Ro. 11:25) en el vínculo de la salvación, Dios restaurará a Israel mediante la salvación de un remanente escogido por gracia (11:5).

Dios obrará en conformidad con sus promesas hechas a Abraham, Isaac, Jacob y David. Dios preservará una descendencia a Abraham (9:29), y un remanente escogido por gracia sobre el cual derramará las bendiciones del nuevo pacto (11:27). Los gentiles que disfrutan de las bendiciones de Dios ahora no deben menospreciar a los judíos que han sido excluidos (11:17). La exclusión de los judíos ha traído bendición a los gentiles (11:15), pero la bendición será aún mayor cuando el remanente sea salvado (11:15). Lo que impide que el remanente sea incluido es la incredulidad (11:23). Dios ha manifestado que no hace acepción de personas mediante su acto de disciplina hacia la descendencia física de Abraham.

Finalmente, Pablo expone cuál debe ser el estilo de vida del creyente: (1) como miembro del cuerpo de Cristo (12:1-21); (2) como ciudadano sujeto a un gobierno civil (13:1-14); y (3) como responsable de la mutua edificación a pesar de las diferencias raciales, culturales y de madurez que pudieran existir (14:1-15:12). Pablo concluye con una exposición de su ministerio apostólico y misionero y una explicación de sus intenciones de viajar a Roma (15:13—16:27).

La iglesia en Roma

Según la tradición, la iglesia en Roma fue fundada por el año 42 d.C. Existe la opinión de que Pedro fue el fundador de dicha iglesia y de que sirvió allí como obispo durante unos veinticinco años. Esa teoría, sin embargo, confronta serios problemas:

1. Pablo no menciona a Pedro en lo absoluto en el capítulo 16, donde menciona a treinta y cinco personas por nombre. Ciertamente Pablo conocía personalmente a Pedro (Gá. 1:18; 2:9, 11, 14). Si Pedro hubiese sido obispo de la iglesia allí, es de esperarse que Pablo lo hubiese mencionado en su epístola.

2. Según Romanos 15:20, Pablo anhelaba predicar el evangelio donde otros no lo hubiesen hecho. De modo que la teoría de que Pedro fue el fundador de la iglesia en Roma confronta algunas dificultades de consideración.

Es más factible que la iglesia en Roma hubiese sido establecida por personas convertidas en el día de Pentecostés, y que, posteriormente, viajaron a la capital imperial (ver Hch. 2:10). Era algo común en aquellos tiempos que los ciudadanos del Imperio gravitasen hacia Roma por razones de negocios o en busca de empleo.

Características de la Epístola a los Romanos

1. Presenta una panorámica universal de la condición del hombre delante de Dios.
2. Contiene setenta y cuatro referencias y alusiones al Antiguo Testamento.
3. Se asemeja más a un tratado teológico que a una carta.
4. Fue escrita a una iglesia que Pablo no había establecido.
5. No fue escrita a causa de problemas doctrinales o prácticos.

El tema de la epístola

El gran tema que se destaca en la Epístola a los Romanos es: LA REVELACION DE LA JUSTICIA DE DIOS.

BOSQUEJO SINTÉTICO (Bosquejo central)

I. Saludo y tema de la epístola: la revelación de la justicia (1:1-17).
II. Justificación: imputación de la justicia (1:18—5:21).
III. Santificación: apropiación de la justicia (6:18—8:17).
IV. Glorificación: conformidad con la justicia, (8:18-39).
V. Vindicación: la justicia de Dios tocante a Israel (9:1—11:36).
VI. Aplicación: el fruto de la justicia de Dios (12:1—15:13).
VII. Propagación: la diseminación de la justicia (15:14—16:27).

BOSQUEJO EXEGÉTICO

1. **Saludos y tema de la epístola: la revelación de la justicia de Dios (1:1-17).**
   1.1 Saludos (1:1-7).
   1.2 Interés personal de Pablo por los creyentes en Roma (1:8-13).
      1.2.1 Demostrado mediante la oración (1:8-10).
      1.2.2 Manifestado mediante el deseo de edificarles (1:11-13).
   1.3 La obligatoriedad de Pablo respecto al evangelio (1:14-15).
   1.4 La explicación de Pablo tocante al evangelio (1:16-17).

2. **Justificación: imputación de la justicia (1:18—5:21).**

2.1 Condenación: la necesidad universal de la justicia (1:18—3:20).

    2.1.1 La culpa de los gentiles (1:18-32).

        2.1.1.1 Revelación del conocimiento (1:18-20).

        2.1.1.2 Rechazo del conocimiento (1:21-23).

        2.1.1.3 Resultados del rechazo del conocimiento (1:24-32).

    2.1.2 La culpa de los judíos (2:1—3:8).

        2.1.2.1 La declaración de la culpa (2:1).

        2.1.2.2 El criterio del juicio (2:2-16).

            (a) Según verdad (2:2-5).

            (b) Según obras (2:6-10).

            (c) Sin acepción de personas (2:11-16).

        2.1.2.3 El peligro del judío (2:17-29).

            (a) Sus privilegios (2:17-20).

            (b) Sus prácticas (2:21-24).

            (c) Su posición (2:25-29).

        2.1.2.4 Las promesas del judío (3:1-8).

    2.1.3 La prueba de la culpa universal (3:9-20).

        2.1.3.1 La acusación (3:9).

        2.1.3.2 La demostración (3:10-18).

        2.1.3.3 La aplicación (3:19-20).

2.2 Manifestación: la provisión universal de la justicia (3:21-26).

    2.2.1 Justicia sin la ley (3:21).

    2.2.2 Justicia aprobada por la fe (3:22-23).

    2.2.3 Justicia consumada por el sacrificio de Cristo (3:24-25a).

    2.2.4 Justicia que explica el trato de Dios con el pecador (3:25b-26).

2.3 Armonización: la justificación y la ley (3:27-31).

2.4 Ilustración: la justificación en el Antiguo Testamento (4:1-25).

    2.4.1 Abraham y la justificación (4:1-5).

    2.4.2 David y la justificación (4:6-8).

    2.4.3 La circuncisión y la justificación (4:13-17)

    2.4.4 La herencia y la justificación (4:13-17).

    2.4.5 La fe y la justificación (4:18-25).

2.5 Exultación: la certeza de la salvación (5:1-11).

2.6 Aplicación: la universalidad de la justificación (5:12-21).

PREGUNTAS DE REPASO

1. ¿Quién escribió la Epístola a los Romanos? (Explique.) _____
   Apóstol Pablo. (1:1)

2. ¿Cuándo fue escrita la Epístola a los Romanos? _____
   En el invierno del año 57 a la primavera del año 58.

3. ¿Dónde fue escrita la Epístola a los Romanos? (Explique.)
   En corinto porque el estaba hospedado en la casa de Gayo (Ro. 16:23)

4. ¿Qué motivó al autor escribir la carta a los Romanos? _____
   Escribir a los romanos (preparó terreno) anter de ir a Roma. Llegó a roma pero no llegó a España.

5. ¿Cuál es el tema central de la Epístola a los Romanos? _____
   Tema de la santidad y Justicia de Dios.

6. ¿Cuál es el versículo clave de la epístola? _Romans 1:19_

7. Escriba el bosquejo central de la Epístola a los Romanos. _____

Bosquejo Sintético.

— Saludo y tema
— Justificación
— Santificación
— Glorificación
— Vindicación
— Aplicación
— Propagación

2

La naturaleza y el contenido del evangelio bíblico (1:1-17)

Propósito: examinar el contenido del evangelio bíblico y enfatizar la obligación que cada creyente tiene de predicarlo.

Objetivos de la lección

1. Que el estudiante sea capaz de expresar verbalmente y por escrito la naturaleza del evangelio bíblico.
2. Que el estudiante se compenetre del contenido del evangelio bíblico y sea capaz de enseñarlo a otros.
3. Que el estudiante discierna la obligación que cada creyente tiene de predicar el evangelio.

Tarea a realizar

1. Lea el pasaje bajo consideración, (Ro. 1:1-17), en no menos de tres versiones distintas.
2. Lea el material correspondiente en el comentario *Romanos: versículo por versículo* de Newell (pp. 7 a 25).
3. Complete las hojas de trabajo #1 y #2.
4. Conteste las preguntas de repaso de esta lección.
5. Escriba un breve resumen de la lección con énfasis en los aspectos prácticos.

Resultados esperados

Al completar este capítulo, el estudiante debe ser capaz de:

1. Definir la naturaleza del evangelio bíblico.
2. Expresar verbalmente y por escrito la relación de Pablo con la iglesia en Roma.
3. Expresar verbalmente y por escrito el contenido del evangelio predicado por Pablo.

BOSQUEJO

Introducción:

No hay nada más importante para el creyente que estar seguro del contenido de su fe. La claridad en la exposición del evangelio es vital para que otros comprendan la grandeza de la gracia de Dios.

I. **El evangelio de la gracia es de origen divino (1:1-7).**
    1. El evangelio procede de Dios (1:1).
    2. El evangelio fue prometido en las Santas Escrituras (1:2).
    3. El evangelio se basa sobre la persona y la obra de Cristo (1:3-4).
    4. El evangelio es proclamado por agentes divinamente escogidos.

II. **El evangelio de la gracia debe ser proclamado a todas las naciones (1:8-15).**
    1. El evangelio debe ser proclamado por quienes lo han recibido (1:8-12).
    2. El evangelio debe ser proclamado a todos sin distinción (1:13-15).

III. **El evangelio de la gracia es el único medio de salvación (1:16-17).**
    1. El evangelio de la gracia es el único poder que genera salvación a todo aquel que cree (1:16).
    2. El evangelio de la gracia es el único medio revelado de la justicia de Dios que es por la fe (1:17).

Conclusión:

Como creyentes, necesitamos tener una absoluta convicción de que entendemos el origen y el significado del evangelio. La proclamación de ese evangelio a toda criatura es un imperativo para el cristiano. El evangelio es poder de Dios para salvación a todo aquel que cree, pero ese evangelio debe ser predicado entre todas las naciones. Si agradecemos a Dios lo que El ha hecho por nosotros, debemos mostrar ese agradecimiento reconociendo que somos *deudores* a todos los hombres. Les debemos el mensaje del evangelio.

NOTAS EXEGÉTICAS Y COMENTARIOS

1:1

"**Siervo**" (*doûlos*). En aposición con "Pablo", significa esclavo. El esclavo pertenecía a otra persona y, por consiguiente, no tenía derecho a hacer un uso independiente de su voluntad.

"**Jesucristo**" (*Christoû Ieisoû*). Genitivo de posesión. Pablo afirma que su voluntad y su vida pertenecen a Jesucristo, su Salvador y Señor.

"**Llamado**" (*kletós*). Es un adjetivo verbal con una terminación que, generalmente, posee un sentido pasivo. Modifica el sustantivo apóstol. Pablo llegó a ser apóstol por llamamiento divino (véase Gá. 1:1, 15-17; 1 Ti. 1:1; 2 Ti. 1:9).

"**Apartado**" (*àforisménos*). Es un participio pasivo, tiempo perfecto, del verbo *aforídzo*. Significa "trazar los límites" o "separar mediante la colocación de un cerco". Modifica al sustantivo apóstol. Obsérvese que ninguno de los sustantivos en el versículo 1 lleva el artículo definido. El énfasis recae, por lo tanto, en la naturaleza o cualidad intrínseca de cada uno de dichos sustantivos.

"**Para el evangelio de Dios**" (*eis eùangélion theoû*). La preposición *eis* sugiere *una meta* ("con miras a"). El vocablo "evangelio" significa "buenas noticias". "De Dios" es un genitivo de posesión. Las "buenas noticias" que constituyen el contenido del evangelio pertenecen y proceden de Dios, pero son proclamadas por el agente humano que Dios ha llamado y ha designado específicamente para esa labor.

1:2

"**Que**" (*ho*). Es un pronombre relativo, neutro en el modo acusativo cuyo antecedente es "evangelio". Es el objeto directo de la forma verbal "**había prometido antes**" (*proepengeílato*). Este verbo es un vocablo compuesto de *pro*, que significa "antes" y *epangéllo*, que significa "prometer". Esta forma verbal es un aoristo indicativo en la voz media. El aoristo contempla un acto histórico, el indicativo sugiere la realidad de dicho acto y la voz media indica que el sujeto realiza una acción en beneficio propio. Dios había anunciado previamente las "buenas nuevas" de la muerte y la resurrección de Cristo, así como el hecho de que por la fe en Él hay perdón de pecados y vida eterna (Gn. 3:15; Ex. 12:1-28; Is. 53:1-12).

"**Por sus profetas**" (*dià tón profetôn aùtoû*). La preposición *dià* ("por", "a través de") señala agencia intermedia. Los profetas eran los representantes autorizados por Dios en la tierra. Los profetas eran portadores del mensaje de Dios y poseían autoridad divina. Desobedecer al profeta equivalía a desobedecer al mismo Dios. Obsérvese el genitivo posesivo "sus" (*aùtoû*). El profeta era un mensajero enviado por Dios y, por lo tanto, como tal pertenecía a Dios. Hubo profetas que no escribieron (p. ej., Elías y Eliseo). Pero hubo profetas autorizados para escribir la Palabra de Dios.

"**En las Santas Escrituras**" (*èn grafaîs hàgíais*). Señala el lugar en el que la promesa de Dios está registrada. Obsérvese que la palabra escrita por los profetas es llamada "las Santas Escrituras". Dicha frase significa la Palabra de Dios, puesto que los profetas hablaron y escribieron bajo la supervisión del Espíritu Santo (2 P. 1:21). Las Santas Escrituras constituyen la revelación escrita de la voluntad de Dios. Ellas registran las buenas nuevas de que hay perdón de los pecados y vida eterna a través de la persona y la obra de Cristo. Además, enseñan que Dios tiene un plan perfecto para su creación y sus criaturas.

1:3

"**Acerca de su Hijo**" (*perì toû huìoû*). Esta frase podría modificar a "las Sagradas Escrituras", pero es mucho más probable que modifique a la expresión "evangelio de Dios". El evangelio de Dios guarda una relación directa con la persona del *Hijo de Dios*. Cristo es el tema central del evangelio de Dios.

"**Que era del linaje de David**" (*toû genoménou èk spérmatos David*). Literalmente "el nacido de la simiente de David". En cumplimiento del pacto davídico (2 S. 7:16) y de la promesa hecha a través de los profetas (véase Is. 11:1; Jer. 23:5; 33:15).

"**Según la carne**" (*katà sárka*). En cuanto a su humanidad, el Señor Jesucristo era descendiente de David. Su madre, María, era descendiente de Natán, hijo de David, y su padre adoptivo, José, era descendiente de David a través de Salomón. De modo que Jesucristo, tanto en el orden físico como en el legal, tiene derecho a ocupar el trono de David (Mt. 1:1; Lc. 1:30-33), en estricto cumplimiento de la profecía de Génesis 49:10. Aquel que "tiene el derecho" (*siló*) nació de la tribu de Judá y de la simiente de David. Cuando regrese a la tierra reclamará ese derecho y reinará sobre la casa de Jacob para siempre (Lc. 1:33).

1:4

"**Declarado Hijo de Dios**" (*toû hòristhéutos huìoî theoû*). El vocablo "declarado" (*horisthéutos*) es el participio aoristo, voz pasiva del verbo *horidzo*, que significa "demarcar los límites", "decretar" o "designar".

"**El Hijo de Dios**" es un título que se relaciona con la resurrección, exaltación y glorificación de nuestro Señor (Sal. 2:7; He. 1:5). Cristo no fue hecho Hijo de Dios por la resurrección, sino que fue *declarado* o *designado*. El Hijo entró en la esfera de la humanidad a través de la concepción sobrenatural y posteriormente, en virtud de su muerte y resurrección, fue designado Rey Mesiánico.

"**Con poder**" (*èn dynàmei*). Esta frase preposicional podría modificar a "Hijo de Dios", pero es más probable que modifique al participio *hòristhéutos* ("declarado" o "designado"). Dicha frase podría tener una fuerza adverbial y su traducción sería "designado poderosamente Hijo de Dios".

"**Según el espíritu de santidad**" (*katà pneûma hàgiosúnes*). Podría ser una referencia al Espíritu Santo. Gramaticalmente no cansaría ningún problema. Sin embargo, el contexto hace que sea más probable que dicha frase se refiera al espíritu personal de Cristo. Por lo tanto, dicha frase es una referencia a la santidad personal de Cristo. Obsérvese el paralelismo: "según la carne" (*katà sárka*), es decir en el lado humano, era simiente de David; en el lado divino (*katà pneûma*) fue designado poderosamente Hijo de Dios.

"**Por la resurrección**" (*ex ànastáseos*). Esta frase sugiere fuente de procedencia o instrumentalidad. La prueba de su posición de Hijo se deriva de, y queda demostrada, por la resurrección. La resurrección de Cristo convalida la eficacia de su muerte en la cruz.

"**De entre los muertos**" (*nekrôn*). Aquí tenemos un genitivo de objeto. La traducción debía ser simplemente "de los muertos". Es decir, la frase se refiere a la "resurrección de los muertos" como un hecho histórico que confirma la veracidad de su palabra y del poder de Dios. Los muertos resucitan porque Cristo resucitó (1 Co. 15:12-20).

1:5

"**Y por quien**" (*dì hoû*). Sugiere la agencia directa mediante la cual Dios dispensa su gracia, es decir, el Señor Jesucristo (véase Jn. 1:17).

"**Recibimos**" (*èlábomen*). Es el aoristo indicativo de *lambáno*. Esta forma verbal contempla una realidad histórica. El uso del plural refleja el estilo paulino de evitar el uso de la primera persona singular. La referencia es a la persona misma del apóstol. El fue designado apóstol por Jesucristo (1 Co. 15:8-10; Gá. 1:11-16).

"**Gracia y apostolado**" (*chárin kaì àpostolèn*). "Gracia" contempla el favor de Dios recibido por Pablo, particularmente en lo que respecta a su llamamiento a servir al Señor como apóstol de los gentiles. "Apostolado" se refiere al oficio de apóstol. Pablo fue comisionado por el Señor para que proclamase el evangelio entre los gentiles (véase Hch. 9:15; Gá. 1:15-16; 1 Ti. 1:12-14). Cristo designó ciertos hombres como apóstoles. En un sentido específico, sólo aquellos que fueron designados personalmente por Cristo son verdaderos apóstoles. Después de la muerte de Juan no hubo más apóstoles, puesto que no existe cosa tal como la sucesión apostólica.

"**Para la obediencia a la fe**" (*eìs hypakoèn písteos*). La predicación apostólica tenía una meta concreta. En el caso de Pablo, él fue comisionado por Cristo a proclamar el evangelio de la gracia de Dios especialmente entre los gentiles. El mensaje de Pablo estaba saturado de contenido bíblico. No sólo era un llamado a aceptar intelectualmente, sino también a obedecer los postulados del evangelio. La fe que salva no es un mero rito tal como levantar la mano o pasar al frente. La fe que salva se traduce en obediencia a Aquel que es el único objeto seguro de dicha fe.

"**En todas las naciones**" (*èn pâsin toîs éthenesin*). En cumplimiento del mandato de Cristo (Mt. 28:20), el evangelio debe ser predicado entre los gentiles. Los judíos no fueron excluidos, pero en contraste con las instrucciones dadas a los apóstoles al principio en Mateo 10:5-6, a partir de la muerte y resurrección de Cristo, el Señor les manda a ir "hasta lo último de la tierra" (Hch. 1:8). Pablo fue designado especialmente para evangelizar a los gentiles (Ro. 15:15-16).

"**Por amor de su nombre**" (*hypèr toû ònómatos aùtoû*). La proclamación del evangelio guarda relación directa con la misma reputación del Señor. Cristo dijo en su oración: "Y les he dado a conocer tu nombre, y lo daré a conocer aún, para que el amor con que me has amado, esté en ellos, y yo en ellos" (Jn. 17:26). Obsérvese que en el texto griego no aparece la expresión "amor de" sino sólo "por su nombre". La tarea del evangelista hoy no es diferente a la de Pablo. El se propuso predicar "a Jesucristo, y a éste crucificado" (1 Co. 2:2).

1:6

"**Entre los cuales estáis también vosotros**" (*èn hoîs èste kaì hùmeîs*). Esta frase se refiere a "las naciones" de la cláusula anterior. Es mejor tomarlo como una referencia a "los gentiles" en lugar de "las naciones" en general. Los creyentes en Roma eran, en su mayoría, de origen gentil.

"**Llamados a ser de Jesucristo**" (*kletoí Iesoû Christoû*). Literalmente "llamados de Jesucristo" o "llamados por Jesucristo". El adjetivo verbal "llamados" (*kletoí*) modifica al pronombre "vosotros" y podría tener la fuerza de un sustantivo. La expresión "de o por Jesucristo" está en el caso

genitivo y tiene la función de agente ejecutor. Jesucristo es el agente que ejecuta el llamamiento divino (véase Mt. 9:13).

1:7

"**A todos los que estáis en Roma**" (*pâsin toîs oûsin en Rómei*). "A todos" se refiere a los creyentes. Es posible que hubiese varias asambleas cristianas en la capital imperial. "Los que estáis" (*toîs oûsin*), es un participio presente, voz activa, caso dativo, plural, masculino. Esta frase podría traducirse: "los que vivís". La epístola va dirigida a creyentes residentes en Roma.

"**Amados de Dios**" (*àgapeitoîs theoû*). El vocablo "amados" es un adjetivo verbal con función pasiva. "De Dios" está en el caso genitivo y expresa agencia. El verbo *agapáo* siempre se usa en el Nuevo Testamento respecto del amor de Dios.

"**Llamados a ser santos**" (*kleitoîs hàgíois*). El vocablo "llamados" (*kleitois*) es un adjetivo verbal que modifica al sustantivo *hàgíois* (santos). Literalmente dice: "llamados santos". Quizá sería mejor decir "santos por llamamiento". Las frases "los que estáis en Roma", "amados de Dios" y "llamados santos" son paralelas. Todas ellas se refieren a los cristianos (nacidos de nuevo) que vivían en Roma y a quienes esta epístola va dirigida.

"**Gracia y paz a vosotros**" (*cháris hùmîn kaì eìréne*). Es el acostumbrado saludo apostólico. "Gracia" señala hacia un favor del que es indigno quien lo recibe. "Paz" tiene que ver con el completo bienestar que no depende de las circunstancias externas.

"**De Dios nuestro Padre**" (*àpó theoû patrós hèimôn*). Referencia a la primera persona de la Trinidad. Dios es "nuestro" (*hèimôn*) padre únicamente sobre la base de nuestra identificación con Cristo (Jn. 1:12-13).

"**Y del Señor Jesucristo**" (*kaì kyríou Iesoû Christoû*). Esta frase sugiere, por lo menos, el hecho de que Pablo consideraba al Señor Jesucristo a la par con el Padre. La gracia y la paz que Pablo desea para los creyentes proceden tanto del Padre como del Señor Jesucristo.

1:8

"**Primeramente**" (*prôton*). Este adjetivo podría traducirse "antes que nada" o "en primer lugar". Lo que Pablo desea hacer por encima de todo lo demás es "**dar gracias a Dios**" (*eùcharistô toî theô mou*). Obsérvese que Pablo usa una expresión de intimidad: "mi Dios". Dar gracias es un acto que sugiere dependencia de alguien y gratitud hacia la persona de quien se recibe un favor.

"**Mediante Jesucristo**" (*dià Iesoû Christoû*). Cristo es el mediador (1 Ti. 2:5) a través de quien podemos expresar nuestra gratitud al Padre.

"**Con respecto a todos vosotros**" (*perì páuton hùmôn*). Expresa el tema de la gratitud de Pablo. El apóstol no limita su gratitud a *algunos*, sino a *todos* los creyentes.

"**De que vuestra fe se divulga**" (*hóti hei pístis hymôn katangélletai*). Quizá sea mejor: "porque la fe vuestra es proclamada por doquier." Es evidente que los apóstoles tomaron muy en serio el mandato de la gran comisión y esparcieron las "buenas noticias" de salvación por el mundo habitado en aquellos días (véase Ro. 15:17-21). Obsérvese que el verbo *katangélletai* (se divulga) está en presente indicativo, voz pasiva, tercera persona singular. Pablo no se otorga a sí mismo el crédito por la divulgación del evangelio. El reconoce que otros estaban entregados a la misma tarea que él.

"**Por todo el mundo**" (*en hóloi tôi kósmoi*). Esta frase podría tomarse como una hipérbole (véase Col. 1:6). También podría entenderse en el sentido de que, hasta donde Pablo sabía, todos los grupos étnicos que formaban el imperio romano habían recibido el testimonio del evangelio.

1:9

"**Porque testigo me es Dios**" (*mártus gár moú èstin hò theós*). Esta frase es una manera de afirmar que se está diciendo estrictamente la verdad.

"**A quien sirvo**" (*hôy latreúo*). El verbo *latreúo* se usaba en la antigüedad con referencia al servicio remunerado. Luego llegó a significar "servir" en general, ya fuese en el orden de lo físico como en el de lo espiritual.

"**En mi espíritu**" (*en tôi pneúmatí mou*). Esta frase podría tomarse como instrumental, es decir, como si Pablo dijese: "con mi espíritu". También podría entenderse como dativo de esfera, es decir, "en mi espíritu". La mejor opción parece ser la primera de las dos. Pablo servía al Señor de todo corazón y con toda sinceridad. Su dedicación era completa e incuestionable. Tal entrega se expresa claramente a través de la expresión "con mi espíritu".

"**En el evangelio de su Hijo**" (*en tôi eùangelíoi toû huìoû aùtoû*). El servicio de Pablo era en la esfera del evangelio. Las actividades diarias del apóstol estaban relacionadas con su comisión como predicador del evangelio. La expresión "de su Hijo" podría ser un genitivo de posesión o el complemento directo de la frase. Las buenas nuevas de salvación conciernen a la persona y a la obra del Hijo de Dios.

"**De que sin cesar hago mención de vosotros**" (*hòs àdialeíptos mneían hùmôn poioûmai*). Esta frase parece relacionarse con la que aparece al principio del versículo. Es decir: "porque testigo me es Dios de *cómo* (de que) sin cesar hago mención de vosotros." Pablo recordaba constantemente a los creyentes en Roma en sus oraciones. La expresión "siempre en mis oraciones" (*páutote èpì tôn proseuchôn mou*) sugiere que todas las veces que oraba Pablo hacía mención de los hermanos en Roma.

1:10

"**Rogando**" (*deómenos*). Es el participio presente, voz media de *déomai* que significa "orar", "rogar", "hacer petición". Las oraciones de Pablo contenían peticiones específicas.

"**Que de alguna manera tenga al fin**" (*eí pós eidei potè*). Esta frase consiste de cuatro partículas que expresan el deseo profundo del apóstol de que su petición fuese realizada. Evidentemente, Pablo había orado por un largo tiempo tocante a su viaje a Roma. Cuando escribe esta carta, podía decir: "Después de tanto tiempo, parece que ahora me será posible realizar este viaje." Pablo sabía esperar en Dios y confiaba en su soberanía. La frase en sí expresa algo de duda y vacilación (*pós* = de alguna manera). El apóstol no estaba plenamente seguro de que realizaría su tan deseado viaje a Roma.

"**Por la voluntad de Dios**" (*èn toi thelémati toû theoû*). Probablemente sea una frase instrumental, aunque podría tomarse como un dativo de esfera. Pablo había determinado moverse tanto "por" como "dentro" de la voluntad de Dios.

"**Tenga al fin, ... un próspero viaje para ir a vosotros**" (*eùdothésomai ... èltheîn pròs hùmâs*). La expresión "tenga al fin un próspero viaje" es el verbo *eùdothésomai*. Este verbo está en futuro indicativo, voz pasiva de *eudóo* que significa "hacer un viaje feliz", "tener una próspera jornada". El modo indicativo sugiere realidad y equilibra un poco la duda expresada anteriormente. La cláusula "para ir a vosotros" es algo reiterativa. Pablo desea, sin duda, enfatizar el propósito de su deseo de emprender el proyectado viaje.

1:11

"**Porque deseo veros**" (*èpipothô gàr ìdeîn hùmâs*). El verbo *èpipothô* significa "echar en falta". Pablo echaba en falta la presencia de los creyentes en Roma. Evidentemente (véase capítulo 16), Pablo conocía personalmente a muchos de los hermanos que residían en Roma. Quizá el apóstol desea decir algo así: "Porque echo en falta vuestra presencia."

"**Para comunicaros algún don espiritual**" (*hina ti metadô chárisma* *hùmîn pneumatikòn).* El vocablo "para" sugiere propósito. La forma verbal "comunicaros" *(metadô)* es el aoristo subjuntivo de *metadídomi,* que significa "compartir con alguien" lo que uno posee o lo que se posee mutuamente. La frase "don espiritual" es el complemento directo del verbo "comunicar" o "compartir". Pablo deseaba compartir los beneficios o favores de la gracia de Dios, obrados por el ministerio del Espíritu, con los creyentes en Roma. Pablo deseaba que su presencia entre los hermanos de Roma fuese de bendición.

"**A fin de que seáis confirmados**" *(eìs tò steirichthêinai hùmâs).* La preposición *eìs* (traducida "a fin de que"), sugiere propósito. El propósito del apóstol era que Dios usara su visita a Roma para fortalecer el testimonio de los creyentes en Roma. La forma verbal "seáis confirmados" es el aoristo infinitivo, voz pasiva, de *steiridzo* que significa "fortalecer", "apoyar". La presencia y el ministerio de Pablo, sin duda, servirían para la edificación y el apoyo espiritual de los hermanos romanos.

1:12

"**Esto es**" *(toûto dé èstin).* Literalmente "mas esto es". Esta frase introduce una aclaración o cualificación de lo que se ha pretendido decir anteriormente.

"**Para ser mutuamente confortados**" *(symparakleithêinai).* El verbo utilizado aquí es aoristo infinitivo, voz pasiva de *symparakaléo* que significa "animar juntos", "animar mutuamente", "consolar mutuamente". Pablo aclara a los hermanos romanos que él espera que ellos le sean también de bendición a él. El infinitivo sugiere propósito. El sujeto no está expresado, pero la oración da a entender la siguiente idea: "Para que [yo] sea mutuamente confortado." La versión Reina-Valera 60 omite la frase "entre vosotros" *(èn hùmîn)* que aparece en el texto griego. Sin embargo, es importante retener dicha frase para una mejor comprensión de la idea del versículo. La frase sugiere que Pablo esperaba recibir tanto de los creyentes romanos como él podía darles a ellos.

"**Por la fe que nos es común a vosotros y a mí**" *(dià têis èn àlléilois písteos hùmôn te kaì èmoû).* "Por" *(dià)* indica agencia. La fe es el agente por el que los dones espirituales deben ejercitarse. Esa fe residía tanto en Pablo como en los creyentes romanos ("común a vosotros y a mí"). Obsérvese el uso del vocablo *àlléilois.* Es como si Pablo dijese: "A través de la fe que tanto vosotros como yo poseemos."

1:13

"**Pero no quiero, hermanos, que ignoréis**" *(où thélo dè hùmâs àg-*

noeîn, àdelfoî). Pablo desea explicar a los creyentes en Roma cuál ha sido el proceso de sus planes para ir a visitarles.

"Que muchas veces me he propuesto ir a vosotros" (*hoti pollákis proethémen èltheîn pròs hùmâs*). Los planes de Pablo de ir a Roma no eran fortuitos, sino que "muchas veces" (*pollákis*) el apóstol había hecho planes ("me he propuesto") para viajar a la capital imperial. El verbo *proethémen*, traducido por "me he propuesto", es el aoristo indicativo, voz media de *protithemi*, que significa "proponerse a uno mismo", "colocar delante de uno mismo". Evidentemente, Pablo se había planteado a sí mismo repetidas veces el proyecto de ministrar la Palabra de Dios en Roma.

"Pero hasta ahora he sido estorbado." En el texto griego aparecen las partículas *kaì áchri toû deûro*, que significan "pero ... hasta ahora". De manera que la frase, literalmente, dice: "Pero he sido estorbado hasta ahora." La forma verbal "he sido estorbado" (*èkolúthein*) es el aoristo pasivo, modo indicativo de *kolúo* que significa "impedir", "estorbar". Pablo no explica qué o quién le había impedido viajar a Roma. Sólo puede conjeturarse que, por el lado humano, sus muchas actividades se habían interpuesto. Por el lado divino, sin embargo, aún no era el tiempo.

"Para tener también entre vosotros algún fruto" (*hina tiná karpón schô kaì èn hùmîn*). El apóstol reitera su propósito de viajar a Roma "para tener" (*hina ... scho*) o "para obtener" algún fruto. Debe entenderse que el apóstol sigue pensando en función de beneficios espirituales y no de ganancias personales. El deseo de Pablo era poder obtener una verdadera *cosecha* de vidas ganadas para el reino de Dios.

"Como entre los demás gentiles" (*kathòs kaì èn toîs loipoîs éthnesin*). Pablo había sido comisionado para predicar el evangelio especialmente a los gentiles. Su ministerio entre el pueblo no judío había tenido un éxito incuestionable. Ahora Pablo desea predicar a Cristo en Roma. Es evidente que el apóstol seguía considerando que su ministerio en Roma se efectuaría igualmente entre gentiles. Esta frase final es mucho más enfática en el texto griego que en la Reina-Valera 1960. En el texto griego, Pablo dice que deseaba tener la misma medida de éxito en Roma que había tenido entre los gentiles que vivían fuera de la capital imperial.

1:14

"A griegos y a no griegos" (*elleisín te kaì barbárois*). Esta frase expresa una división cultural hecha en aquellos tiempos. Los griegos consideraban como "bárbaros" a todo aquel que no hablaba el idioma griego con propiedad o que no lo usaba en su hablar cotidiano. Dichas personas eran consideradas como faltas de cultura.

"A sabios y a no sabios" (*sofoîs te kaì ànoétois*). Los griegos se consideraban a sí mismos como sabios debido a la cultura de sus antepasados. Los demás eran considerados como "no sabios". Tal como los judíos consideraban a los demás como "gentiles". Puesto que los romanos habían adoptado mucho de las costumbres y de la cultura griega, es posible que Pablo considerare a los romanos como griegos culturalmente.

"Soy deudor" (*òfeiléteis eìmí*). El texto griego dice, literalmente "deudor soy". Pablo sentía que su responsabilidad de evangelizar a los gentiles pesaba sobre él con la misma intensidad de una gran deuda.

1:15

"Así que" (*houtos*). Introduce el resultado del sentir de Pablo tocante a la responsabilidad de evangelizar a los gentiles.

"En cuanto a mí" (*tò kat' èmè*). Literalmente, "en lo que a mí concierne". **"Pronto estoy"** (*próthymon*) es un adjetivo que significa "preparado", "deseoso", "ansioso".

"A anunciaros el evangelio también a vosotros" (*kaì hùmîn ... eùangelísasthai*). El texto griego enfatiza la frase "también a vosotros". "Anunciar el evangelio" (*euangelísasthai*) es el aoristo infinitivo, voz media de *euangelídsomai*, que significa "evangelizar", "proclamar las buenas nuevas". La idea de esta frase podría parafrasearse así: "Ha predicado el evangelio a muchos, sin embargo debo el evangelio a todo hombre; por lo tanto, deseo predicar el evangelio también a vosotros."

1:16

"Porque no me avergüenzo del evangelio" (*où gàr èpaischúnomai tò eùangélion*). La forma verbal "avergüenzo" (*èpaischúnomai*) es el presente indicativo, voz media. Pablo utiliza el mismo verbo en 2 Timoteo 1:8, 12 y 16. Pablo no rehuía proclamar públicamente su compromiso con Cristo. No se avergonzaba de decir públicamente "soy cristiano". "El evangelio" (*tò eùangélion*) es las buenas noticias de la salvación que hay en Cristo. Obsérvese la reiteración de la palabra "evangelio" en 1:1, 8, 15, 16, 17.

"Porque es poder de Dios" (*dynamis gàr theoû èstin*). El vocablo *dynamis* significa "poder dinámico" y no "poder explosivo". El evangelio no actúa como la dinamita sino como un "generador de energía". La expresión "de Dios" (*theoû*) es un genitivo de posesión. El poder del evangelio proviene de Dios y sólo a él pertenece.

"Para salvación a todo aquel que cree" (*eìs soteirían pantì toi pisteúonti*). El objetivo de las buenas nuevas es proveer salvación a "todo aquel que cree". El requisito único estipulado por Dios para que cualquier pecador sea salvo es la fe personal en Cristo. Esa fe no es un mero asentimiento intelectual, sino una entrega de la vida a Cristo (véase Jn. 3:16, 18).

"Al judío primeramente y también al griego" (*Ioudaíos te prôton kaì Hélleini*). Esta frase está en aposición con "todo aquel que cree". En lo que respecta al evangelio, no hay diferencia entre judío y gentil. El judío tiene cierta prioridad según lo expresa el vocablo *prôton* (primeramente). Esa prioridad se deriva del hecho de que, según el plan de Dios, "...la salvación viene de los judíos" (Jn. 4:22). Además, Dios ha querido usar a los judíos para dar al mundo la revelación escrita de su Palabra (Ro. 3:2). Esa convicción llevó a Pablo a predicar el evangelio a sus compatriotas cuando llegaba a cualquier ciudad (véase Hch. 13:5, 14; 18:6). El judío también es primero en lo que respecta al juicio de Dios (Ro. 2:9). Todo privilegio comporta una responsabilidad.

1:17

"Porque en el evangelio la justicia de Dios se revela" (*dikaiosúnei gàr theoû èn aùtôi apokalúptetai*). El vocablo justicia (*dikaiosúnei*) es utilizado por Pablo en el sentido forense de "justicia imputada". El verbo relacionado con dicho término es *dikaióo* que significa "declarar justo". El apóstol habla aquí de la "justicia *de Dios*". La expresión "de Dios" (*theoû*) es un genitivo de sujeto. De modo que Pablo se refiere a una clase de justicia que Dios provee para quienes ponen su fe en Cristo. La justicia aquí aludida está ausente de la vida de todo ser humano. El hombre es injusto y, por lo tanto, no puede acercarse a Dios por sus propios méritos. Sólo cuando se acoge a la gracia que Dios le ofrece a través de Cristo y mediante el evangelio, es recubierto de la justicia de Dios. Entonces el pecador es declarado justo y recibido en la presencia de Dios (véase Ro. 3:20-24). El evangelio pone de manifiesto la base sobre la cual Dios puede declarar justo y recibir al pecador. La muerte y la resurrección de Cristo son, sin lugar a duda, esa base.

"Por fe y para fe" (*èk písteos eìs pístin*). Esa locución ha sido traducida de varias maneras: (1) "por fe, sobre la base de la fe"; (2) "por fe hacia aquel que tiene fe"; y (3) "por fe de principio a fin". Literalmente, la frase significa "por fe con referencia a la fe". Lo que Pablo desea destacar, evidentemente, es el hecho de que la justicia aludida en este pasaje es imposible de obtener por méritos humanos. Una observación adicional y necesaria es que Pablo no trata aquí la justicia como atributo divino, sino como lo que Dios demanda para que un pecador sea recibido en su presencia.

"Como está escrito" (*kathòs gégraptai*). El La forma verbal "está escrito" (*gégraptai*) es el tiempo perfecto, voz pasiva de *gráfo*. La referencia aquí es al carácter permanente y autoritativo de la revelación escrita. El énfasis podría expresarse así: "ha sido escrito y permanece así". Pablo creía firmemente en la autoridad de la Palabra de Dios.

"Mas el justo por la fe vivirá" (*ho dè díkaios èk písteos dséisetai*). Pablo cita al profeta Habacuc (2:4). (Véase también Gá. 3:11 y He. 10:38.) Debe tenerse bien claro que la doctrina de la justificación por la fe no nace en el Nuevo Testamento, sino que tiene sus raíces en el Antiguo Testamento (ver Is. 61:10-11; 62:1-2; Sal. 72:3; 85:11). Dios declaró a Abraham justo por la fe (Gn. 15:6).

RESUMEN Y CONCLUSIÓN

Los versículos antes considerados ponen de manifiesto ciertas verdades importantes relacionadas con el evangelio de la gracia de Dios. En primer lugar, el evangelio concierne a la persona de Jesucristo. El es, según la carne, simiente de David y por el lado divino es la persona divina del Hijo Eterno. Después de completar su obra de redención, fue resucitado de los muertos.

En segundo lugar, el evangelio de la gracia debe ser predicado entre todos los pueblos de la tierra con miras a la obediencia de la fe, es decir, con el propósito definido de que los que oyen el mensaje pongan su fe en la persona de Cristo, en obediencia al mandato de Dios. La proclamación del evangelio debe realizarse por quienes han conocido y se han beneficiado del perdón de Dios y han recibido el regalo de la vida eterna. Los tales son deudores al resto del mundo. La deuda pendiente es la de la proclamación del evangelio.

Además, el evangelio de la gracia de Dios constituye el único camino para que cualquier persona, ya sea judío o gentil, tenga acceso y recepción en la presencia de Dios. Dios declara justo a todo aquel que se le acerca recubierto con la justicia de Cristo.

Explicar lo que pablo quiere decir
poner el Significado.

HOJA DE TRABAJO #1 (1:1-10)

1. "... apartado para el evangelio de Dios" (v. 1). _Pablo Fue_
Separado para dar las buenas
noticias de Dios

2. Hecho de la simiente de David (v. 3). _pablo asegura_
Literalmente que Jesús el nacido
de la simiente de David. En
cumplimiento del pacto davidico
(2ª Samuel 7:16)

3. "... declarado Hijo de Dios" (v. 4). _____
Declarado a través de su concepción
Sobrenatural y posterior muerte
en virtud de su muerte y resurrección

4. "... para la obediencia a la fe" (v. 5). _Fue designado rey_
mesiánico

5. "... por todo el mundo" (v. 8). _____

6. "... sirvo en mi espíritu" (v. 9). _____

HOJA DE TRABAJO #2 (1:11-17)

1. "... para comunicaros algún don espiritual" (1:11). _____
_____
_____
_____
_____
_____

2. "... soy deudor" (1:14). _____
_____
_____
_____
_____

3. "... al judío primeramente, y también al griego" (1:16). _____
_____
_____
_____
_____

4. "... en el evangelio la justicia de Dios se revela por fe y para fe..."
(1:17). _____
_____
_____
_____
_____

5. "... el justo por la fe vivirá" (1:17). _____
_____
_____
_____
_____

PREGUNTAS DE REPASO

1. Sintetice el significado de los vocablos "siervo" y "apóstol" en 1:1. _

   _____
   _____
   _____
   _____
   _____

2. ¿Cuál es el significado de la frase "linaje de David" según la carne en 1:3? _____

   _____
   _____
   _____
   _____

3. ¿Cuál es el tema del evangelio de Dios? _____

   _____
   _____
   _____
   _____

4. ¿Cuál es una prueba sobresaliente de la deidad de Cristo? _____

   _____
   _____
   _____
   _____

5. Explique el significado de Romanos 1:5. _____

   _____
   _____
   _____
   _____

6. Mencione los tres casos en el capítulo 1 de Romanos donde aparece la expresión "llamado". Explique el uso y significado de dicho vocablo. _____

   _____
   _____
   _____
   _____

7. ¿Cuál era, en concreto, la preocupación de la oración de Pablo? (1:8-13). _____

_____

_____

_____

_____

8. ¿Qué razones tenía Pablo para su viaje a Roma? _____

_____

_____

_____

_____

9. ¿En qué sentido era Pablo deudor? (1:14-15). _____

_____

_____

_____

_____

10. ¿Cuáles características de Dios se encuentran en el evangelio?

_____

_____

_____

_____

3

La universalidad del pecado (1:28—2:29)

Propósito: demostrar que el pecado es una realidad que afecta a la totalidad de la raza humana.

Objetivos de la lección

1. Que el estudiante alcance a comprender la condición pecaminosa en que se encuentra todo ser humano sin Cristo, y el porqué de esa situación.
2. Que el estudiante sea capaz de comprender el alcance universal del pecado humano.
3. Que el estudiante comprenda el carácter de la justicia de Dios, y su rectitud en su trato con el pecador.

Tarea a realizar

1. Lea Romanos 1:18—2:29 en tres versiones distintas.
2. Lea el material correspondiente en el comentario de Newell (pp. 25 a 62).
3. Complete las hojas de trabajo #3, #4, #5 y #6.
4. Conteste las preguntas de repaso de esta lección.

Resultados esperados

Al completar el estudio de este capítulo, el estudiante debe ser capaz de explicar verbalmente y por escrito:

1. El concepto bíblico de la pecaminosidad del hombre.
2. La justicia de Dios que declara al hombre perdido en sus pecados.
3. El remedio bíblico para el perdón de los pecados del hombre.
4. El porqué la moralidad humana no es suficiente para alcanzar el favor divino.

Idea central: Dios es justo al manifestar su ira contra los hombres, porque tanto judíos como gentiles se han rebelado contra El.

BOSQUEJO

Introducción:

Dios es santo y al mismo tiempo justo. Tanto su santidad como su justicia se ponen de manifiesto al tratar con el hombre pecador. Si Dios ignorase el pecado no sería un Dios santo y si no juzgase el pecado no sería un Dios justo. En su gracia infinita, Dios ha provisto el único sacrificio aceptable y suficiente para que el pecador pueda escapar de la condenación que resulta del pecado.

I. **Dios es justo al manifestar su ira contra los hombres (1:18-32).**
    1. Dios es justo al manifestar su ira porque los hombres rechazaron la revelación que Dios les dio (1:18-25).
    2. Dios es justo al manifestar su ira porque los hombres se han corrompido moral y espiritualmente (1:26-32).

II. **Dios es justo al manifestar su juicio contra los gentiles porque éstos se han rebelado contra Él (2:1-16).**
    1. Dios es justo al manifestar su juicio porque juzga según la realidad (2:1-2).
    2. Dios es justo al manifestar su juicio porque ha sido benigno y paciente (2:3-4).
    3. Dios es justo al manifestar su juicio porque obra según justicia (2:5-10).
        3.1. El juicio de Dios es justo (2:5).
        3.2. El juicio de Dios incluye las obras de los hombres (2:6-10).
    4. Dios es justo al manifestar su juicio porque no hace acepción de personas (2:11-16).

III. **Dios es justo al manifestar su juicio contra los judíos porque se han rebelado contra Él (2:17-29).**
    1. Dios es justo al manifestar su juicio contra los judíos porque han desechado la ley (2:17-24).

2. Dios es justo al manifestar su juicio contra los judíos porque han despreciado sus privilegios espirituales (2:25-29).

Conclusión:

La triste verdad del pasaje que ha sido considerado es que toda la *humanidad* está perdida en las tinieblas del pecado. No hay excepción. El hombre es esclavo del pecado y sólo Dios puede librarlo de esa esclavitud. Dios es justo en condenar la maldad y el pecado y es justo cuando pronuncia su sentencia sobre el pecador. Tanto judíos como gentiles son culpables de haber rechazado la revelación que Dios les dio. Pero Dios, en su misericordia, ha provisto el evangelio de la gracia. Todo aquel que cree en Cristo y en su obra expiatoria es perdonado y hecho heredero de la vida eterna.

NOTAS EXEGÉTICAS Y COMENTARIOS

1:18

"**Porque la ira de Dios se revela desde el cielo**" (*apokalyptetai gàr òrgeí theolu àp'oùranoû*). La forma verbal "se revela" (*apokalyptetai*) es el presente indicativo, voz pasiva de *apokalypto* que significa "revelar". Aunque no es necesario que se tome en sentido escatológico, es posible que dicho verbo tenga un sentido futurístico. El Dios Santo está airado a causa del pecado y no sólo pone de manifiesto su disgusto, sino que anuncia que habrá un juicio final contra el pecado y los pecadores. El vocablo "ira" (*òrgeí*) apunta hacia un sentimiento de profundo disgusto. El pecado, tanto el angelical como el humano, ha ofendido la santidad y la justicia de Dios. Ira no es castigo, sino sentimiento personal. El único refugio contra la ira de Dios es la persona de Cristo (Jn. 3:36). La expresión "desde el cielo" (*àp'oùranoû*) sugiere la soberanía de Dios. El Dios del cielo es también soberano sobre la tierra.

"**Contra toda impiedad e injusticia de los hombres**" (*èpì pâsan àsébeian kaì àdikían ànthrôpon*). El vocablo "contra" (*èpì*) significa "sobre", "encima de". El término "impiedad" (*àsébeian*) tiene que ver con la irreverencia de los hombres hacia Dios. Posteriormente, en los versículos 21-23, Pablo describe las características de la impiedad de los hombres. La palabra "injusticia" (*àdikían*) tiene una connotación moral que describe la inmoralidad detallada en 1:24-32. Pablo utiliza los vocablos "impiedad" e "injusticia" en su orden correcto, puesto que siempre la una conduce a la otra. La expresión "de los hombres" es un genitivo de posesión. Tanto la *impiedad* (irreverencia contra Dios) como la *injusticia* (actos desobedientes contra los semejantes) son prácticas pertenecientes al hombre pecador.

"Que detienen con injusticia la verdad" (*tôn tèn àléitheian èn àdikía katechónton*). El vocablo "detienen" es el participio presente del verbo *katécho* que significa "inmovilizar", "aguantar", "detener", "retener firme". El participio presente sugiere la idea de una acción continuada o habitual. En el texto griego aparece en aposición con el sustantivo "los hombres". La idea podría expresarse así: "los hombres, es decir, los que detienen...".

"Con injusticia" (*èn àdikía*). Literalmente "en injusticia". De nuevo refleja el hecho de que el hombre está desprovisto de justicia personal. El rechazo de la justicia de Dios en el evangelio ha llevado al hombre a cometer todo acto de injusticia e inmoralidad. Además, el rechazo de "la verdad" (*tén àléitheian*) conduce a la aceptación de la mentira. Cuando el ser humano da sus espaldas a Dios y desafía las leyes del Soberano, el resultado es vivir en el error y en las tinieblas (Jn. 3:19-21). El hombre ha rechazado *la verdad de Dios*, tanto la escrita (la Biblia) como la encarnada (Jesucristo) y por eso permanece en condenación (Jn. 3:18; 5:39-40; 14:6).

1:19

"Porque lo que de Dios se conoce" (*dióti tò gnostòn toû theoû*). La palabra "porque" (*dióti*) es un vocablo compuesto (*dià* + *hoti*) y se usa para explicar lo dicho anteriormente. La frase "lo que se conoce" es un adjetivo verbal usado como sustantivo. La expresión "de Dios" (*toû theoû*), probablemente sea un genitivo de objeto y podría traducirse así: "lo conocible de Dios" o "lo notorio de Dios" (véase Hch. 1:19; 2:14; 15:18).

"Les es manifiesto" (*fanerón èstin èn aùtoîs*). Literalmente "manifiesto es en ellos". Esta frase sugiere que Dios creó al hombre y lo capacitó para que conociera lo que Dios le revelaba. Esa revelación entró en la esfera cognoscitiva del hombre. El adjetivo verbal "manifiesto" (*fanerón*) y la forma verbal "manifestó" (*efanerosen*) son enfáticos. Ambos destacan el hecho de que el Dios creador no ha dejado a la criatura en ignorancia, sino que personalmente le ha dado a conocer todo lo necesario para que el hombre conozca la voluntad de Dios y le adore.

1:20

"Las cosas invisibles de él" (*tà gàr àórata aùtoû*). Dios ha dado al hombre una revelación sobrenatural. El ha dado a conocer al hombre "cosas invisibles", tales como "su eterno poder" y "deidad" (*hei te àidois aùtoû dynamis kaì theióteis*). Esta frase es, probablemente, una referencia a los atributos de Dios.

"Se hacen claramente visibles desde la creación del mundo" (*àpó ktíseos kósmou ... kathorâtai*). Dios ha hecho posible que algunos de sus atributos invisibles tales como su eterno poder y deidad sean perceptibles a la inteligencia humana desde el momento mismo de la creación. El hombre no ha evolucionado en el conocimiento de Dios, sino que el Creador se ha dado a conocer a la criatura.

"**Siendo entendidas por medio de las cosas hechas**" (*toîs poiéimasin nooúmena*). La expresión "las cosas hechas" es un participio presente en el caso dativo con función instrumental. La frase "siendo entendidas" (*nooúmena*) es el participio presente, voz pasiva de *noéo,* que significa "percibir", "discernir", "comprender con inteligencia". De modo que, por un lado, Dios ha querido revelarse a través de la creación y, por el otro, el hombre ha sido dotado con la capacidad para comprender de manera inteligente la revelación que Dios ha dado de sí mismo.

"**De modo que no tienen excusa**" (*eis tò eînai aùtoûs ànapologéitous*). Esta frase podría expresar propósito o resultado. Lo más probable, en este caso, es que exprese resultado. Dios ha revelado al hombre, desde la creación de éste, su eterno poder y deidad, es decir, sus atributos. El hombre ha rechazado a Dios y la revelación que ha recibido. Como resultado de ello, la ira de Dios se revela sobre el hombre, puesto que el ser humano es absolutamente inexcusable delante de Dios. En los versículos siguientes (1:21-32), Pablo explica el porqué del estado perdido de la humanidad. "El testimonio de Dios en la naturaleza es tan claro y constante que es indefensible ignorarlo. Su condenación está basada no en su rechazo de Cristo de quien no han oído, sino en su pecado contra la luz que poseen" (John Witner).

1:21

"**Pues habiendo conocido a Dios**" (*dióti gnóntes tòn theòn*). La conjunción "pues" (*dióti*) es la misma que se usa en el versículo 19. Es una manera de dar razón de por qué la ira de Dios se revela sobre la raza humana. "Habiendo conocido" es el segundo aoristo participio, voz activa de *ginosko* que significa "conocer por experiencia". Podría tomarse como un participio circunstancial de tiempo: "después de haber conocido a Dios". O de concesión: "aunque conocieron a Dios". De todos modos, el autor desea destacar que el hombre, tal como fue creado, tuvo un conocimiento personal de Dios. No es sorpresa que incluso los paganos manifiestan cierto conocimiento de Dios. Lo que ha ocurrido es que, en su vanidad, el hombre ha despreciado a Dios y ha pretendido rebajarlo al nivel de una criatura.

"**No le glorificaron como a Dios**" (*oùch hòs theòn èdóxasan*). En su vanidad, el hombre ha rehusado darle a Dios el lugar que le corresponde por ser quien es y por lo que ha hecho. Algunos hombres se autoelevan al nivel de Dios. Otros, en cambio, degradan a Dios a un nivel incluso inferior al del hombre. La forma verbal "glorificaron" (*edóxasan*) es el aoristo indicativo de *doxadso* que significa "alabar", "exaltar", "magnificar", "celebrar", "honrar". Pablo declara categóricamente que el hombre se ha negado a honrar a Dios con la honra que le pertenece por ser Él quien es.

"**Ni le dieron gracias**" (*éi eiùcharísteisan*). El aoristo indicativo apunta a una realidad histórica. El orgullo y la vanidad han conducido al ser humano a la ingratitud.

"**Sino que se envanecieron en sus razonamientos**" (*àllà èmataióthei-san èn toîs dialogismoîs aùtôn*). La expresión "sino que" es una adversativa enfática. La forma verbal "se envanecieron" (*èmataiótheisan*) es el aoristo indicativo, voz pasiva de *mataióo* que significa "ser dado a la futilidad", "entregarse a la vanidad". La enemistad con Dios ha producido una regresión moral y espiritual en el hombre. El ser humano ha seguido los dictados de sus propios razonamientos y ha intentado conocer a Dios mediante la sabiduría en lugar de conocerlo por la fe.

"**Y su necio corazón fue entenebrecido**" (*kaì èskotísthei hei àsynetos aùtôn kardía*). El verbo es enfático en el texto griego, puesto que encabeza la oración "y fue entenebrecido el necio corazón de ellos." Las tinieblas espirituales han cubierto el centro mismo de la vida del hombre, es decir, el corazón, debido a que, en su rebeldía, no ha querido glorificar al Dios que le ha creado.

1:22

"**Profesando ser sabios se hicieron necios**" (*fáskontes eînai sofoì èmorántheisan*). El vocablo "profesando" es el participio presente, voz activa de *fásko*, que significa "afirmar". El hombre envanecido ha afirmado que es sabio, pero en dicha afirmación ha puesto de manifiesto su verdadera condición: "se hicieron necios" (*èmorántheisan*). Este verbo es el aoristo indicativo, voz pasiva de *moraíno*, que significa "volverse fatuo", "volverse estúpido". El colmo de la estupidez humana es rehusar dar gloria a Dios.

1:23

"**Y cambiaron la gloria del Dios incorruptible**" (*kaì éillaxan téin dóxan toû àfthártou theoû*). La forma verbal "cambiaron" (*éillaxan*) es el aoristo indicativo, voz activa de *allásso*, que significa "cambiar una cosa por otra". El aoristo indicativo apunta a la realidad histórica de un hecho. Esta frase introduce la degradación espiritual del hombre, después de haber rechazado la luz de la revelación que Dios les dio. El hombre se entregó a la idolatría y a la corrupción tanto espiritual como moral.

"**En semejanza de imagen de hombre corruptible**" (*èn hòmoiômati eikónos fthartoû ànthrópou*). El hombre, en su necedad, se entregó a la tarea de hacer ídolos en semejanza de seres humanos y convertirlos en objeto de culto. De igual manera, fabricó figuras de "aves" (*peteinôn*), de "cuadrúpedos" (*tetrapódon*) y de "reptiles" (*hèrpetôn*) para adorarlos como a dioses. Esa actitud humana es repudiada rotundamente por el Dios Santo (véase Dt. 4:15-40).

1:24

"**Por lo cual también**" (*diò*). Es una expresión que expresa la conclusión lógica de los resultados de los actos cometidos por el hombre en el versículo 23.

"**Dios los entregó**" (*parédoken aùtoûs hò theòs*). Obsérvese que esta frase se repite en los versículos 26 y 28. El verbo es el aoristo primero, modo indicativo, voz activa de *paradidomi* que significa "entregar", "abandonar". Probablemente la fuerza del verbo comporta un acto judicial en el cual Dios, soberanamente, abandona o entrega al hombre para que éste continúe haciendo lo que en su rebeldía desea hacer. El "abandono", por lo tanto, no es permisivo sino judicial.

"**A la inmundicia**" (*eìs àkatharsían*). Literalmente, "a la suciedad". Probablemente sea una referencia a la aberración sexual.

"**En la concupiscencia de sus corazones**" (*èn taîs èpithymíais tôn kardiôn aùtôn*), es decir, "en los deseos malignos propios de corazones que han rechazado a Dios y, por lo tanto, están bajo juicio divino".

"**Deshonraron entre sí sus propios cuerpos**" (*toû àtimádsesthai tà sómata aùtôn en aùtoîs*). Esta frase es diferente en el texto griego. El verbo es el infinitivo, voz pasiva de *atimádzo*, que significa "deshonrar", "insultar", "tratar contumazmente". El infinitivo, en este caso, va precedido del artículo determinado *toû*. Todo ello sugiere que la frase expresa resultado. Una mejor traducción sería: "que sus cuerpos sean deshonrados entre sí mismos." La idea del versículo parece ser que judicialmente Dios entregó a los hombres a la inmundicia por medio de la concupiscencia de sus corazones para que sus cuerpos fuesen deshonrados en sí o por sí mismos.

Tal vez los pecados de la antigüedad estén reverdeciendo en la sociedad moderna. La promiscuidad sexual tan evidente hoy día es resultado directo del hecho de que Dios, judicialmente, ha entregado al hombre a un uso de su cuerpo que es contrario a las intenciones originales del Creador.

1:25

La expresión "**ya que**" no aparece en el texto griego. El pronombre relativo indefinido *hoítines* usado en el griego sencillamente debía traducirse "ellos".

"**Cambiaron**" (*metéillaxan*) es el aoristo indicativo, voz activa de *metallásso*, que significa "cambiar" en el sentido de cómo se realiza una transacción financiera. Probablemente "cambiar" en el versículo 25 se usa con el mismo significado del vocablo *allásso* que aparece en el versículo 23.

"**La verdad de Dios por la mentira**" (*tèin àléitheian toû theoû èn tôi pseúdei*). "La verdad de Dios" podría ser una referencia a la revelación dada por Dios o tal vez al mismo Dios. Él es el único Dios vivo y verdadero. "La mentira" es una referencia a la idolatría. Los ídolos son vanos, son mentira, en el sentido de que no son dioses sino demonios engañosos (Dt. 32:17).

"**Honrando y dando culto a las criaturas antes que al Creador**" (*kaì èsebástheisan kaì èlátreusan têi ktísei parà tòn ktísanta*). En el texto griego los verbos "honrar" y "dar culto" están en el tiempo aoristo, modo indicativo. Literalmente, "ellos adoraron y dieron culto." La expresión "antes que" (*parà*) se usa en el caso acusativo y significa "más que" o "en lugar de". Probablemente, la intención del autor es la segunda alternativa. Pablo desea destacar el hecho de que el hombre, en su corrupción espiritual, "honró y rindió culto a las criaturas *en lugar del* Creador". Obsérvese que Pablo distingue entre el Creador y las criaturas. Tal diferenciación constituye una rotunda refutación del concepto panteísta del mundo, que iguala a Dios con la creación.

"**El cual es bendito por los siglos. Amén**" (*hós èstin eùlogeitòs eìs toùs aiônes, amen*). Mientras que la creación es temporal y no debe ser adorada, el Creador es digno de ser adorado y bendecido por los siglos, es decir, eternamente. Esta doxología es, sin duda, la reacción de Pablo frente a la actitud pagana de hombres rebeldes que desprecian a Dios y se entregan a la idolatría.

1:26

"**Pasiones vergonzosas**" (*páthei àtimías*). El vocablo "pasiones" (*páthei*) procede del verbo *pascho*. Significa sentimientos tanto buenos como malos. En el Nuevo Testamento se usa sólo en sentido negativo (véase Col. 3:5 y 1 Ts. 4:5). Este vocablo comporta la idea de deseos malos e incontrolables. El término "vergonzosos" (*àtimías*) es un genitivo atributivo y significa "deshonra", "desgracia". Pablo utiliza un vocabulario fuerte para describir la degradación humana.

"**Sus mujeres**" (*théileiai*). Mejor traducido sería "sus hembras". Este vocablo destaca el sexo de la persona. Se usa tanto de personas como de animales y contrasta con el vocablo *gynai* (mujer) en el que se enfatiza el aspecto ético y se traduce al castellano por los vocablos "mujer", "esposa", "dama".

"**Cambiaron el uso natural**" (*metéillaxan tèin fysikèin chrêisin*). La forma verbal "cambiaron" (*metéillaxan*) es el aoristo indicativo de *metallásso* y apunta al hecho histórico de la actitud pecaminosa del hombre. La frase "el uso natural" sugiere la función natural del sexo. La degradación del hombre se pone de manifiesto en su vida moral. Este pasaje sugiere la práctica del homosexualismo, lesbianismo y el sodomismo entre seres humanos. El "uso natural" del sexo es el que Dios ha ordenado: la relación heterosexual dentro del matrimonio. El hombre, sin embargo, en su estado de rebeldía, se entregó a la práctica sexual "contra naturaleza" (*parà fysin*), es decir, contraria al diseño establecido por Dios desde el principio de la creación (Gn. 2:24).

1:27

El versículo 26 apunta a la degradación moral de la mujer. El versículo 27 señala a la misma práctica entre los hombres. "**De igual modo también**" (*hòmoíos te kaì*) "**los hombres**" (*hoì ársenes*). El vocablo "hombres" destaca el verbo del sujeto en cuestión y podría traducirse "los machos". Pablo desea indicar que los seres de sexo masculino se entregaron al mismo tipo de práctica (homosexualismo) que las mujeres.

"**Dejando el uso natural de la mujer**" (*àféntes tèin fysikéin chrêisin têis theileías*). El vocablo "dejando" (*àféntes*) es el aoristo participio, voz activa de *afieimi* que significa "dejar", "abandonar". Una mejor traducción sería: "después de haber dejado el uso natural de la mujer". El aoristo participio señala una realidad relacionada con el verbo principal de la oración que en este caso es "se encendieron".

"**Se encendieron en su lascivia**" (*èxekaútheisan èn têi òréxei*). El verbo usado aquí es el aoristo indicativo, voz pasiva de *ekkaío* que significa "quemar" y en voz pasiva "ser consumido", "inflamarse". La palabra "lascivia" significa "deseo" y tiene que ver con la actitud de posesionarse por cualquier medio de lo que se desea alcanzar. Probablemente, Pablo alude a una acción simultánea: al mismo tiempo de haber dejado el uso natural de las mujeres, los hombres se consumieron como con fuego en su deseo pecaminoso de tener relaciones homosexuales.

"**Cometiendo hechos vergonzosos hombres con hombres**" (*ársenes èn ársesin tèin àscheimosúnein katergadsómenoi*). Esta frase enfáticamente condena las prácticas homosexuales. El vocablo "hechos vergonzo-sos" (*àscheimosúnein*) sugiere la idea de algo "repudiable" y obsceno. El homosexualismo no es una enfermedad sino un pecado detestable.

"La retribución debida a su extravío" (*tèin àntimisthían hèin édei têis pláneis aùtôn*). La iniquidad humana no es ignorada por Dios. El ser humano tendrá que dar cuenta a Dios de todos sus hechos. El hombre recibirá la retribución completa por su maldad y su desobediencia a Dios. El vocablo "extravío" (*pláneis*) es un calificativo usado para describir las prácticas perversas de los hombres, particularmente respecto del uso del sexo. Dios ha establecido las normas correctas del uso del sexo. Cualquier otra práctica es un *extravío*. Obsérvese el gerundio **"recibiendo"** (*àpolambánontes*) que significa "recibiendo la plenitud". En el texto griego, dicho vocablo es enfático ya que aparece al final de la oración gramatical, fuera de su sitio normal. La idea del versículo es que el hombre recibe el justo y pleno castigo conmensurable con su extravío, particularmente en lo referente a las prácticas sexuales contrarias a lo establecido por Dios.

1:28

"Y como ellos no aprobaron tener en cuenta a Dios" (*kaì kathòs oùk èdokímasan tòn theòn échein èn èpignósei*). Esta frase describe elocuente-mente el hecho de que el hombre, de manera voluntaria, decidió rechazar a Dios. Después de haber probado a Dios el hombre se apartó de él obstinada y voluntariamente.

"Dios los entregó a una mente reprobada" (*parédoken aùtoùs hò theòs eis àdókimon noûn*). La forma verbal "entregó" (*parédoken*) es el mismo que aparece en los versículos 24 y 26. Dicho verbo sugiere un acto judicial de Dios. El Soberano Dios de manera judicial abandonó al hombre rebelde y pecador en su condición de depravación y corrupción espiritual. La capacidad mental del hombre (*noûs*) está entenebrecida por el pecado, de modo que los pensamientos del hombre se proyectan por caminos diferentes a los de Dios.

"Para hacer cosas que no convienen" (*poieîn tà mèi kathéikonta*). La condición pecaminosa del hombre hace que éste practique no las cosas moralmente propias y congruentes con la ética divina, sino las que ofen-den la santidad de Dios. La depravación del hombre abarca tanto lo espiri-tual como lo moral y lo social. Sólo el poder del Espíritu Santo es capaz de impedir el desenfreno moral entre los hombres.

1:29

"Estando atestados" (*pepleroménous*). Es participio perfecto, voz pa-siva o media de *pleróo*, que significa "llenar". El tiempo perfecto sugiere una acción completada con resultados permanentes. Probablemente la voz media es la correcta en este caso. De modo que el hombre pecador se "ha atestado a sí mismo" de toda injusticia e iniquidad.

"**Injusticia**" (*àdikía*). En el aspecto espiritual, el hombre está desprovisto de la santidad que Dios demanda para poder entrar en su presencia. En el aspecto práctico, el hombre vive de espaldas a Dios y desviado de la ética que Dios demanda de sus criaturas.

"**Fornicación**" (*poneiríai*). Mejor sería "iniquidad activa". No debe confundirse con *porneia* que sí significa "fornicación". "Perversidad" se corresponde mejor con la idea original de *poneiríai*.

"**Avaricia**" (*pleonexía*) es el deseo incontrolable e insaciable de acumular cosas o riquezas materiales aun cuando haya que dañar a alguien. La avaricia que reina en el corazón del hombre es la causa de gran parte de la pobreza y la miseria que prevalece en el mundo hoy.

"**Maldad**" (*kakía*) se refiere a la disposición malvada que se anida en el corazón del hombre. El término *kakía* se asocia con la maldad desprovista de toda misericordia hacia otras personas.

"**Llenos de envidia**" (*mestoùs fthónou*). El adjetivo "llenos" (*mestoús*) es sinónimo del verbo *pleróo*, usado al principio de este versículo. "Envidia" (*fthónou*) es un resentimiento que se origina al no poder tener o hacer lo que otros tienen o hacen. Los hermanos de José lo vendieron como esclavo por envidia (Gn. 37:4, 11; Hch. 7:9). Cristo fue entregado a Pilato por la envidia de los judíos (Mt. 27:18).

"**Homicidios**" (*fónou*), tanto en el sentido físico como en el moral forma parte de la experiencia del hombre en su condición de pecador consuetudinario.

"**Contiendas**" (*éridos*). Este vocablo comporta la idea de disputas o pleitos, y es el resultado directo de sentimientos envidiosos. La envidia genera contienda y violencia.

"**Engaños y malignidades**" (*dólou kakoeitheías*). Literalmente, "engaños maliciosos". Es decir, engaños premeditados con el específico propósito de hacer daño a alguien.

1:30

"**Murmuradores**" (*psithyristás*). La raíz de este vocablo es el verbo *psithurídso* que significa "hablar en secreto", "hablar al oído". De ahí que un murmurador es alguien que derrama veneno contra su prójimo mediante su hablar en secreto o al oído de alguien.

"**Detractores**" (*katalálous*). Los que hablan mal de otras personas con el fin de desprestigiarles.

"Aborrecedores de Dios" (*theosthygêis*). El vocablo original podría ser pasivo, es decir, "aborrecidos por Dios" o activo, "aborrecedores de Dios". En el griego es un vocablo compuesto de *theos* ("Dios") y *stygéo* ("aborrecer", "odiar").

"Injuriosos" (*hybristás*). Del verbo *hybrídso* que significa "insultar". El injurioso es aquel que con orgullo y crueldad trata de manera insolente a un semejante y disfruta de su comportamiento cruel.

"Altivos" (*hypereifánous*). Es un vocablo compuesto de *hyper* ("sobre", "encima") y *fainomai* ("aparecer"). De manera que el término "altivos" se refiere a personas que se colocan por encima de otros con el fin de sobresalir y con afán de protagonismo.

"Soberbios" (*àlazónas*). Se refiere a personas vanagloriosas que van por todas partes haciendo falsas promesas con el objeto de obtener ganancias personales.

"Inventores de males" (*èfeuretàs kakôn*). Personas que se dedican a producir y propagar nuevas formas del mal.

"Desobedientes a los padres" (*goneûsin àpeitheîs*). Aunque es un pecado antiguo, Pablo lo menciona en 2 Timoteo 3:2 como una señal de los últimos tiempos. El mandato divino es que los hijos obedezcan a sus padres (Ef. 6:1-3).

1:31

En el versículo 31 Pablo utiliza cinco adjetivos, todos ellos comienzan con el prefijo *a*, que significa "sin", para describir la terrible condición espiritual del hombre sin Dios en este mundo.

"Necios" (*àsynétous*). Literalmente, "sin entendimiento".

"Desleales" (*àsynthétous*). Literalmente, "faltar a lo prometido".

"Sin afecto natural" (*àstórgous*). Literalmente, "sin amor hacia la familia". Esto se observa hoy en casos de madres que abandonan a sus recién nacidos y de hijos que vuelven las espaldas a sus padres necesitados. Tal vez la práctica de abortos sea otra señal de la falta de "afecto natural".

"Implacables" (*àspóndous*). Personas que persiguen a quienes consideran como enemigos sin dar tregua de clase alguna. Su fin es destruir a otros.

"Sin misericordia" (*àneleémonas*). La falta de piedad hacia personas que sufren o que atraviesan por una situación difícil es otra de las características de aquellos que viven en las tinieblas del pecado.

1:32

"Quienes habiendo entendido el juicio de Dios" (*hóitines tò dikaío-*

ma toû theoû èpignóntes). El énfasis de esta frase radica en el participio "habiendo entendido" (*èpignóntes*). En el texto griego aparece al final con el fin de destacarlo ante los ojos del lector. Dicho vocablo es el aoristo participio de *èpignósko*, que significa tener un conocimiento experimental completo. Una mejor traducción sería: "Quienes después de haber conocido plenamente." Dios dio a conocer al hombre sus ordenanzas (*tò dikaíoma*). El ser humano es completamente responsable delante de Dios porque ha conocido plenamente cuál es el camino recto, pero ha rehusado andar por dicho camino. La expresión "el juicio de Dios" significa "las ordenanzas que pertenecen a Dios", es decir, las normas morales y espirituales que Dios ha establecido para el hombre.

"**Que los que practican tales cosas son dignos de muerte**" (*hóti hoì tà toiaûta prássontes áxioi thanátou eìsín*). La frase "los que practican" (*hoì prássontes*) es la traducción del participio presente, voz activa de *prásso*, que significa "practicar". El presente sugiere acción continua y el participio no toma en consideración el tiempo de la acción. La idea de la frase es, por lo tanto, algo que ocurre habitualmente. El hombre habitualmente practica las cosas descritas en los versículos 29-31, sabiendo que la práctica del pecado acarrea la muerte (Ro. 6:23).

"**No sólo las hacen**" (*où mónon aùtá poioûsin*). Obsérvese de nuevo el tiempo presente del verbo. El hombre alejado de Dios no conoce otro camino sino el que le conduce al pecado.

"**Sino que también se complacen con los que las practican**" (*àllá kaì syneudokoûsin toîs prássousin*). La expresión "sino que" (*àllá*) sugiere un contraste enfático. El pecador no sólo se complace en su pecado, "sino que", además, da su pleno consentimiento y decidida aprobación a quienes hacen lo mismo. La forma verbal "complacen" (*syneudokoûsin*) es el presente indicativo, voz activa de *syneudokéo*, que significa "dar sentida aprobación" (véase Lc. 11:48).

RESUMEN

Romanos 1:18-32 enseña que Dios es justo al manifestar su ira contra los pecadores. Dios ha dado a conocer al hombre todo lo necesario para que éste tenga comunión con su Creador. El hombre no tiene excusa delante de Dios, porque ha conocido por experiencia la revelación que el Señor le ha dado. En lugar de glorificar al Creador, el hombre le ha rechazado y se ha degradado tanto en lo espiritual como en lo moral.

El ser humano se ha entregado a la idolatría, provocando así la ira del Dios Santo. Además, se ha entregado a la práctica de inmoralidades, tales como el homosexualismo, el lesbianismo y el sodomismo. La depravación espiritual y moral del hombre es tan completa que es capaz de cometer cualquier tipo de pecado en cualquier momento de su vida.

El apóstol Pablo señala que Dios ha intervenido de manera judicial y ha entregado al hombre a prácticas terribles:

- Dios los entregó a la inmundicia (1:24).
- Dios los entregó a pasiones vergonzosas (1:26).
- Dios los entregó a una mente reprobada (1:28).

La fuerza de esas declaraciones ponen en claro que Dios actúa de manera soberana judicialmente. Pablo no parece estar sugiriendo que Dios haya permitido que el hombre sea abandonado para que haga ciertas cosas, sino que el Soberano y Santo Dios ha actuado como tal y ha juzgado a su desobediente criatura.

2:1

"**Por lo cual**" (*diò*). Probablemente una referencia al pasaje 1:18-32, aunque podría referirse sólo a 1:32. La idea es "sobre la base de lo dicho antes".

"**Eres inexcusable**" (*ànapológeitos eî*). El hombre no tiene manera de defenderse delante de Dios. El pecador, por sí mismo, es totalmente indefenso.

"**Quienquiera que seas tú que juzgas**" (*pâs hò krínon*). Literalmente, "todo aquel que juzga". Tanto judíos como gentiles son pecadores delante de Dios y están bajo condenación.

"**Pues en lo que juzgas a otro, te condenas a tí mismo**" (*èn hôi gàr kríneis tòn héteron, seautòn katakríneis*). El judío considera que sólo el gentil es pecador. Tal vez la referencia aquí sea al hecho de que cuando el judío pronuncia juicio contra el gentil (*tòn héteron*), se condena (*katakríneis*) a sí mismo (*seautòn*), porque él es tan pecador como el gentil.

"**Porque tú que juzgas haces lo mismo**" (*tà gàr aùtá prásseis ò krínon*). Esta frase es enfática en el griego, pues dice: "Porque las mismas cosas practica el que juzga." El pecado es una realidad general entre los hombres. El hombre que juzga a otro se encontrará algún día haciendo lo mismo que aquel a quien condenó.

2:2

"**Sabemos**" (*oídamen*), es el conocimiento intuitivo o el saber que procede de otro que lo da a conocer.

"**El juicio de Dios**" (*tò kríma toû theoû*). Obsérvese el uso del artículo determinado "el". "Juicio" tiene que ver con la decisión que se pronuncia, sea buena o mala. El genitivo describe la clase de juicio y al mismo tiempo da a conocer el origen del mismo.

"**Tales cosas**" (*tà toiaûta*). Se refiere a las cosas mencionadas en 1:21-31. Son cosas específicas por las que el hombre es juzgado.

"**Según verdad**" (*katà àléitheian*). En conformidad con la verdad. Dios conoce todas las evidencias sin excepción. Nada se escapa de su conocimiento. De manera que el juicio del Soberano Juez tendrá la verdad como criterio absoluto. Los hombres juzgan comparándose unos con otros, pero el único capacitado para juzgar con justicia es Dios.

2:3

"**Y piensas esto**" (*logídsei dè toûto*). La forma verbal "piensas" (*logídsei*) es el presente indicativo, voz media de *logídsomai*, que significa "considerar", "pensar", "suponer". El hombre inconverso piensa que tiene autoridad para juzgar a otros, pero no se percata del hecho de que él comete los mismos pecados que los demás.

"**Y haces lo mismo**" (*kaì poiôn aùtá*). Literalmente, "haciendo las mismas cosas". La idea es que, simultáneamente, el hombre sin Dios juzga a otros y comete los mismos pecados que motivan su juicio.

"**Que tú escaparás del juicio de Dios**" (*hóti sù èkfeúxe tò kríma toû theoû*). Esta cláusula depende de la oración principal. Pablo, en sí, dice: "Y piensas ... que tú escaparás del juicio de Dios." El pecador siempre da razones en cuanto al porqué debe librarse del juicio de Dios. Pero Dios dice que sólo los que están en Cristo serán librados de la ira venidera y del juicio final. La respuesta a la pregunta del versículo 3 es que el hombre que piensa escapar del juicio de Dios por sus propios méritos no logrará hacerlo.

2:4

"**¿O menosprecias las riquezas...?**" La forma verbal "menosprecias" (*katafroneîs*) es enfático. El tiempo presente sugiere una acción continua y el modo indicativo señala una realidad. El hombre, endurecido por el pecado, desdeña o menosprecia las riquezas de la benignidad de Dios, la paciencia y la longanimidad del Señor. Las palabras que Pablo utiliza son muy descriptivas de la bondad de Dios: (1) "benignidad" (*chreistóteitos*) significa bondad expresada mediante favores. Dios expresa su bondad incluso hacia el hombre pecador extendiendo sus favores a quien nada merece. (2) "Paciencia" (*ànochêis*) se deriva del verbo *ànecho*, que significa "retener". En ese sentido, paciencia es el acto por el cual Dios retiene su ira y no la descarga sobre el pecador en el instante cuando éste peca.

Ello no significa de manera alguna que la ira no será derramada a la postre. (3) "Longanimidad" (*makrothymías*) es sinónimo de "paciencia". Es el acto de la misericordia de la misericordia de Dios que hace que Dios espere antes de derramar su ira.

"**Ignorando**" (*àgnoôn*). El ser humano ignora el propósito divino de la "bondad" y la "benignidad". Probablemente, el hombre confunda la bondad de Dios con debilidad. El propósito de la bondad de Dios, sin embargo, es guiar al pecador al arrepentimiento (*metánoián*), es decir, a un cambio de manera de pensar que afecte el estilo de vida. Obsérvese el tiempo presente del verbo "guiar" (*ágei*). El hombre tiene que ser guiado al arrepentimiento. La bondad de Dios y su gran benevolencia tienen como meta conducir al hombre a reconocer su pecado y su rebeldía contra Dios, confesar su iniquidad e identificarse con la persona y la obra de Cristo para recibir el perdón y el regalo de la vida eterna.

2:5

"**Pero por tu dureza y por tu corazón no arrepentido**" (*katà dè tén skleiróteitá sou kaì àmetanóeiton kardían*). La preposición "por" (*katá*) en el caso acusativo significa "según" o "en conformidad con". De manera que Pablo declara que la condición del hombre está "en conformidad con su dureza y según su corazón no arrepentido". Obsérvese las dos palabras que Pablo utiliza: (1) dureza (*skleiróteitá*) que significa "duro", "tieso", "impermeable". (2) No arrepentido (*àmetanóeiton*), que significa "impenitente", "obstinado en su postura errada". El corazón es el centro de la vida del hombre. En el centro mismo de su existencia, el hombre anida su rebeldía contra Dios.

"**Atesoras para tí mismo**" (*theisaurídseis seautôn*). La forma verbal "atesoras" (*theisaurídseis*) es el presente indicativo, voz activa de *theisaurídso*, que significa "almacenar", "atesorar". El tiempo presente sugiere una acción continua. El hombre que rehusa arrepentirse y aceptar el regalo de la vida eterna de manera progresiva está atesorando o acumulando para sí mismo condenación.

"**Ira para el día de la ira**" (*òrgèin èn hèiméra òrgêis*). El hombre sin Cristo ya está bajo condenación (Jn. 3:18). La ira de Dios ya está sobre aquel que rehúsa creer en Cristo (Jn. 3:36). La ira de Dios será derramada sobre la humanidad durante los años de la tribulación escatológica (Ap. 6:16-17; 1 Ts. 1:10).

"**Y de la revelación del justo juicio de Dios**" (*kaì apokalypseos dikaiokrisías toû theoû*). El Dios Soberano ha reservado un día en el cual juzgará al mundo con justicia (Hch. 17:31; 2 Ts. 1:5). La expresión "justo juicio" (*dikaiokrisías*) es una sola palabra en el grievo y significa "juicio en armonía con lo correcto". Evidentemente, Pablo no tenía duda alguna de la manifestación futura del juicio de Dios (2 Ti. 4:1).

2:6

"**El cual pagará a cada uno conforme a sus obras**" (*hòs àpodósei hèkásto katà tà érga aùtoû*). Pablo no se refiere a la salvación. La salvación es un regalo de la gracia de Dios (Ef. 2:8-10). Los que han confiado en Cristo no tendrán que enfrentarse al juicio de Dios (Jn. 5:24; Ro. 8:1). Los inconversos tendrán que comparecer delante del gran trono blanco (Ap. 20:11-15). Allí serán juzgados "según sus obras" (Ap. 20:12-13) y serán echados al lago de fuego donde permanecerán en condenación por toda la eternidad.

Obsérvese que Dios "pagará" o "retribuirá" a "cada uno" (*hèkásto*) "en conformidad con" (*katà*) "sus obras". Las obras guardan relación con el grado de condenación que los inconversos recibirán el día del juicio, pero nunca determinan su salvación. La condición única para la salvación es la fe en Cristo.

2:7

"**Vida eterna**" (*dsoèin aiónion*). Esta frase aparece al final de la oración, lo cual indica énfasis. Para el judío "vida eterna" significaba "vida en el reino". Para disfrutar de la vida en el reino es necesario *nacer de nuevo*. Como ya se ha observado, la vida eterna es un regalo de la gracia de Dios, no un premio por las buenas obras.

"**Perseverando en bien hacer**" (*kath' hypomonèin érgou àgathoû*). Literalmente, "en conformidad con la paciencia perseverante del buen obrar". Los que actúan en conformidad con la paciencia perseverante del buen obrar, buscan la gloria, el honor y la inmortalidad, es decir, la vida eterna.

La expresión "los que ... buscan" (*toîs... dseitoûsin*) es el participio presente, voz activa de *dzeiteo*, que significa "buscar". Aunque Dios manda que el hombre le busque, el ser humano es incapaz de buscar a Dios debido a su estado de muerte espiritual (Ro. 3:11*b*). Es Dios quien busca al hombre y quien vivifica al pecador para que sea capaz de buscar a Dios.

2:8

"**Pero ira y enojo**" (*de òrgèi kaì thymós*). Esta frase aparece al final de la oración en el texto griego por razón de énfasis. La ira de Dios es mencionada en 1:18 y 2:5. La muerte de Cristo ha aplacado la ira de Dios, pero esa ira será derramada en tiempos escatológicos sobre la humanidad incrédula que ha rechazado a Cristo.

"Los que son contenciosos y no obedecen a la verdad" (*toîs dè èx èritheías kaì àpeithoûsi têi àletheía*). El vocablo "contenciosos" (*èritheías*) significa "ambición egoísta". El egoísmo, el orgullo y la avaricia hacen que los hombres vivan en la mentira y de espaldas a la verdad. Tal actitud provoca la ira y el enojo de Dios sobre ellos.

"Sino que obedecen a la injusticia" (*peithoménois dè têi àdikía*). La expresión "sino que" indica contraste: "no obedecen a Dios pero obedecen a la injusticia." El vocablo "obedecen" (*peithoménois*) es el participio presente, voz media de *peíthomai*, que significa "obedecer". La voz media sugiere que el sujeto participa de la acción. Es decir "los contenciosos de sí mismos obedecen a la injusticia". Obedecer a la injusticia significa practicar el pecado tanto contra Dios como contra el prójimo. La injusticia de los hombres ha causado pobreza y miseria en la sociedad. El hambre, la violencia y la opresión son el resultado directo de la práctica de la injusticia entre los hombres.

2:9

"Tribulación y angustia" (*thlípsis kaì stenochoría*). Estas dos palabras se usan tanto tocante a los sufrimientos terrenales de los creyentes (Jn. 16:33; 2 Co. 5:4), como a los sufrimientos temporales y eternos de los inconversos (véase 2 Ts. 1:4-10). La tribulación y angustia mencionada aquí serán general sobre todos los que no se han acogido a la gracia de Dios a través de Jesucristo. El infierno eterno es el sitio de condenación para los inicuos. La Biblia no enseña la aniquilación, sino la condenación eterna de los que rehusan creer en Cristo como su único y suficiente Salvador.

"Sobre todo ser humano que hace lo malo" (*èpí pâsan psychéin ànthrópou toû katerdagsoménou tò kakón*). Literalmente, "sobre toda alma de hombre que está obrando lo malo". Esta frase subraya el hecho de que cada individuo es directamente responsable delante de Dios por todos los actos que cometa (véase Ro. 1:27). Hay aquí una sugerencia respecto a la responsabilidad del hombre no sólo en cuanto a lo físico, sino también en lo espiritual delante de Dios. Obsérvese que el pasaje habla de "lo malo" (*tò kakón*). Hoy día, el humanismo secular enseña que nada es malo en sí mismo. El texto bíblico demuestra que hay prácticas clasificadas como malas, porque son contrarias a la ética establecida por Dios.

"Al judío primeramente y también al griego" (*Ioudaíou te prôton kaì Hélleinos*). Dios no hace acepción de personas. El judío tiene privilegios, pero también tiene responsabilidades. Los sustantivos "judío" y "griego" están en aposición con "hombre" (traducido "ser humano" en la Reina-Valera 1960). Es decir, tanto el judío como el gentil que haga lo malo tendrán que dar cuenta a Dios. El judío es primero tanto en privilegio como en juicio.

2:10

"... **gloria** ... **honra** ... **paz**" (*dóxa ... timèi ... eìréinei*). Estas tres palabras describen las bendiciones que pertenecen a los hijos del reino. Estas bendiciones serán disfrutadas por aquel que "hace lo bueno" (*tôi èrgadsoménou tò àgathón*). "Hacer lo bueno" es, en primer lugar, confiar en Cristo como Salvador y, además, hacer lo que glorifique su nombre (véase Jn. 5:28-29; Ef. 2:8-10).

2:11

"**Porque no hay acepción de personas para con Dios**" (*où gár èstin prosopaleimpsía parà tôi theôi*). Dios es completamente imparcial. Ninguna persona tiene méritos propios para que Dios le acepte. Sólo la gracia del Señor hace posible que el pecador tenga acceso a su presencia. El vocablo "acepción de personas" (*prosopaleimpsía*) es compuesto: (1) *prósopon* = "rostro"; (2) *lambáno* = "aceptar" o "recibir". De manera que dicho término, literalmente significa "aceptar el rostro" o "complacerse con el rostro". Dicho vocablo es un hebraísmo que describe la práctica oriental de saludar arrodillándose delante de la persona y esperando su aprobación antes de levantarse.

2:12

"**Porque todos los que sin ley han pecado**" (*hósoi gàr ànómos héimarton*). Literalmente, "cuantos sin ley pecaron". El adverbio "sin ley" (*ànómos*) podría traducirse "sin respeto a la ley". La forma verbal "han pecado" (*héimarton*) es el aoristo constativo, modo indicativo, de *hamartáno*, que significa "errar el blanco". El aoristo contempla un hecho concreto y el modo indicativo destaca la realidad histórica del suceso. Antes de la ley de Moisés ya existía la ley moral de Dios escrita en el corazón del hombre.

"**Sin ley también perecerán**" (*ànómos kaì àpoloûntai*). La forma verbal "perecerán" (*àpoloûntai*) es el futuro indicativo, voz media de *apóllumi*, que significa "perecer", "destruir", "arruinar", "hacer inútil". El modo indicativo habla de la realidad de la acción y la voz media señala al hecho de que el sujeto participa de la acción del verbo. Los paganos, aunque no tienen la ley de Moisés ni tampoco el evangelio, perecen por sí mismos y de sí mismos por la actitud que toman respecto de la ley que Dios les ha dado. El pagano que rechaza la luz que ha recibido, sólo tiene delante de sí las más horribles tinieblas. Su condenación se debe a su rechazo de la revelación que ha recibido.

"Y todos los que bajo la ley han pecado, por la ley serán juzgados" (*kaì hósio èn nómoi héimarton, dià nómou krithéisontai*). Esta frase apunta al judío que ha pecado "bajo la ley" (*èn nómoi*), es decir, "en la esfera de la ley". La ley de Moisés fue dada específicamente a la nación de Israel y el pueblo se comprometió a cumplir dicha ley, diciendo: "Todo lo que Jehová ha dicho, haremos..." (Ex. 19:8). La frase "por la ley serán juzgados" (*dià nómou krithéisontai*) sugiere que la ley será el instrumento o el agente a través del cual la nación de Israel será juzgada por Dios. El modo indicativo de la forma verbal "serán juzgados" pone de manifiesto la certeza del juicio venidero.

2:13

"Porque no son los oidores de la ley los justos ante Dios" (*où gàr hoì àkroataì nómou díkaioi parà tôi theôi*). Esta es una frase explicativa. Los judíos pensaban que por tener la ley y oirla ya, de hecho, eran justos delante de Dios. Pablo refuta ese argumento. El mismo, en un tiempo, era un oidor de la ley.

"Sino los hacedores de la ley serán justificados" (*àll' hoì poieitaì nómou dikaiothéisontai*). Este es el mismo argumento presentado en Santiago 1:22-25. Obsérvese el contraste entre "el oidor" y "el hacedor". No basta con oir, el evangelio demanda acción de parte del que oye el mensaje. "Hacer" o cumplir la ley no es lo que salva al pecador; pero "hacer" o cumplir la ley evidencia la fe del corazón del creyente. No se guarda la ley *para* ser salvo, sino *porque* se es salvo. Dios declara justo o imputa su justicia al pecador que cree en Jesucristo.

2:14

"Los gentiles que no tienen ley" (*éthnei tà mèi nómon échonta*). La ley, como revelación escrita, fue dada por Dios a los judíos. Los gentiles, sin embargo, son responsables por la luz que han recibido de Dios.

"Hacen por naturaleza lo que es de la ley" (*fysei tà toû nómou poiôsin*). El vocablo "hacen" (*poiôsin*) es el presente subjuntivo de *poiéo*, que significa "hacer". Tal vez sería mejor traducirlo "si hicieran". Pablo no afirma que los gentiles están haciendo por naturaleza lo que es de la ley, sino que deja abierta la posibilidad de que lo hagan. Aunque los gentiles no recibieron una ley escrita como los judíos, cuando "por naturaleza", es decir, siguiendo la ley de la conciencia, hacen lo bueno, eso hace que "aunque no tengan ley, son ley para sí mismos". La ley de Dios escrita en la conciencia del hombre es tan real y tan digna de ser obedecida como cualquier otra ley.

2:15

"**Mostrando**" (*èndeíknuntai*). Mejor sería "demostrando". Cuando el hombre hace lo correcto, está poniendo de manifiesto que en su corazón hay una ley escrita (*toû nómou graptòn*) que le conduce a hacer lo bueno. Dios puso una conciencia (*suneidéiseos*) en el hombre. La conciencia tiene la función de redargüir al hombre de lo que hace. En un sentido, la conciencia hace en el gentil lo que la ley hace en el judío.

2:16

"**En el día en que Dios juzgará**" (*èn hêi hèiméra krínei hò theòs*). Literalmente "en ese día juzgará Dios". La forma verbal "juzgará" (*krínei*) es el presente indicativo de *kríno*. Debe considerarse como un presente profético, de modo que es correcto traducirlo como futuro (véase Jn. 14:3, "vendré otra vez"). La frase es enfática. Nótese que en el griego el sujeto aparece al final de la oración y el verbo aparece delante del sujeto. El día del juicio es seguro, Dios será el juez y el juicio tendrá lugar dentro de un tiempo concreto.

"**Por Jesucristo**" (*dià Ieisoû Christoû*). Obsérvese el uso de la preposición *dià* con el caso genitivo, que significa *agente de ejecución directa*. El que se sentará en el trono como juez es el Señor Jesucristo (véase Jn. 5:22; 2 Ti. 4:1; Hch. 17:30-31; Ap. 20:11-15).

"**Los secretos de los hombres**" (*tà kryptà tôn ànthrópon*). Literalmente "las cosas escondidas de los hombres". En el día del juicio, los hombres no podrán esconder nada de Dios. Allí todo será revelado y manifiesto (He. 4:13).

"**Conforme a mi evangelio**" (*katà tò eùangélión*). Pablo armonizaba el mensaje de la gracia de Dios revelado en el evangelio con el juicio divino sobre los pecadores. Evidentemente, Pablo no encontraba ninguna contradicción entre el mensaje del amor de Dios con su gracia salvadora y el mensaje del juicio venidero. El juicio de Dios sobre los pecadores formaba parte del contenido del mensaje del evangelio predicado por Pablo.

2:17

"**He ahí tú tienes el sobrenombre de judío**" (*eì dè sù Ioudauîos èponomádsei*). La expresión "tienes el sobrenombre" es una sola palabra en el griego. Es el verbo *eponomádsei*, que es un vocablo compuesto de *epí* = "sobre" y *onomádso* = "nombrar". Después del regreso del cautiverio babilónico, los israelitas se identificaban primordialmente con la tribu de Judá, y eran conocidos generalmente como *judíos*. Parece ser que llamarse *judío* era un motivo de orgullo personal.

"**Y te apoyas en la ley**" (*kaì èpanapoúei nómoi*). La forma verbal "apoyas" (*èpanapoúei*) es también un vocablo compuesto de *èpí* = "sobre" y *anapaúo* = "descansar". Esta frase describe la confianza ciega del judío en la ley. El judío se ha equivocado en cuanto al propósito de la ley. La ley no fue dada como un instrumento de salvación, sino para conducir al pecador al Salvador. El judío, sin embargo, piensa que es salvo porque tiene la ley o vive en la esfera de la ley.

"**Y te glorías en Dios**" (*kaì kauchâsoi èn theôi*). La forma verbal "glorías" (*kauchâsai*) es el presente indicativo, voz media de *kaucháomai*, que significa "sentirse orgulloso". El judío siente orgullo de su monoteísmo (Dt. 6:4). Precisamente el argumento de Pablo aquí es hacer ver al judío que Dios es también Dios de los gentiles.

2:18

"**Y conoces su voluntad**" (*kaì ginóskeis tò théleima*). La forma verbal "conoces" (*ginóskeis*) es el presente indicativo, voz activa de *ginósko*, que significa conocer por experiencia. El judío afirmaba conocer por experiencia la voluntad de Dios.

"**E instruido por la ley apruebas lo mejor**" (*kaì dokimádseis tà diaféronta kateichoúmenos èk toû nómou*). Literalmente, "y apruebas después de someter a examen las cosas que son diferentes siendo instruido oralmente por la ley". Pablo conocía bien la actitud del judío hacia la ley. El judío sometía a un examen cuidadoso las cosas que eran diferentes y aceptaba como válidas las que consideraban correctas según la ley. La expresión "instruido" (*kateichoúmenos*) es el participio presente, voz pasiva de *katechéo*, que significa "instruir oralmente". De ahí viene la palabra castellana catequesis. El judío era cuidadosamente instruido oralmente por sabios rabinos.

2:19

"**Y confías en que eres guía de los ciegos**" (*pépoithás te seautòn hòdeigòn eînai tyflôn*). "Confías" (*pépoithás*) es el perfecto indicativo, voz activa de *peitho*, que significa "persuadir", "estar persuadido", "tener confianza". El judío estaba seguro de tener la verdad, es decir, la ley. Por ello se consideraba capacitado para guiar a los demás hombres por el camino verdadero.

"**Luz de los que están en tinieblas**" (*fôs tôu èn skótei*). Probablemente esta sea una frase exegética que amplía el sentido de la anterior. Dios dio a Israel el privilegio de ser luz entre las naciones. Israel no ha cumplido ese ministerio, pero Cristo vino como la luz del mundo (Jn. 8:12).

2:20

"**Instructor de los indoctos**" (*paideutèin àfrónon*). El judío se consideraba un "enseñador" o "corrector" de otros, particularmente de los gentiles. El vocablo "indoctos" (*àfrónon*) significa "ignorantes", "incapaz de pensar". Tal vez sea un término usado para describir a los gentiles. De ser así, se pone de manifiesto una vez más el orgullo del judío.

"**Maestro de los niños**" (*didáskalon neipíon*). Tal vez una referencia a los prosélitos que, aunque adultos, eran instruidos como se instruye a los niños.

"**Que tienes en la ley la forma de la ciencia y de la verdad**". Literalmente el texto griego dice: "teniendo la estructura del conocimiento y de la verdad en la ley". El vocablo "forma" (*mórfosin*) podría traducirse "bosquejo". La ley proporciona el "bosquejo" que tiene que ser rellenado con una comunión personal con el Dios vivo y verdadero. El judío recibió la ley para que tuviese un conocimiento objetivo de lo que Dios demanda. El judío tiene el privilegio del acceso al conocimiento de la verdad de Dios en la ley.

2:21-23

En estos versículos, Pablo recrimina al judío por su incongruencia:

1. Por enseñar a otros lo que no se enseña a sí mismo (21*a*).
2. Por predicar que otros no hagan lo que él hace (21*b*).
3. Por hacer lo que prohíbe que otros hagan (22*a*).
4. Por su ambivalencia religiosa (22*b*).
5. Por su superficialidad en el manejo de la ley (23).

Obsérvese el uso de los participios:

"**Tú que enseñas**" (*hò didáskon*). Literalmente "el que enseña" o "el enseñador".

"**Tú que predicas**" (*hò keirysson*). Literalmente "el que proclama" o "el proclamador".

"**Tú que dices**" (*hò légon*). Literalmente "el que dice".

"**Tú que abominas**" (*hò bdelussómenos*). Literalmente "el que abomina", "el que aborrece" o "el aborrecedor".

El Señor Jesucristo también recriminó duramente a los líderes de Israel por su incongruencia. Cristo los llamó "hipócritas", "sepulcros blanqueados", "ciegos guías de ciegos" (véase Mt. 23:13-33).

2:24

"**Porque como está escrito**" (*kathòs gégraptai*). Esta es una fórmula usada por el apóstol a través de sus epístolas, para poner de manifiesto la autoridad de las Escrituras. Pablo cita Isaías 52:5 a efecto que el mal testimonio del judío hacía que "el nombre de Dios", es decir, Dios mismo, fuese blasfemado entre los gentiles. El judío que debía guiar al gentil a la adoración del verdadero Dios estaba más bien apartándole del camino correcto.

2:25

"**Pues en verdad la circuncisión aprovecha**" (*peritomèi mèn gàr òfeleî eàn nómon prásseis*). El valor de la circuncisión no radica en el acto mismo. El rito de la circuncisión fue dado a Abraham como señal del pacto incondicional hecho por Dios con el patriarca (Gn. 17:1-27). La circuncisión era, por lo tanto, una señal del pacto. El guardar la ley debía ser demostración de fe de parte del judío. Guardar la ley aparte de la fe no tenía valor alguno. Practicar la circuncisión sin una entrega de la vida a Dios tampoco tenía valor.

"**Pero si eres transgresor de la ley**" (*eàn dè parabáteis nómou êis*). El vocablo "transgresor" (*parabáteis*) significa "uno que sobrepasa un límite establecido". La ley establece límites específicos. El tiempo presente del verbo "ser" y el modo subjuntivo señalan la posibilidad de que algún judío fuese un transgresor habitual de la ley. Tal actitud haría que su circuncisión fuese totalmente invalidada por su comportamiento pecaminoso y, por lo tanto, estaría en el mismo nivel de un gentil.

2:26

"**Si, pues, el incircunciso guardare las ordenanzas de la ley**" (*eàn oûn hè àkrobystía tà dikaiómata toû nómou fylássei*). Pablo presenta la posibililidad de que un gentil guarde con constancia los preceptos de la ley. Si así fuera, aún siendo incircunciso, demostraría mediante su vida que hay una fe genuina en su corazón y su incircuncisión sería "considerada" (*logisthéisetai*) o "computada" como circuncisión.

2:27

"**Físicamente incircunciso**" (*fyseos àkrobystía*). Se refiere al gentil que no necesitaba circuncidarse. "**Pero que guarda perfectamente la** ley" (*tòn nómon teloûsa*). Esta frase debe tomarse como condicional: "si guarda perfectamente la ley". "**Te condenará a ti**" (*krineî ... sè*), mejor sería, "te juzgará a ti". Aunque el judío posee la revelación escrita dada por Dios en la ley y aunque ha sido circuncidado, es un transgresor de los preceptos de las Escrituras. El judío está obligado por la ley y por la circuncisión a obedecer a Dios, pero está bajo condenación a causa de su desobediencia igual que el gentil que desobedece la ley de la conciencia.

2:28

"**Pues no es judío el que lo es exteriormente**" (*où gàr hò èn tôu fanerôi Ioudaîós èstin*). En este versículo, Pablo explica quien es un verdadero judío. Debe observarse que la intención de Pablo no es decir que un gentil puede convertirse en judío, sino que para ser un judío verdadero es necesario cumplir ciertos requisitos espirituales. Un judío verdadero se distingue de otra persona no por alguna señal externa, sino por una realidad interior. La expresión "exteriormente" (*fanerôi*) se refiere a algo visible, que está a la vista y se hace manifiesto a otros. El judío asumía que porque podía enseñar su tabla genealógica y porque podía demostrar que había sido circuncidado al octavo día (Gn. 17:12) ya era un judío completo. La Palabra de Dios, sin embargo, enseña que la verdadera circuncisión es la del corazón (Dt. 30:6).

2:29

"**Sino que es judío el que lo es en lo interior**" (*àll' hò èn tôi kryptôi Ioudaîos*). Esta es una frase nominal, puesto que no hay verbo en el original griego. Literalmente dice: "sino que en lo interior [se es] judío". El vocablo "interior" (*kryptôi*) contrasta con "exteriormente" (*fanerôi*). Lo interior se refiere al corazón, es decir, a lo más íntimo de la vida espiritual.

"**La circuncisión es la del corazón**" (*peritomèi kardías*). Esta frase es equivalente a la regeneración. En Deuteronomio 30:6 dice: "Y circuncidará Jehová tu corazón, y el corazón de tu descendencia, para que ames a Jehová tu Dios con todo tu corazón y con toda tu alma, a fin de que vivas" (véase también Ez. 36:25-27; Col. 2:11-13).

"**La alabanza del cual no viene de los hombres, sino de Dios**" (*hoû hò épainos oùk èx ànthrópon àll' èk toû theoû*). La expresión "del cual" (*hoû*) es un pronombre relativo, masculino, singular, en el caso genitivo, y se refiere al judío verdadero mencionado en el versículo 29. La alabanza del que es judío exteriormente se basa en sus obras carnales (véase Lc. 18:11-12). La alabanza del judío regenerado procede de Dios (*èk toû theoû*).

RESUMEN Y CONCLUSIÓN

En la primera parte de este estudio (1:18-32), Pablo describe el estado de la condenación en que se encuentra el hombre gentil. Después de haber conocido a Dios, la humanidad rechazó ese conocimiento y se entregó a prácticas repudiables de idolatría y de toda clase de inmoralidades. En la segunda parte de la lección (2:1-29), Pablo presenta la situación del judío religioso, quien también está en condenación. El judío ha recibido muchos privilegios, pero también se ha entregado a la práctica de la injusticia y ha transgredido la ley que Dios le dio a través de Moisés.

Pablo concluye enseñando que el judío verdadero no es aquel que sólo conoce la letra de la ley y que ha pasado por el rito de la circuncisión. El judío verdadero es aquel que ha puesto su fe en el Mesías y, por lo tanto, ha nacido de nuevo. El judío nominal, al igual que el religioso moderno, se gloría en sus propias obras. El judío completo, al igual que el cristiano genuino, da la gloria a Dios porque reconoce que sólo la gracia de Dios pudo sacarlo de la condenación y de la miseria del pecado.

HOJA DE TRABAJO #3 (1:18-23)

1. "... los hombres que detienen con injusticia la verdad" (1:18). _Pag. 46_

___

2. "... no tienen excusa" (1:20). _Pag. 47_

___

3. "... habiendo conocido a Dios, no le glorificaron como a Dios..." (1:21). _Pag. 47_

___

4. "... su necio corazón fue entenebrecido" (1:21). _Pag. 48_

___

5. "... cambiaron la gloria del Dios incorruptible..." (1:23). _Pag. 48_

___

HOJA DE TRABAJO #4 (1:24-32)

1. "... también Dios le entregó a la inmundicia..." (1:24). _Pag. 49_

___

2. "Ya que cambiaron la verdad de Dios por la mentira..." (1:25). _____

   Pag. 50

3. "Por esto Dios los entregó a pasiones vergonzosas..." (1:26). _____

   Pag. 50

4. "... recibiendo en sí mismo la retribución debida a su extravío" (1:27).

   Pag. 52

5. "... Dios los entregó a una mente reprobada..." (1:28). _____

   Pag 52

6. "... atestados de toda injusticia..." (1:29). _____

   Pag. 83

7. "... desobedientes a los padres" (1:30). _____

   Pag 54

8. "... son dignos de muerte..." (1:32). _____

   Pag. 55

9. "... se complacen en los que los practican" (1:32). _____

Pag. 55

HOJA DE TRABAJO #5 (2:1-16)

1. "Por lo cual eres inexcusable..." (2:1). _Pag. 56_

2. "... su benignidad te guía al arrepentimiento?" (2:4). _Pag. 57_

3. "... atesoras para ti mismo ira para el día de la ira... "(2:5). _Pag. 58_

4. "... no obedecen a la verdad, sino que obedecen a la injusticia" (2:8). _Pag 60_

5. "... no hay acepción de personas para con Dios" (2:11). _Pag. 61_

6. "... todos los que sin ley han pecado, sin ley también perecerán..."(2:12). _Pag. 61 y 62_

7. "... los hacedores de la ley serán justificados" (2:13). _____

_____ pag. 62 _____

8. "... son ley para sí mismos" (2:14). _____

_____ pag. 62 _____

9. "En el día en que Dios juzgará por Jesucristo los secretos de los hombres..." (2:16). _____

_____ pag. 63 _____

HOJA DE TRABAJO #6 (2:17-29)

1. "... y te glorías en Dios" (2:17). _____

_____ pag. 64 _____

2. "... instruido por la ley apruebas lo mejor" (2:18). _____

_____ pag. 64 _____

3. "... eres guía de los ciegos..."(2:19). _____

_____ pag. 64 _____

4. "... tienes en la ley la forma de la ciencia y de la verdad" (2:20). ____

_____ pag. 65 _____

5. ".... Tú que abominas de los ídolos, ¿cometes sacrilegio"? (2:22). ___

   Pag. 66

6. "... el nombre de Dios es blasfemado entre los gentiles..." (2:24). ___

   Pag. 66

7. "... la circuncisión aprovecha, si guardas la ley..." (2:25). _____

   Pag. 66

8. "Y el que físicamente es incircunciso, pero guarda perfectamente la ley, te condenará a ti..." (2:27). _____

   Pag. 67

9. "Pues no es judío el que lo es exteriormente..." (2:28). _____

   Pag. 67

10. "... la circuncisión es la del corazón, en espíritu, no en letra..." (2:29).

    Pag. 67

PREGUNTAS DE REPASO

1. Menciones las características de Dios que aparecen en Romanos 1. _____
   [respuesta manuscrita:] poder — eterno — justo — eterno poder — incomptible — creador — Bendito — padre — Salvador — veraz.

2. ¿Por qué están perdidos los paganos? (Dé base bíblica). _____
   [respuesta manuscrita:] (Ro. 1:21) Lo que ha ocurrido en que vanidad el hombre ha despreciado a Dios y ha pretendido rebajarlo a una criatura.

3. ¿Cuáles son los siete pasos de la apostasía de los gentiles? _____
   [respuesta manuscrita:] (Romanos 1:21-28) 1 -

4. ¿Cuál es el argumento expuesto en Romanos 1:18—3:20? _____
   [respuesta manuscrita:] Desarrolla el argumento de pablo de que nadie puede decir, que por su mérito es aceptable ante los ojos de Dios: ni los multitudes, ni los romanos, ni siquiera los judíos. Todas las personas sin importar el lugar en que se hallen.

5. ¿Qué grupo se enfoca en Romanos 2:1-16? _____
   [respuesta manuscrita:] a) Judíos b) Griegos c) Gentiles

6. ¿Sobre cuáles tres principios se basa el juicio de Dios? (Cite la Escritura). _____
   [respuesta manuscrita:] 1 - por la dureza del corazón (2:5) 2 - por sus obras (2:6) 3 - por la Injusticia (2:8)

[nota manuscrita al pie:] merecen la condenación de sus pecados de Dios por

7. ¿Qué atesora el inconverso? _El hombre que rehusa arrepentirse y aceptar el regalo de la vida Eterna, de manera progresiva está atesorando y acumulando para así mismo condenación._

PO. 2:5

8. ¿A quién fue dada la ley? _"A los judíos." RO. 2:14_

R/ 3

(1) Habiendo conocido a Dios no le glorificaron como a Dios.

(2) profesando ser sabios se hicieron necios.

(3) cambiaron la gloria del Dios incomptible en semejansa de imagen de hombre comptible, de aves, de cuadrupedos, y de reptiles.

(4) Dios los entrego a la Inmundicia, en las concupicancias de sus corazones, de modo que desonraron su propios cuerpos, entre si.

(5)

nota: es cada versiculo del cap. 1: 21-28

son (7)

4

La corrupción del pecado
y su remedio (3:1-31)

Propósito: demostrar que el hombre está desprovisto de la justicia que Dios demanda y que esa justicia se encuentra sólo en Cristo.

Objetivos de la lección

1. Que el estudiante se convenza del estado de mortandad espiritual en que se encuentra todo ser humano.
2. Que el estudiante sea capaz de presentar el mensaje de la gracia de Dios con claridad y en el poder del Espíritu.
3. Que el estudiante sea capaz de explicar verbalmente y por escrito que no hay salvación fuera de Cristo.

Tarea a realizar

1. Lea Romanos 3:1-31 en tres versiones distintas.
2. Lea el comentario de Newell (pp. 63 a 108).
3. Complete las hojas de trabajo #7 y #8.
4. Conteste las preguntas de repaso.
5. Sintetice en un párrafo (50-100 palabras) el mensaje del capítulo 3.

Resultados esperados

Al concluir el capítulo 4, el estudiante debe ser capaz de comprender y explicar a otros las siguientes verdades:

1. Ningún esfuerzo humano puede hacer que el hombre merezca la gracia de Dios.
2. La justicia humana es imperfecta y, por lo tanto, inaceptable delante de Dios.
3. El hombre está corrompido tanto en su naturaleza como en sus actos.
4. La única justicia aceptable a Dios es la que se obtiene por la fe en Cristo.

Idea central: judíos y gentiles están bajo condenación y necesitan la justicia que sólo se obtiene por la fe en Cristo.

BOSQUEJO

Introducción:

El hombre cree que puede alcanzar a Dios por sus propios méritos. La Biblia dice que "no hay justo ni aún uno". El hombre cree que es bueno pero la Biblia dice que todos han pecado y están destituidos de la gloria de Dios.

I. Judíos y gentiles están bajo condenación (3:1-20).
1. Los judíos están bajo condenación a pesar de sus ventajas y privilegios (3:1-8).
2. Los gentiles también están bajo condenación (3:9-20).

II. Judíos y gentiles necesitan la justicia que sólo se obtiene por la fe en Cristo (3:21-31).
1. Judíos y gentiles necesitan la justicia de la que da testimonio el Antiguo Testamento (3:21).
2. Judíos y gentiles necesitan la justicia que sólo se obtiene a través de Cristo (3:22-23).
3. Judíos y gentiles son justificados mediante la obra de Cristo (3:24-26).
4. Judíos y gentiles son justificados sólo por la fe y con la exclusión de las obras de la ley (3:27-31).

Conclusión:

La justicia humana es inadecuada delante de Dios. "Nuestras justicias son como trapos de inmundicia delante de Dios." El hombre necesita la justicia de Cristo, la única justicia agradable y aceptable delante de Dios. La justicia de Dios en Cristo se recibe sólo por la fe. Ni la religión, ni las obras humanas, ni la sabiduría de los hombres pueden producir la clase de justicia que satisface a Dios. La perfecta justicia viene en el momento en que el pecador cree en la persona y en la obra completada por Cristo en la cruz. Cristo ha hecho la provisión perfecta. No hace falta nada más.

NOTAS EXEGÉTICAS Y COMENTARIOS

3:1

"**¿Qué ventaja tiene, pues, el judío?**" (*tí oûn tò perissòn tôu Ioudaíou*). ¿Cuál es, entonces, la preeminencia del judío? Pablo parece anticipar esta pregunta de parte de algún interlocutor judío que pudo haber escuchado lo que el apóstol dice en 2:1-29.

"**¿O de qué aprovecha la circuncisión?**" (*eí tís hèi òféleia têis peritomêis*). Esta pregunta podía ser formulada por un judío: ¿cuál es el beneficio de la circuncisión? Si no contribuye para la salvación ¿de qué sirve? La respuesta a esas preguntas es que la circuncisión física, semejante al bautismo en agua, es una señal o un testimonio público de algo que ha sucedido en el corazón.

3:2

"**Mucho, en todas maneras**" (*polù katà pánta trópon*). Las ventajas y el beneficio del judío son muchas y muy variadas. Pablo, sin embargo, se centra en el gran privilegio de haber sido el pueblo a través del cual Dios dio su revelación escrita al mundo.

"**Primero**" (*prôton*). Pablo no da una lista de ventajas. Es como si dijese: "Primero y por encima de todo" o "primordialmente", "que les ha sido confiada la palabra de Dios". La forma verbal "**ha sido confiada**" (*èpisteúthesan*) es el aoristo indicativo, voz pasiva de *pisteúo*, que significa "confiar" y en la voz pasiva "ser confiado". La expresión "**la palabra de Dios**" (*tà lógia toû theoû*), significa "los oráculos de Dios" (véase He. 5:12; 1 P. 4:11). En la literatura pagana la palabra "oráculos" (*lógia*) designaba "el lugar desde donde los dioses hablaban". Pablo toma dicho término y lo aplica a las Sagradas Escrituras, el lugar desde donde el Dios Soberano habla a los hombres.

3:3

"**¿Pues qué, si algunos de ellos han sido incrédulos?**" (*tí gár eì èipísteisán tines*). El apóstol formula una pregunta dando por sentado la realidad de la cuestión. Pablo sabía que muchos de sus compatriotas eran incrédulos. Obsérvese que el verbo *èipísteisán* es el aoristo indicativo, voz activa de *apistéo*, que significa "ser incrédulo", "rehusar creer" (véase Ro. 4:20). Este vocablo comporta la idea de infidelidad. Los judíos, en su mayoría, habían sido infieles al mensaje que les había sido encomendado. **"¿Su incredulidad habrá hecho nula la fidelidad de Dios?"** (*mèi hè àpistía aùtôn tèin pístin toû theoû katargéisei*). La fidelidad es un atributo de Dios. Dios es siempre fiel (2 Ti. 2:13). De manera que la respuesta a esa pregunta es un rotundo ¡NO! La forma verbal "habrá hecho nula" (*katargéisei*) está en una posición enfática al final de la oración. Dicho verbo significa "hacer inactivo", "invalidar". La fidelidad de Dios está plenamente confirmada a través de su Palabra (véase Lm. 3:22-23).

3:4

"De ninguna manera" (*mèi génoito*). Literalmente "que tal cosa no ocurra". Es una expresión enfática que expresa el rotundo rechazo de una falsa deducción extraída del argumento presentado en 3:3. Pablo rechaza con vehemencia que alguien impute a Dios algo contrario a su carácter.

"Antes bien sea Dios veraz, y todo hombre mentiroso". La forma verbal "sea" (*ginéstho*) es el presente imperativo, voz media de *gínomai* que aquí significa "ser hallado". Pablo presenta aquí un contraste enfático: "aunque todo hombre sea hallado convicto mentiroso, Dios es veraz." La integridad de Dios es absoluta, teniendo como base su carácter santo, y no depende de lo que el hombre haga o diga.

"Como está escrito" (*katháper gégraptai*). "Justamente como está escrito". El tiempo perfecto del verbo *gégraptai* enfatiza el carácter completo y permanente de la Palabra de Dios. Lo que ha sido escrito bajo la dirección del Espíritu Santo tiene absoluta vigencia y autoridad divina.

"Para que seas justificado en tus palabras, y venzas cuando fueres juzgado". Pablo cita el Salmo 51:4, donde David confiesa su pecado y reconoce la santidad de Dios. La Palabra de Dios declara que Dios es justo y santo, mientras que el hombre es injusto y pecador. Cuando el hombre reconoce la santidad de Dios y su propia pecaminosidad está abriéndose para recibir el perdón divino. Sólo Dios puede declarar justo al pecador y sólo El puede darle victoria sobre el juicio (véase Ro. 8:37).

3:5

"Y si nuestra injusticia hace resaltar la justicia de Dios" (*eì dè hè àdikía hèimôn theoû dikaiosynein synísteisin*). Esta acción asume la realidad de la afirmación. La forma verbal "hace resaltar" (*synísteisin*) es el presente indicativo, voz activa de *synísteimi*, que significa "juntar", "demostrar", "destacar". Obsérvese el contraste entre "nuestra injusticia" y "la justicia de Dios". Recuérdese que el tema central de esta epístola es la manifestación de la justicia de Dios como instrumento de salvación del pecador. El hombre está desprovisto de justicia a causa de su condición pecaminosa. Dios provee su justicia a través de Jesucristo. Esa justicia ha sido revelada en el evangelio de la gracia de Dios.

"**¿Será injusto Dios que da castigo?**" (*mè ádikos hò theòs hò èpiféron tèin òrgéin*). La pregunta que Pablo formula espera una respuesta negativa: ¡Dios *no* es injusto cuando castiga! Obsérvese el tiempo presente del participio *èpiféron*. La frase dice, literalmente: "¿No es injusto el Dios el que inflige castigo? ¿Verdad que no?".

"**Hablo como hombre**" (*katà ánthropon légo*). Mejor sería, "hablo según hombre". Es decir, Pablo está expresando el pensamiento generalizado entre los hombres. La humanidad piensa que Dios no debe infligir castigo al pecador. Muchos piensan que un Dios de amor no puede castigar al pecador. No debe olvidarse, sin embargo, que el Dios de amor también es santo y justo.

3:6

"**En ninguna manera**" (*mèi génoito*). ¡Que perezca tal pensamiento! Una vez más, Pablo rechaza toda idea tendente a menoscabar el carácter de Dios.

"**De otro modo**" (*èpeì*). "Si así fuese", es decir, si el hecho de infligir castigo al pecador constituyese un acto de injusticia, Dios no estaría capacitado para juzgar.

"**¿Cómo juzgaría Dios al mundo?**" (*pôs krineî hò theòs tòn kósmon*). La forma verbal "juzgaría" (*krineî*) es, en realidad, el futuro indicativo de *kríno*. De manera que debe traducirse "juzgará". Dios es el juez del universo (Gn. 18.25; Hc. 17:30-31). Dios es justo en todos sus juicios, de modo que tiene autoridad para juzgar "al mundo" (*tòn kósmon*).

3:7

Pablo prosigue utilizando los argumentos propios del razonamiento humano. Evidentemente, el apóstol estaba bien informado de lo que los hombres de su día pensaban acerca de Dios, la vida, la muerte, el pecado y la moral.

"**Pero si por mi mentira la verdad de Dios abundó para su gloria.**" El argumento del hombre es que su "mentira" (*pseúsmati*) es un instrumento (*èn*) por el cual la verdad de Dios ha crecido o abundado (*èperísseusen*) y la gloria de Dios se ha manifestado. De modo que, según el hombre, él no debe ser juzgado como pecador si lo que ha hecho contribuye a la manifestación de la gloria de Dios. Pablo refuta dicho argumento.

La gloria de Dios no se manifiesta a causa del pecado, sino a pesar del pecado.

3:8

Evidentemente, algunos habían malentendido o torcido el mensaje predicado por Pablo, diciendo que el apóstol predicaba: **"Hagamos males para que vengan bienes"**. Por supuesto que Pablo repudiaba tal idea. El dice: **"Como se nos calumnia"** (*blaspheimoúmetha*), literalmente "somos blasfemados". Los enemigos de Pablo pretendían desacreditar al apóstol profiriendo perversas calumnias tocantes al contenido de su mensaje. Pablo responde de manera clara y terminante. El está en contra de todo lo que sea pecado, se oponga al evangelio y empañe el mensaje de la gracia de Dios. Pablo se había propuesto predicar a Cristo crucificado y resucitado como el único objeto de fe capaz de agradar a Dios.

El apóstol afirma que **"la condenación de quienes lo calumnian es justa"** (*hôn tò kríma éndikón èstin*). Literalmente dice: "Cuyo juicio justo es." En un sentido, el pecador se condena a sí mismo por su maldad. Dios sólo pronuncia la sentencia.

3:9

Pablo regresa a su estilo de formular preguntas. **"¿Qué, pues?"** (*tí oûn*), es decir, "¿cuál es la conclusión?" **"¿Somos nosotros mejores que ellos?"** (*proechómetha*). El texto griego sólo dice: "¿Somos nosotros mejores?" El verbo utilizado es el presente indicativo, voz media o pasiva de *proécho*, que significa "exceder", "ser el primero". En la voz media dicho verbo significa "tener ventaja" o "mantener algo delante para protegerlo". El significado en la voz pasiva es "ser aventajado", "ser sobrepasado". Es evidente que Pablo utiliza dicho verbo en la voz media. La respuesta a la pregunta es que el judío no tiene ninguna ventaja sobre el gentil en lo que respecta a su condición espiritual. La expresión **"en ninguna manera"** (*où pántos*) no es la misma utilizada en 3:4. La frase "en ninguna manera" aquí significa, más bien, "no del todo", o "sólo en sentido limitado". La ventaja del judío guarda una relación directa con la responsabilidad que tiene delante de Dios, particularmente el hecho de que se le ha confiado la palabra de Dios.

"Pues ya hemos acusado a judíos y a gentiles, que todos están bajo pecado." La forma verbal "ya hemos acusado" (*proeitiasámetha*) es el aoristo indicativo, voz media de *proaitiáomai*, que significa "acusar previamente". El aoristo contempla el hecho de la acción. La voz media sugiere que el sujeto participa de la acción. Recuérdese que Pablo se consideraba a sí mismo como el primero de los pecadores (ver 2 Ti. 1:15). La expresión "todos están bajo pecado" (*pántas hùf' hàimartían eînai*) señala la realidad de la universalidad del pecado (véase Gá. 3:22). Todos están bajo pecado significa que todo ser humano está bajo sentencia de juicio. Obsérvese el tiempo presente y el modo indicativo del verbo "estar"(*eînai*). El presente destaca la acción continua y el modo indicativo la realidad de la acción.

3:10

"**Como está escrito**" (*kathòs gégraptai*). "Tal como está escrito" es una fórmula paulina para afirmar la autoridad de las Sagradas Escrituras. El tiempo perfecto del verbo *gráfo* sugiere una acción completa con resultados permanentes: "está escrito y permanece escrito".

Seguidamente, Pablo cita una serie de pasajes del Antiguo Testamento, la mayor parte de ellos en los Salmos, que ponen al descubierto la depravación total del hombre.

3:10-18

1. "**No hay justo, ni aún uno.**" No hay nadie capaz de entrar en la presencia de Dios por sus propios méritos.
2. No hay entendedor (*hò syníon*).
3. No hay buscador de Dios (*hò èkdseitôn*).
4. Todos se desviaron (*èxéklinan*). Obsérvese el aoristo indicativo.
5. Juntos se echaron a perder (*èichreótheisan*). El tiempo aoristo señala el hecho histórico en sí, el indicativo habla de la realidad del acontecimiento y la voz pasiva destaca que el sujeto recibe la acción. La humanidad en su totalidad se ha echado a perder, como la leche cuando se vuelve ácida, tan pronto como el pecado entró en la experiencia humana.
6. "**No hay quien haga lo bueno, no hay ni siquiera uno**", es decir, no hay hombre alguno que pueda ganarse el favor de Dios por méritos propios (véase Is. 64:6).
7. "**Sepulcro abierto**" sugiere contaminación. Cristo llamó a los escribas y fariseos "sepulcros blanqueados" por estar llenos de contaminación.
8. "**Veneno de áspides hay debajo de sus labios.**" La serpiente es un recordatorio de la entrada del pecado en el huerto del Edén.
9. "**Boca llena de maldición y amargura**".
10. "**Pies presurosos para derramar sangre**". Recuérdese que el primer hombre nacido en la tierra fue un homicida (Gn. 4:8).

11. **"Quebranto y desventura hay en sus caminos"**. Literalmente "ruina y miseria". El pecado ha traído todo tipo de calamidad a la vida del hombre, tanto en lo físico y espiritual como en lo moral y emocional.

12. **"No conocieron el camino de paz"**. Por estar provisto de justicia personal, el hombre ha practicado la violencia desde el principio (véase Gn. 4:23-24, 6:5). Además, el hombre ha perdido el rumbo hacia Dios y se ha alejado del camino hacia su Creador que es el camino de la paz.

13. **"No hay temor de Dios delante de sus ojos"**, es decir, el hombre ha perdido la reverencia a Dios y ha desafiado la autoridad del Soberano.

En los versículos 10-18, Pablo pone de manifiesto la terrible condición espiritual y moral de todo ser humano, tanto judíos como gentiles. Sólo la gracia de Dios puede librar al hombre de ese estado.

3:19

"Todo lo que la ley dice, lo dice a los que están bajo la ley." Hay aquí dos verbos que, aunque traducidos por la misma palabra castellana, son dos vocablos diferentes en el griego. El primer "dice" es del verbo *légo* que destaca la sustancia o el contenido de lo que se dice. El segundo es del verbo *laléo* que señala a la expresión audible. El contenido de la ley va dirigido a los que están en la esfera de la ley (*toîs èn tôi nómoi*). El propósito (*hìna* con el subjuntivo) es: (1) tapar la boca del hombre; y (2) hacer que todo el mundo quede bajo el juicio de Dios. La ley pone de manifiesto: (1) la santidad de Dios; (2) la pecaminosidad del hombre; y (3) el camino hacia Jesucristo. La ley no fue dada para salvar, sino para hacer que el pecador busque refugio en la gracia de Dios.

3:20

"Ya que por las obras de la ley ningún ser humano será justificado delante de él." La expresión "por las obras de la ley" señala a las obras producto del esfuerzo humano. La forma verbal "será justificado" (*dikaiothéisetai*) es el futuro indicativo, voz pasiva de *dikaióo*, que significa "declarar justo". El futuro indicativo sugiere que tal cosa jamás sucederá. Dios nunca declarará a una persona apta para entrar en su presencia sobre la base de las obras que haya acumulado.

"Porque por medio de la ley es el conocimiento del pecado" (*dià gàr nómou èpígnosis hàmartías*). La ley es el agente que descubre el

Romanos

estado pecaminoso del hombre. La ley es como una luz que con su claridad hace posible que se vean todas las impurezas en una habitación. La ley es, por lo tanto, un instrumento de condenación, no de salvación. La ley no declara justo al hombre (Hch. 13:39), sino que lo declara pecador (véase Ro. 7:7-8).

3:21

"**Pero ahora**" (*nunì dè*). Esta pequeña expresión presenta un contraste enfático entre el contenido del versículo 20 y el del 21. "**Aparte de la ley**" (*chorìs nómou*), es decir, sin las obras ni los ejercicios rituales de la ley (véase Gá. 2:15-16).

"**Se ha manifestado la justicia de Dios**" (*dikaiosúne theoû pefanéro-tai*). Obsérvese que en el texto griego no hay artículo determinado antes del sustantivo "justicia". De manera que Pablo dice, literalmente: "Una clase de justicia que esencialmente es de Dios ha sido manifestada" (véase 1:17). La frase destaca la esencia de la justicia que ha sido revelada. Es una justicia que se caracteriza por ser "de Dios" y es la justicia que es imputada al pecador sobre la base de la fe personal en Jesucristo. No es una justicia que condena, sino una que proporciona vida y salvación. La forma verbal "se ha manifestado" (*pefanérotai*) es perfecto indicativo, voz pasiva de *faneróo*, que significa "hacer manifiesto". El tiempo perfecto sugiere una acción completada cuyos resultados perduran, el modo indicativo habla de la realidad del suceso y la voz pasiva indica que el sujeto recibe la acción. De manera que dicho verbo debe traducirse: "ha sido manifestada".

"**Testificada por la ley por los profetas.**" La justicia de Dios en beneficio del pecador no es una verdad foránea a la historia del Antiguo Testamento. Tanto los cinco libros de Moisés (Gn. 15:6) como los Salmos (32:1-2) y los profetas (Is. 61:10; 62:1-2; Hab. 2:4) enseñan el tema de la justicia que Dios imputa al pecador. El vocablo "testificada" (*martyroumé-ne*) es el participio presente, voz pasiva de *martyrío*, que significa "testificar", "dar testimonio". La justicia de Dios cuenta con el testimonio indiscutible de la ley y de los profetas, es decir, del Antiguo Testamento, que dan testimonio de que aquellos que han creído en Dios han sido declarados justos.

3:22

"**La justicia de Dios por medio de la fe en Jesucristo**" (*dikaiosúne dè theoû dià písteos Ieisoû Christoû*). Esta frase está en aposición con la que aparece en el versículo anterior. El argumento podría reconstruirse así: "Se ha manifestado la justicia de Dios, es decir, la justicia de Dios a través de la fe en Jesucristo". Como se ha observado en 1:17, el evangelio revela la justicia de Dios y el evangelio concierne a la persona y la obra de Cristo para la salvación del pecador.

"Para con todos los que creen en él" (*eìs pántas toùs pisteúontas*). "Con miras a o para todos los que están creyendo". El participio presente del verbo "creer" (*pisteúontas*) contempla el aspecto presente de la salvación. Obsérvese que la condición única para recibir el regalo de la salvación es creer en Cristo. La Biblia no enseña ninguna otra condición.

"Porque no hay diferencia" (*où gár èstin diastoléi*). Debido a que la salvación es un regalo de la gracia de Dios y, por lo tanto, no depende de méritos humanos de clase alguna, Dios no hace distinción entre judío o griego, esclavo o libre, rico o pobre, hombre o mujer.

3:23

"Por cuanto todos pecaron" (*pántes gàr héimarton*). Esta frase enseña la universalidad del pecado y explica por qué no hay diferencia. La forma verbal "pecaron" (*héimarton*) es el aoristo indicativo, voz activa de *hamartáno*, que significa "errar el blanco". Todo ser humano en este mundo, desde el mejor hasta el peor, ha errado el blanco de manera absoluta y le ha pegado al blanco incorrecto.

"Y están destituidos de la gloria de Dios" (*kaì hùsteroûntai têis dóxeis toû theoû*). El blanco que el hombre ha errado es la misma gloria de Dios. El criterio para determinar el pecado lo establece Dios, no el hombre. Dios dice que el hombre se "ha quedado corto", "ha fallado", "no ha podido alcanzar" la gloria de Dios. El vocablo traducido en la Reina-Valera 1960 por "están destituidos" es *hùsteroûntai*, que es el presente indicativo, voz media de *husteréo*, que significa "errar", "quedarse corto". El hombre no es capaz mediante su propio esfuerzo de satisfacer el criterio divino para alcanzar la gloria de Dios. La "gloria de Dios" se refiere a la brillantez deslumbrante de los atributos de Dios. Cristo oró por los creyentes diciendo: "... para que vean mi gloria que me has dado..." (Jn. 17:24). Los que han puesto su fe en Cristo podrán ver al Señor Jesucristo, quien es el resplandor de la gloria de Dios (2 Co. 4:4; He. 1:3).

3:24

"Siendo justificados gratuitamente por su gracia" (*dikaioúmenoi doreàn têi aùtoû cháriti*). La frase "siendo justificados" (*dikaioúmenoi*) es el participio presente, voz pasiva de *dikaióo*, que significa "declarar justo". Dios no hace justo al pecador, sino que lo declara justo. El tiempo presente sugiere una acción continua. La voz pasiva señala que el sujeto recibe la acción. El pecador que pone su fe en Cristo "es declarado justo" o admitido en la presencia de Dios. El término "gratuitamente" (*doreàn*) significa "como un regalo". El costo de ese regalo es incalculable, pero Dios lo da de pura gracia (*têi aùtoû cháriti*). Gracia significa "favor inmerecido". Todos los beneficios que Dios derrama sobre el pecador proceden de las riquezas de su gracia (Pablo utiliza el vocablo "gracia" 24 veces en la carta a los Romanos).

"Mediante la redención que es en Cristo Jesús" (*dià têis àpolytróseos têis èn Christôi Ieisoû*). Esta es una frase enfática: a través de la redención, es decir, la que hay en Cristo Jesús. El vocablo "redención" (*àpolytróseos*) significa "la liberación que resulta del pago de un rescate" (véase Ef. 1:7, 14; 4:30; Col. 1:14; He. 9:15). La muerte de Cristo fue el rescate pagado para hacer posible la liberación de la condenación eterna de todo aquel que cree en él (véase He. 2:14-15).

3:25

"A quien Dios puso como propiciación por medio de la fe en su sangre" (*hòn proétheto hò theòs hìlastéirion dià písteos èn tôi aùtoû haímati*). Dios el Padre diseñó el plan que incluía el sacrificio del *Hijo Amado* (Jn. 3:16). La forma verbal "puso" (*proétheto*) es el aoristo indicativo, voz media de *protétheimi*, que significa "proponerse", "exhibir en público", "diseñar". El vocablo "propiciación" (*hìlastéirion*) significa "sacrificio expiatorio". Ese sacrificio expiatorio fue la muerte de Cristo en lugar del pecador. La frase "en su sangre" se refiere a su muerte. La muerte de Cristo es una realidad histórica. "Por medio de la fe" destaca una vez más el único requisito que Dios establece para que el pecador reciba el regalo de su gracia. La fe en sí no es lo que salva, sino que es el medio por el cual se recibe el regalo de la salvación.

"Para manifestar su justicia" (*eìs éndeixin têis dikaiosyneis aùtoû*). La justicia forense de Dios, es decir, la que él imputa por la fe en Cristo al pecador, se pone de manifiesto o se revela en el evangelio (ver 1:17). Obsérvese que Pablo habla de "su justicia", es decir, la justicia de Dios. Esa es la justicia que produce salvación.

"A causa de haber pasado por alto, en su paciencia, los pecados pasados." En el pasado Dios, benevolentemente, retuvo el juicio que el pecador merece (véase Hch. 17:30). Ese ejercicio de la paciencia y la benevolencia de Dios ha tenido por objeto que el hombre se arrepienta (Ro. 2:4). El propósito eterno de Dios contemplaba la muerte expiatoria de Cristo. En la cruz del Calvario, Dios descargó la furia de su juicio sobre la persona de Cristo. La idea del texto es que, en anticipación de la muerte de Cristo, Dios dilató el juicio que el ser humano merece y ofrece perdón de pecados y vida eterna como un regalo a todo aquel que cree en Cristo.

3:26

"Con la mira de manifestar en este tiempo su justicia." La expresión "en este tiempo" (*èn tôi nûn kairôi*) contempla los tiempos críticos a los que el hombre tiene que enfrentarse a menos que acepte el regalo de Dios en Cristo. Pablo no habla de *krónos* que significa duración de tiempo, sino que se refiere a *kairós*, que significa espacio de tiempo y clase de tiempo. Dios manifestó su justicia salvadora dentro de un tiempo críticamente central en la historia de la humanidad.

"A fin de que él sea justo" (*eìs tò eînai aùtòn díkaion*). Esta frase indica propósito. Uno de los propósitos de la obra redentora efectuada por Cristo es poner de manifiesto el hecho de que Dios es justo. Entiéndase que Dios es justo en su ser esencial, pero ese aspecto del carácter de Dios es revelado a través del sacrificio de Cristo por el pecador.

"Y el que justifica al que es de la fe de Jesús" (*kaì dikaioûnta tòn èk písteos Ieisoû*). No sólo Dios es justo y lo ha manifestado, sino que también Él es el que declara justo a quien pone su fe en Jesucristo. "El dilema de Dios era cómo satisfacer su propia justicia y sus demandas contra la humanidad pecadora y, al mismo tiempo, cómo demostrar su gracia, amor y misericordia para restaurar a criaturas rebeldes y alienadas de él. La salvación estaba en el sacrificio de Jesucristo, el Hijo encarnado de Dios y la aceptación por la fe de esa provisión de parte del pecador. La muerte de Cristo reivindicó la propia justicia de Dios (él es justo porque la deuda del pecado fue pagada) y le permite a Dios declarar justo a todo pecador que cree en Cristo" (John F. Walvoord y Roy B. Zuck, eds., *The Bible Knowledge Commentary*, "Romans" por John A. Witmer, pp. 451-452).

3:27

"¿Dónde pues está la jactancia?" (*poû oûn hèi kaúcheisis*). Esta es la primera de cinco preguntas que Pablo anticipa de parte de algún interlocutor. Si la obra de la salvación ha sido diseñada por Dios, ejecutada por Cristo y aplicada por el Espíritu Santo, el hombre no tiene nada de que gloriarse o jactarse. Pablo responde a es pregunta con la expresión "queda excluida" (*èxekleísthe*). Este verbo es el aoristo indicativo, voz pasiva de *ekkleio*, que significa "excluir", "encerrar". La expresión es enfática, puesto que el verbo lleva el prefijo *ek*, que amplía su significado y se traduce mejor "está totalmente excluido" o "está plenamente encerrado". El orgullo humano queda totalmente excluido porque la salvación es un regalo de la gracia de Dios.

"¿**Por cuál ley?**" *(dià poíou nómou)*. Literalmente "mediante qué clase de ley". ¿A través de qué principio es el hombre declarado justo? El ser humano piensa que es a través de las obras. Dios dice que es sólo a través de la fe. No es por la ley de las obras, ya que Pablo ha expresado en 3:20 que "por las obras de la ley ningún ser humano será justificado delante de Dios".

3:28

"**Concluimos, pues**" *(lodigsómetha gàr)*. Literalmente "damos por sentado". Pablo afirma que esa es su firme conclusión y convicción, que el hombre es justificado por fe sin las obras de la ley. Después de haber analizado todas las evidencias, esa era la firme conclusión del apóstol Pablo y es la enseñanza tajante de las Escrituras. Dios no tiene ningún otro camino para que el hombre sea admitido en su presencia. El único camino es mediante la fe en el Dios de toda gracia (véase He. 11).

3:29

"**¿Es Dios solamente Dios de los judíos?**" *(èi Ioudaíon hò theòs mónon)*. Los judíos se consideraban como los únicos adoradores del Dios vivo y verdadero. Por lo tanto, clasificaban a todos los demás pueblos como paganos y pecadores. Aunque en cierto sentido es verdad que Dios guarda una relación especial con Israel, no es menos cierto que los gentiles también están incluidos en los planes y propósitos de Dios. El es también "Dios de los gentiles". Los gentiles serán bendecidos en el reino del Mesías y ya están siendo bendecidos a través del evangelio. Pablo, como apóstol de los gentiles, sabía muy bien la obra que la gracia de Dios había hecho entre los pueblos y naciones entre los que había predicado el evangelio de salvación.

3:30

"**Porque Dios es uno**" *(eíper heîs hò theòs)*. Pablo apela al monoteísmo judío. "Si Dios es uno y en verdad lo es." La Biblia enseña que hay un sólo Dios. Por lo tanto, el mismo que es Dios de los judíos tiene que ser el Dios de los gentiles, porque no hay dos dioses.

"**Y él justificará por la fe a los de la circuncisión, y por medio de la fe a los de la incircuncisión.**" Los vocablos "circuncisión" e "incircuncisión" se utilizan como referencia a "judíos" y "gentiles". El método divino de la salvación es único. Tanto judíos como gentiles son salvos de la misma manera, es decir, por la fe en la persona de Cristo. El judío que quiere ser aceptado en la presencia de Dios tiene que ser revestido de la justicia de Cristo exactamente igual que el gentil. Dios no hace acepción de personas. Hay un sólo mediador (1 Ti. 2:5) y un sólo camino (Jn. 14:6) para llegar a Dios.

3:31

"**¿Luego por la fe invalidamos la ley?**" (*nómon oûn katargoûmen dià têis písteos*). Una vez más, Pablo argumenta mediante el uso de una pregunta. A la posible pregunta de si la fe invalida la ley, Pablo responde con una negación enfática. Alguien podría acusar a Pablo de intentar anular o invalidar la ley al enfatizar la justificación por la fe. La realidad es otra. Hubo muchos que vivieron bajo la ley pero fueron justificados por la fe (véase Sal. 32; Hab. 2:4). La ley no fue dada como instrumento de salvación sino para revelar tanto la santidad de Dios como la pecaminosidad del hombre.

"**Sino que confirmamos la ley**" (*àllà nómon histánomen*). Pablo concluye esta sección con una rotunda declaración tocante a su respeto hacia la ley como una parte integral e importantísima de la revelación divina. La función revelatoria de la ley es insoslayable, pero jamás nadie ha sido declarado justo porque haya sido un estricto guardador de la ley, sino porque ha descansado en la gracia de Dios.

RESUMEN Y CONCLUSIÓN

En el transcurso de esta lección se ha analizado el tema de la condición espiritual del hombre. Ningún ser humano queda excluido de la sentencia de que "todo el mundo quede bajo el juicio de Dios" (Ro. 3:19).

No importa el trasfondo racial, cultural, social o religioso. Todo ser humano está encerrado en la categoría de *pecador*. El hombre está en bancarrota espiritual. No posee méritos personales que lo hagan merecedor de la entrada en la presencia de Dios. El hombre no posee justicia propia y, por lo tanto, "está destituido de la gloria de Dios" (Ro. 3:23).

La justicia que el hombre necesita para poder acceder a la presencia de Dios se encuentra exclusivamente en Jesucristo. La obra perfecta de Cristo en la cruz ha provisto *la redención*, es decir, la libertad por haber pagado el rescate del pecador. También ha provisto *la reconciliación* del hombre rebelde contra Dios. Y, además, ha *satisfecho*, todas las demandas de la ley y de la justicia de Dios. El único requisito que Dios exige para que cualquier persona sea declarada justa y, por consiguiente, recibida en la presencia de Dios es que ponga su fe incondicional en la persona de Cristo.

HOJA DE TRABAJO #7 (3:1-20)

1. "... les ha sido confiada la Palabra de Dios" (3:2). _pag. 78_

2. "De ninguna manera..." (3:4). _pag. 79_

3. "¿Y por qué no decir ... hagamos males para que vengan bienes?" (3:8). _pag. 81_

4. "... No hay justo, ni aún uno" (3:10). _pag 82_

5. "No hay quien busque a Dios" (3:11). _pag. 82_

6. "... No hay quien haga lo bueno, no hay ni siquiera uno" (3:12*b*). _pag. 82_

7. "Sepulcro abierto es su garganta..." (3:13*a*).

8. "... Veneno de áspides hay debajo de sus labios" (3:13*b*). _____

Pag. 82

9. "... todo el mundo quede bajo el juicio de Dios" (3:19). _____

Pag. 83

10. "... por medio de la ley es el conocimiento del pecado" (3:20). _____

Pag. 84

HOJA DE TRABAJO #8 (3:21-31)

1. "... aparte de la ley, se ha manifestado la justicia de Dios..." (3:21). __

Pag. 84

2. "... para todos los que creen en El. Porque no hay diferencia" (3:22).

Pag. 85

3. "... todos pecaron y están destituidos de la gloria de Dios" (3:23). ___

Pag. 85

4. "... Dios puso como propiciación..." (3:25). _____

Pag. 86

5. "... haber pasado por alto, en su paciencia, los pecados pasados" (3:25). _____

pag. 87

6. "... a fin de que El sea justo, y el que justifica al que es de la fe en Jesús" (3:26).

pag. 87

7. "... la ley de la fe" (3:27). _____

pag. 87

8. "... El justificará por la fe a los de la circuncisión, y por medio de la fe a los de la incircuncisión" (3:30). _____

pag. 88

PREGUNTAS DE REPASO

1. ¿Qué ventaja tiene el judío? *Son muchas y muy variadas, Pablo sin embargo se centra en el gran privilegio de haber sido el pueblo, a través del cual Dios dió su revelación escrita al mundo.*

2. ¿Qué objeción confronta Pablo en Romanos 3:5-6? *Que aunque Dios es amor es también santo y justo en todos sus juicios por eso puede castigar al pecador porque tiene autoridad para juzgar al mundo.*

3. ¿Bajo qué dos cosas está el mundo, según Romanos 3?
   1) Que tanto judíos como gentiles están bajo pacados
   2) por cuanto todos pacados están destruidos de la glora de Dios

4. ¿Qué demuestra Romanos 3:10-12? No hay nadie capaz de entrar a la prasancia de Dios por sus propios maritos, la humanidad en su totalidad se ha hechado a perder. - cuando el pacado entro a la Experiencia humana.

5. ¿Es posible alcanzar el cielo mediante la ley? (Cite la Escritura.) NO - Romanos 3:20 " ya que por las obras de Lay ningun ser humano sera justificado Delante de El "

6. ¿Cuál es el propósito primordial de la ley? (Cite la Escritura.) Romanos 3:20 " Por que por madio de la ley es el conocimiento del pacado "

7. ¿Cómo se obtiene la justicia de Dios? Por madio de la fe en Jalucristo, para todos los que crean en El. (Ro. 3:22)

8. ¿Dónde se encuentra la justicia de Dios? (Cite la Escritura.) Romanos 3:24 " Se encuentra por madio de la persona de Cristo. "

9. Explique Romanos 3:24. La muerto de Cristo fue el pscado pagado, para hacer posible la liberacion de la condanacion etarna de todo aquel que cree en El.

10. ¿Fue Dios justo al pasar por alto los pecados anteriores a la cruz? (Explíquelo.) Dios por su benevolencia retuvo el juicio que el pecador merece, descargando la fuerza de su juicio sobre la persona de cristo, en la cruz.

5

La justificación por la fe (4:1—5:21)

Propósito: demostrar cómo Dios justifica al pecador y cuáles son los resultados de esa justificación.

Objetivos de la lección

1. Que el estudiante comprenda el alcance del concepto bíblico de la justificación por la fe.
2. Que el estudiante comprenda que la fe es el único medio por el que Dios justifica al pecador.
3. Que el estudiante sea capaz de explicar verbalmente y por escrito los resultados de la justificación.

Tarea a realizar

1. Lea Romanos 4:1—5:21 en tres versiones distintas.
2. Lea el comentario de Newell (pp. 109 a 160).
3. Complete las hojas de trabajo #9, #10, #11 y #12.
4. Conteste las preguntas de repaso.
5. Escriba una reflexión de una página sobre el tema de la *justificación por la fe*.

Resultados esperados

Al terminar el capítulo 5, el estudiante debe ser capaz de comunicar las siguientes verdades:

1. Que la Biblia enseña una sola base y medio para la justificación del pecador.
2. Que la muerte y resurrección de Cristo es la única base para nuestra justificación.
3. Lo que la Biblia enseña tocante a la magnitud del pecado de Adán y el resultado de dicho pecado sobre la raza humana.

Idea central: la justificación es producto de la gracia de Dios, se recibe mediante la fe y resulta en una nueva posición delante de Dios.

BOSQUEJO

Introducción:

La Biblia enseña que el hombre está separado de Dios por causa del pecado. El pecado ha corrompido al hombre tanto en su manera de pensar como en su manera de actuar. La condición espiritual del hombre es tal que por sí solo no es capaz de hacer nada para resolver su condición. Las Escrituras afirman que toda la humanidad está bajo pecado y, por lo tanto, bajo condenación. Ni la religión, ni las obras de la ley, ni la bondad humana pueden restaurar la comunión entre el hombre y Dios. La Palabra de Dios enseña que Dios ha actuado mediante su gracia y ha provisto el sacrificio de Cristo en beneficio del pecador. Como producto de su gracia y mediante la fe, Dios declara justo al pecador que ha creído en la persona de Cristo.

I. **La justificación es producto de la gracia de Dios (4:1-25).**
   1. Abraham y David fueron justificados por la gracia de Dios sin la intervención de obras humanas (4:1-8).
   2. La señal de la circuncisión fue dada a Abraham después de haber sido justificado (4:9-12).

II. **La justificación se recibe mediante la fe (4:13-25).**
   1. La justificación se recibe mediante la fe porque la promesa fue dada a Abraham quien es padre de todos los creyentes (4:13-17).
   2. La justificación se recibe mediante la fe porque Abraham fue declarado justo únicamente sobre la base de la fe (4:18-25).

III. **La justificación resulta en una nueva posición delante de Dios (5:1-21).**
   1. La justificación resulta en el libre acceso a la presencia de Dios (5:1-2).
   2. La justificación produce certeza en medio de las tribulaciones, paciencia y esperanza (5:3-4).

3. La justificación completa la obra salvadora de Dios en el hombre que cree en Cristo (5:5-11).

4. La justificación demuestra la grandeza de la obra realizada por Cristo (5:12-21).

Conclusión:

La maravillosa gracia salvadora de Dios ha hecho posible que el pecador sea revestido de la justicia de Cristo. La justicia de Cristo es la única aceptable delante de Dios. De modo que, cuando el pecador cree en Cristo, Dios perdona sus pecados, es reconciliado con Dios y revestido de la justicia del Salvador. La justicia de Cristo ha sido imputada, es decir, puesta en la cuenta del pecador. Ese pecador es declarado justo y, por lo tanto, tiene libre acceso delante de Dios. Dios le ha dado una nueva posición. Ahora ese pecador justificado tiene la responsabilidad de vivir una nueva vida para la gloria de Dios.

NOTAS EXEGÉTICAS Y COMENTARIOS

4:1

"¿Qué, pues, diremos que halló Abraham, nuestro padre según la carne?" (*tí oûn èroûmen heùreikénai Abraham tòn propátora hèimôn katà sárka*). Esta forma de pregunta es característica de Pablo (véase 6:1; 7:7; 8:31; 9:14, 30). El apóstol ha enseñado que Dios declara justo al pecador por la fe. Ahora apela a dos grandes personajes del Antiguo Testamento para demostrar su argumento. Abraham vivió 500 años antes de la promulgación de la lay y David 500 años después de dicho acontecimiento. Ambos fueron declarados justos por la fe, no por las obras de la ley.

La forma verbal "halló" (*heùreikénai*) es el perfecto infinitivo, voz activa de *heurísko*, que significa "descubrir", "hallar". El vocablo "padre" (*propátora*) significa "ancestro", "antepasado". Abraham es el progenitor o fundador del pueblo hebreo. Fue llamado por Dios de Ur de los caldeos y con él Dios hizo un pacto incondicional que incluye: (1) la tierra de Palestina; (2) una descendencia; y (3) bendiciones que se extenderán a todas las familias de la tierra. La expresión "según la carne" podría ir con la forma verbal "halló". De manera que Pablo preguntaría: "¿Qué descubrió o halló Abraham en lo que respecta a la carne?" La respuesta es que él no fue justificado ni bendecido por méritos físicos, sino por la fe. La Reina-Valera 1960 toma la expresión en conexión con "padre". De modo que Pablo llamaría a Abraham "nuestro padre según la carne". Es probable que Pablo quiera diferenciar el hecho de que Abraham es el padre físico de la nación judía del hecho de que también es el padre espiritual de los que creen de la manera como él creyó a Dios.

4:2

"**Porque si Abraham fue justificado por las obras**" (*eì gàr Abraham èk érgon èdikaióthei*). Pablo utiliza un argumento más para demostrar que la justificación es exclusivamente por la fe. Este es el argumento: asumiendo que sea verdad que Abraham haya sido declarado justo por las obras, entonces tiene de qué gloriarse.

"**Pero no para con Dios**" (*àll' où pròs theón*). Abraham no hubiese podido gloriarse en la presencia de Dios si hubiese podido producir suficientes obras humanas para justificarse. Su justificación sólo hubiera podido agradar a los hombres. La única justicia válida delante de Dios es la que se obtiene mediante la fe en Jesucristo (Ro. 3:21-22, 28).

4:3

"**Porque ¿qué dice la Escritura?**" (*tí gàr hèi grafèi légei*). El apóstol apela a la autoridad de la Palabra de Dios. La cita es tomada de Génesis 15:6, donde dice: "Y [Abraham] creyó a Jehová, y le fue contado por justicia". Abraham confió en Dios y en la promesa que el Señor le hizo. Esa fe le fue atribuida como justicia. De modo que Abraham sólo podía gloriarse en Dios, quien le declaró justo con total independencia de las obras.

4:4

"**Pero al que obra**" (*tôi dè èrgadsoménoi*). El participio presente, voz media de *ergádsomai*, que significa "trabajar", aquí podría traducirse: "pero al que para sí está obrando".

"**No se le cuenta el salario como gracia, sino como deuda.**" "El salario" (*hò misthòs*), es decir, el jornal que debe realizar a cambio del trabajo realizado. En tiempos de Pablo, un jornalero recibía un denario como su jornal diario. La expresión "no se le cuenta" (*où logídsetai*) significa "no le es reconocido" o "no le es puesto en su cuenta". Es el vocabulario propio de un contador o de un administrador de negocios. "Gracia" (*chárin*) significa un "don inmerecido" o un "favor recibido". La frase "sino como deuda" (*àllà katà òfeíleima*) señala un contraste enfático. El jornalero recibe un sueldo por lo que ha trabajado. Aquel para quien se ha trabajado ha contraído una deuda con él.

4:5

"**Mas al que no obra**" (*tôi dè mèi èrgadsoménoi*). Esta frase establece un contraste con el versículo anterior. Obsérvese el tiempo presente del participio, lo cual sugiere una acción continua.

"**Sino cree en aquel que justifica al impío**" (*pisteúointi dè èpì tòn* *dikaioûnta tòn àsebêi*). "Cree" (*pisteúonti*) también es el participio presente de *pisteúo*, que significa "confiar", "creer". Una vez más, Pablo enfatiza el hecho de que la justificación, es decir "el declarar justo", es un acto de Dios efectuado únicamente sobre la base de la fe. Dios es el único capaz de "declarar justo" (*dikaioûnta*) al impío. El vocablo "impío" (*àsebêi*) significa "malvado", "inicuo". Es un término fuerte utilizado para destacar el tremendo valor de la gracia de Dios. La misericordia y bondad de Dios son tan grandes que se desbordan hasta alcanzar al impío, es decir, aquel que por su condición espiritual es contrario al mismo Dios.

"**Su fe le es contada por justicia**" (*logídsetai hèi pístis aùtoû eis dikaiosynein*). La fe del que confía en Dios le es atribuída o considerada con miras a la justicia. Dios acredita la fe del que confía en él como justicia. Eso fue lo que ocurrió con Abraham, quien creyó en Dios y fue declarado justo.

4:6

"**Como también**" (*katháper kaì*). "Tal como" es una expresión usada para efectuar una comparación. Pablo compara las palabras de Moisés en Génesis 15:6 con las de David en el Salmo 32, con el fin de establecer de manera definitiva que Dios atribuye justicia a aquel que cree en él.

"**A quien Dios atribuye justicia sin obras**" (*hôi hò theòs logídsetai dikaiosynein chorís érgon*). Aquel a quien se le atribuye justicia es la persona que ha creído en Dios y, por lo tanto, sus "iniquidades" han sido perdonadas y sus "pecados cubiertos". Todo ello como un acto de la gracia de Dios aparte de las obras.

4:7

"**Bienaventurados**" (*makários*) significa "feliz", "bendecido" y destaca una felicidad interior completa. "**Iniquidades**" (*ànomíai*) significa literalmente "sin ley". Se refiere a aquellos que infringen o transgreden todas las leyes establecidas por Dios. "**Perdonados**" (*àfétheisan*) es el aoristo indicativo, voz pasiva de (*afieimi*). El aoristo contempla el hecho en sí, el indicativo sugiere la realidad histórica del suceso y la voz pasiva señala que el sujeto recibe la acción. Dios es quien perdona. El que cree en Él recibe el beneficio del perdón. "**Pecados**" (*hàmartían*) significa "errar el blanco" por completo. "**Cubiertos**" (*èpekalyftheisan*) es el aoristo indicativo, voz pasiva de *epikalypto*, que significa "cubrir". Este verbo señala al día de la expiación, cuando los pecados de la nación de Israel eran confesados y cubiertos mediante el acto sumosacerdotal de rociar con sangre el propiciatorio situado en el lugar santísimo.

4:8

"**Bienaventurado el varón a quien el Señor no inculpa de pecado.**" Este versículo completa la cita del Salmo 32. El "no" (*où mèi*) es
enfático, puesto que es una doble negativa en el texto griego. Es como
decir "nunca", "jamás", "en ningún caso". Aquel a quien Dios ha declarado justo por la fe en Cristo "jamás" será inculpado de pecado. Dios no
pondrá pecado (*hàmartían*) en su cuenta, puesto que ya lo ha cargado en
la cuenta de Cristo.

4:9

Esa "**bienaventuranza**" (*makarismòs*), es decir, esa felicidad interior
completa se extiende tanto a "**los de la circuncisión**" (judíos) como a "**los
de la incircuncisión**" (gentiles) porque Abraham fue declarado justo por
la fe antes de ser circuncidado.

4:10

Recuérdese que Abraham fue declarado justo por la fe cuando aún no
había sido circuncidado (Gn. 15:6). La circuncisión tuvo lugar en Génesis
17, como una señal de que había creído a Dios. La circuncisión no fue
practicada para justificar a Abraham, sino como una señal de que había
sido declarado justo por la fe en Dios de toda gracia.

4:11

"**Y recibió la circuncisión como señal**" (*kaì seimeîon élaben peritomêis*). La forma verbal "recibió" (*élaben*) es el aoristo indicativo, voz
activa de *lámbano*, que significa "dar la bienvenida", "recibir". Abraham recibió la circuncisión como "señal" (*seimeîon*) y como "sello"
(*sfragîda*) del hecho de que había sido declarado justo por la fe (*têis
dikaiosyneis têis písteos*) cuando todavía era un incircunciso. Ese acto
tenía como fin o meta (*eìs*) que Abraham fuese el padre de "**todos los
creyentes**" (*pánton tôn pisteúonton*) que no pertenecen a la circuncisión, es decir, de los gentiles a fin de que ellos también sean admitidos
en la familia de la fe.

4:12

"**Para los que no solamente son de la circuncisión**" (*toîs oùk èk
peritomêis mónon*). El judío no sólo debe confiar en el hecho de que ha
sido circuncidado. Eso no es suficiente. También, como elemento indispensable, debe demostrar que "**sigue las pisadas de la fe**". El argumento
establecido por Pablo es que no basta con que el judío diga: "He sido

circuncidado", sino que debe hacer lo que Abraham hizo, o sea, debe creer en Aquel que justifica al impío. Obsérvese que Pablo hace énfasis reiterado en el hecho de que Abraham creyó a Dios y, por lo tanto, fue declarado justo antes de ser circuncidado.

4:13

"No por la ley" (*où gàr dià nómou*). Es decir, no fue a través de la ley o cuando la ley ya estaba vigente que Dios dio **"la promesa"** (*hèi èpangelía*) a Abraham o a su descendencia. Dios prometió dar a Abraham (1) una simiente o descendencia; y (2) una tierra (Gn. 13:14-18; 15:18-21; 17:4-8). Ambos aspectos de la promesa de Dios constituían a Abraham en "heredero del mundo", no a través de la ley "sino" (*allá*) a través de la fe. Abraham, es heredero del mundo en el sentido de que en él, es decir en su simiente, todas las familias de la tierra son benditas (véase Gá. 3:16-18).

4:14

"Si los que son de la ley son los herederos." Es decir, si la herencia prometida por Dios fuese para aquellos que cumplen la ley, entonces el resultado sería el siguiente: (1) la fe resultaría vana; y (2) la promesa sería anulada. La expresión **"resulta vana"** (*kekénotai*) es el perfecto indicativo, voz pasiva de *kenóo*, que significa "vaciar". Pablo dice que "la fe habría sido vaciada de su contenido" si la herencia fuese hecha efectiva por cumplir la ley. La frase **"anulada la promesa"** significa "hacer la promesa inoperante", es decir, "despojarla de su eficacia". Tal acto sería imposible por cuanto es prodcto de la gracia de Dios.

4:15

"Pues la ley produce ira." La ley genera ira, no gracia. La ley fue dada para poner de manifiesto el pecado y para condenar la transgresión. La ley no fue dada para salvar al que la cumpla porque no hay ser humano capaz de cumplir perfectamente los preceptos de Dios. La ley fue dada para que el hombre reconozca su incapacidad de producir justicia y se refugie en la gracia de Dios.

4:16

"Por tanto" (*dià toûto*). "Por esta causa", es decir, porque la ley como tal no produce salvación. **"Es por fe"** (*èk písteos*). La promesa hecha por Dios "procede de" (*èk*) la fe **"para que sea por gracia"** (*hína katà chárin*). Literalmente "para [que sea] según gracia", o sea, para que armonice con el principio de la gracia. La promesa de Dios de bendecir al que cree tiene su origen en la gracia de Dios. La gracia de Dios excluye por completo la presencia de cualquier mérito humano. Por lo tanto el hombre sólo puede recibir la promesa por la fe, puesto que la fe es el único acto del hombre que no involucra obras. De modo que la promesa de Dios es tanto para los creyentes que viven durante el período de la ley como para los que viven fuera del tiempo de la ley, ya que la condición impuesta por Dios para heredar la promesa es sólo la fe. La promesa fue hecha antes de la promulgación de la ley. De modo que los preceptos legales no ponen en peligro en modo alguno que tanto judíos como gentiles reciban por la fe los beneficios de la promesa.

4:17

"**Como está escrito**" (*kathòs gégraptai*). Pablo apoya su argumento plenamente en las escrituras del Antiguo Testamento (véase Gn. 17:5). La frase "**te ha puesto por padre de muchas gentes**" señala el hecho de que Abraham es el padre espiritual de los creyentes de todas las razas o naciones.

"**... delante de Dios ... el cual da vida a los muertos.**" Literalmente "el cual vivifica a los muertos". Es una referencia a la omnipotencia de Dios y a su soberanía. Sólo Dios es capaz de dar vida a los muertos (véase Jn. 5:21-27). Dios vivificó la capacidad reproductora tanto de Abraham como de Sara para enviar a través de ellos "la simiente" (Gá. 3:16).

"**Llama a las cosas que no son, como si fuesen.**" Obsérvese el tiempo presente de los gerundios "llama" (*kaloûntos* = "llamando"), "son" (*ónta* = "siendo") y "fuesen" (*ónta* = "siendo"). La soberanía de Dios se extiende a todas las cosas. El escoge los instrumentos que han de cumplir su propósito, incluso aquellos que para el hombre son imposibles. Humanamente hablando, Abraham era incapaz de engendrar y Sara de concebir. Dios otorgó tanto a uno como a otro la capacidad de procrear a Isaac.

4:18

"**El creyó en esperanza contra esperanza**", o sea, "más allá de la esperanza sobre esperanza, él creyó". Abraham confió en Dios de una manera que sobrepasa lo que el hombre es capaz de comprender. Abraham y Sara no tenían hijos. La edad avanzada de ambos les incapacitaba, humanamente, a esperar tener familia. Pero Dios prometió al patriarca que su descendencia sería tan numerosa como las estrellas del cielo y como la arena del mar. Abraham creyó a Dios "**con miras a llegar a ser padre de**

muchas gentes". Puede decirse que Dios premió la fe de Abraham, haciéndole padre de todos los creyentes, así judíos como gentiles

4:19

"Y no se debilitó en la fe." Literalmente "y sin debilitarse en la fe". Abraham sabía cuál era su condición física lógica. Sabía que, a su edad, no era capaz de engendrar. A pesar de ello, no se debilitó en su fe, sino que **"cuidadosamente consideró** (*katenóeisen*) **su propio cuerpo"** el cual, fisiológicamente, **"estaba ya como muerto"**. Tanto la edad de Abraham (99 años) como la de Sara (75 años) les negaba el privilegio de procrear, a menos que Dios obrase un milagro.

4:20

"Tampoco dudó" (*où diekríthe*). Literalmente "no titubeó". El tiempo aoristo del verbo señala a un punto específico en la vida de Abraham en el que hubo un acto de entrega personal a Dios.

"Por incredulidad" (*têi àpistía*). La incredulidad es sinónimo de desconfianza o de duda. Abraham no se encerró en sí mismo respecto de su vejez y del hecho de que Sara ya había pasado la edad para concebir. El creyó en el Dios omnipotente que prometió darle una descendencia y una tierra, ambas en perpetuidad.

"Sino que se fortaleció en fe" (*àllà ènedynamóthei têi pístei*). La forma verbal "se fortaleció" significa "se revistió de poder". La fe fue el instrumento a través del cual Abraham fue lleno de poder (el texto griego no dice "en fe" sino "por fe" o "mediante fe").

"Dando gloria a Dios" expresa que Abraham entendía el carácter operante de la gloria de Dios en su vida. Lo único que el patriarca podía hacer era dar a Dios la gloria.

4:21

"Plenamente convencido" (*kaì pleiroforeitheìs*). Abraham estaba totalmente persuadido de la capacidad espiritual (*dynatós*) para cumplir a cabalidad todo lo que había prometido. Nunca puso en tela de juicio el carácter de Dios ni su fidelidad para dar cumplimiento a su palabra, sino que entendió, sin sombra de duda, que Dios cumple todo lo que promete. El participio traducido "plenamente convencido" (*pleiroforeithéis*) está en el tiempo aoristo y sugiere una convicción profunda que se halla enraizada en el corazón.

"Lo que había prometido" (*hò èpéingeltai*). Esta frase se refiere a la promesa hecha por Dios a Abraham (Gn. 12:1-3; 13:14-16; 15:18-21). El verbo está en el perfecto indicativo, voz media y sugiere una acción completada que el sujeto realiza en su propio beneficio. Dios se comprometió con Abraham a que le daría una descendencia y una tierra con carácter perpetuo. Abraham confió en la capacidad de Dios para cumplir su promesa.

4:22

"Por lo cual también su fe le fue contada por justicia." Esta frase refuerza el argumento del versículo 3. Pablo desea dejar bien claro que Abraham fue declarado justo exclusivamente sobre la base de su fe en Dios.

4:23

"Y no solamente con respecto a él se escribió que le fue contada." El texto griego dice: "Y no se escribió sólo por causa de él que le fue contada". Es decir, el hecho de que Dios imputó justicia a Abraham por la fe no sólo constituye un hecho histórico, sino que establece el ejemplo de cómo Dios declara justo a quien cree en El. Tal como Dios imputó justicia a Abraham en el momento de creer, así también Dios imputa su justicia a todo aquel que cree en Cristo. Dios requiere la misma clase de fe que requirió de Abraham para que cualquier persona reciba la misma clase de justicia que Abraham recibió.

4:24

"... a los que creemos en el que levantó de los muertos a Jesús, Señor nuestro." El objeto de la fe de Abraham y el de cualquier creyente hoy es el mismo, es decir, Dios. El contenido de dicha fe es diferente. Abraham confió en la promesa que Dios le hizo sin reserva alguna. El creyente que vive en esta era tiene la confirmación de la muerte y la resurrección de Cristo. Abraham creyó en el Dios que da vida a los muertos (4:17). El creyente de hoy ha puesto su confianza en el Dios que levantó a Cristo de entre los muertos.

4:25

"El cual fue entregado por nuestras transgresiones" (*hòs paredóthe dià tà paraptómata hèimôn*). Esta frase concuerda con Isaías 53:5. Cristo "fue entregado" a causa de nuestras transgresiones. El no conoció pecado, sino que fue hecho ofrenda por el pecado de la humanidad (2 Co. 5:21). La entrega de Cristo fue un acto judicial de Dios para proveer el pago del rescate del pecador que se refugia en Cristo (Jn. 3:16; Ro. 8:32). El vocablo "transgresiones" (*paraptómata*) se deriva del verbo *parapípto*, que significa "desviarse del curso correcto" y por ende "traspasar", "transgredir". El ser humano, en su rebeldía, se ha desviado del curso correcto, es decir, de la gloria de Dios. El resultado ha sido la muerte espiritual. De ahí que el hombre necesite un sacrificio perfecto tal como el que Cristo obró en la cruz.

"**Y resucitado para nuestra justificación**" (*kaì ègérthei dià tèin dikaíosin hèimôn*). La resurrección de Cristo es un hecho histórico confirmado por el testimonio de muchos testigos (1 Co. 15). La forma verbal "resucitado" (*ègérthei*) es el aoristo indicativo, voz pasiva de *egeíro*, que significa "levantar", "resucitar". El aoristo indicativo sugiere la realidad histórica del suceso. La resurrección de Cristo constituye la piedra angular de la fe cristiana. Si Cristo no resucitó de los muertos de manera literal, no puede haber cristianismo. Su resurrección confirma el carácter perfecto de su obra en la cruz y el hecho de que él es Dios. Sólo Dios es absolutamente santo y, por lo tanto, no puede permanecer muerto (véase Hch. 2:27). Además, establece el hecho de que el Padre celestial está satisfecho con el sacrificio realizado por su Hijo. La muerte de Cristo por el pecado del hombre y su resurrección de entre los muertos constituyen los dos aspectos fundamentales sobre los que descansa el evangelio de la gracia de Dios. El hecho de que Pablo enlaza la muerte y la resurrección de Cristo y las une en un vínculo inquebrantable, sugiere que ambos acontecimientos tienen el mismo valor histórico.

5:1

"**Justificados, pues, por la fe**" (*dikaiothéntes oû èk písteos*). Literalmente "habiendo sido declarados justos, pues, por la fe". El aoristo participio contempla una acción antecedente al verbo principal ("tenemos"). El vocablo "pues" apunta hacia lo que Dios ha hecho (capítulos 1-4) y la expresión "por la fe" se refiere a la única condición demandada por Dios para declarar justo al pecador.

"**Tenemos paz para con Dios**" (*eirénen échomen pròs tòn theòn*). En algunos manuscritos, la forma verbal "tenemos" aparece en el modo subjuntivo. De ser correcta esa forma verbal, diríase: "Disfrutemos de la paz con Dios". De todas formas, el creyente, en virtud de haber sido declarado justo por la fe, también disfruta de la reconciliación con Dios. Ya no es un enemigo de Dios, sino que ahora tiene una relación de amistad con Él.

"**Por medio de nuestro Señor Jesucristo**" (*dià toû kyríou hèimôn Ieusoû Christoû*). Jesucristo es el agente reconciliador. Cristo es el autor de la reconciliación entre Dios y el hombre. Nadie puede acercarse al Padre si no es por la mediación del Hijo (véase Jn. 14:6).

5:2

"Por quien también tenemos entrada por la fe a esta gracia" (*di' hoû kaì tèn prosagogén èschéikamen têi pístei eìs tèn chárin taútein*). Jesucristo es quien hace posible que el pecador tenga acceso a la gracia de Dios. Cristo pagó el precio de la entrada del pecador en la presencia de Dios. Obsérvese que la entrada es *por la fe*. Dios no acepta ninguna otra cosa.

"En la cual estamos firmes" (*èn hêi hèstéikamen*). El tiempo perfecto del verbo sugiere una situación permanente. "La gracia está aquí presente como un campo en el que hemos sido introducidos, y donde nos mantenemos en pie, y nos rodea." (A.T. Robertson, *Imágenes verbales en el Nuevo Testamento* [Terrassa: CLIE, 1989], p. 477).

"Y nos gloriamos en la esperanza de la gloria de Dios" (*kaì kauchómetha èp' èlpída tês dóxes toû theoû*). La forma verbal "nos gloriamos" podría ser indicativo o subjuntivo, puesto que la forma es la misma para ambos en el griego. El indicativo afirma la realidad de la acción: "nos gloriamos". El subjuntivo declara lo que podría ser: "y debíamos gloriarnos". De cualquier manera, el énfasis recae sobre la confianza que el creyente puede y debe tener en Dios. El pecador que viene a Cristo por la fe y le reconoce como Salvador es declarado justo y al mismo tiempo recibe la seguridad de disfrutar de la gloria de Dios en la eternidad.

5:3-5

"Y no sólo esto" (*où mónon dé*). El creyente en Cristo no sólo tiene una esperanza futura, sino que también tiene promesas y bendiciones para su vida aquí en la tierra. El creyente también puede gloriarse **"en las tribulaciones"**. Cristo dijo a sus discípulos que en el mundo tendrían aflicción (Jn. 16:33), pero podemos confiar en El, puesto que El ha vencido al mundo. Las tribulaciones en la vida del creyente son usadas por Dios para producir beneficios espirituales. La tribulación produce **"paciencia"** (*hypomonèin*), es decir, la capacidad para "aguantar" o "resistir" en medio de las pruebas sin abandonar la lucha. La paciencia produce **"prueba"** (*dokiméin*), es decir, *un carácter aprobado*. La paciencia tiene el objeto de obrar en el carácter de la persona y moldearla hasta producir una clase de carácter que llena los requisitos para ser considerado como *aprobado*.

"Y la prueba, esperanza; y la esperanza no avergüenza." La esperanza del cristiano se basa en la promesa de Dios. Dios es fiel y, por lo tanto, cumple todos sus compromisos. El creyente no tiene que avergonzarse de confiar en lo que Dios ha prometido, ya que un día la esperanza se convertirá en realidad (véase Ro. 15:13).

"**Porque el amor de Dios ha sido derramado en nuestros corazones por el Espíritu Santo que nos fue dado.**" Esta frase explica el porqué "la esperanza no avergüenza". La razón fundamental es que cuando alguien trate de ridiculizar nuestra esperanza, la realidad del amor de Dios se hace más patente en nuestras vidas. El amor de Dios hacia nosotros sus hijos "ha sido derramado" (*èkkéchytai*). Este verbo está en el tiempo perfecto, voz pasiva, y denota tanto "abundancia" como "extensión". La metáfora utilizada describe el acto de derramar agua en abundancia para que refresque y satisfaga (véase Ez. 36:25-27; Hch. 3:19). La expresión "en nuestros corazones" destaca el centro mismo de la vida. La referencia tiene que ver con algo que ocurre en el momento de la salvación. El Espíritu Santo hace su residencia permanente en la vida del creyente en el momento en que éste ha puesto su fe en Cristo.

5:6

"**Porque Cristo, cuando aun éramos débiles, a su tiempo murió por los impíos.**" La explicación de por qué el cristiano ha sido perdonado y dotado del Espíritu Santo es el hecho de la muerte expiatoria de Cristo. La expresión "éramos" (*ónton*) es el participio presente de *eimi*. Dicha expresión sugiere un estado continuo. La situación del pecador es un estado continuo de *debilidad* e *impiedad*. El vocablo "débiles" (*àsthenôn*) se refiere primordialmente a una debilidad espiritual (véase Ro. 4:19) y el término "impíos" (*àsebôn*) refleja todo lo contrario de lo que Dios es. He aquí la más insondable expresión de la gracia de Dios: Cristo murió en el lugar de los *débiles* y de los *impíos*. El no murió por los justos, sino por los injustos y los pecadores. Esa es la prueba más maravillosa de su amor.

5:7-8

"**Ciertamente, apenas morirá alguno por el justo.**" Mejor sería "porque difícilmente por un justo alguien morirá". Aunque difícilmente ocurriría, aún así podría ser que de entre los hombres haya alguien que se ofrezca a morir por un justo.

"**Con todo, pudiera ser que alguno osara morir por el bueno.**" Mejor sería "porque por el bueno quizá alguien también se atreverá a morir". Es posible que haya alguna persona dispuesta a dar su vida por otro a quien considera bueno. Pero lo maravilloso del amor y de la gracia de Dios es que siendo nosotros "**pecadores**" (*hàmartolôn*) "**Cristo murió por nosotros**". Dos veces consecutivas (vv. 6 y 8), Pablo enfatiza el hecho de que Cristo "murió" (*àpéthanen*) por los pecadores. El verbo usado es el aoristo indicativo de *apothneisko*. El modo indicativo destaca la realidad de lo ocurrido y el tiempo aoristo apunta al momento histórico del suceso. La muerte de Cristo es un hecho histórico ocurrido dentro del plan de Dios.

5:9

"Pues mucho más" (*pollôi oûn mâllon*). Esta frase introduce un argumento de mayor a menor como el que acostumbraban a utilizar los rabinos de los tiempos de Pablo.

"Estando ya justificados en su sangre" (*dikaiothéutes nûn èn tôi haímati aùtoû*). Mejor sería "habiendo sido ya declarados justos por su sangre". La muerte de Cristo es la base sobre la cual Dios puede declarar justo al pecador.

"Por él seremos salvos de la ira" (*sotheisómetha di' aùtoû àpò têis òrgêis*). Cristo nos salva tanto de la penalidad del pecado como de la ira venidera. La forma verbal "seremos salvos" es el futuro indicativo, voz pasiva de *sodzo*, que significa "salvar", "librar", "rescatar". La referencia aquí parece ser a la consumación de la historia. Dios ha de derramar su ira sobre los impíos. Todo aquel que no se haya refugiado en Cristo tendrá que experimentar los embates de la ira de Dios. Los que ya han sido declarados justos por la fe en Cristo serán librados de la ira venidera (1 Ts. 1:10; 5:9).

5:10

"Porque si siendo enemigos" (*eì gàr èchthroì óutes*). Esa era la realidad en la que continuamente vivíamos. El pecado ha hecho del hombre un enemigo de Dios. Pero cuando estábamos en ese estado de enemistad **"fuimos reconciliados con Dios por la muerte de su Hijo"**. La forma verbal "fuimos reconciliados" (*kateillágemen*) es el aoristo indicativo, voz pasiva de *katallásso*, que significa "cambiar la enemistad por amistad". La preposición *kata* usada como prefijo señala la existencia de una reconciliación completa. La reconciliación es el aspecto de la expiación que mira hacia el hombre. Es el ser humano quien necesita ser reconciliado con Dios. La reconciliación del pecador con Dios se efectúa "por la muerte de su Hijo" (*dià toû thanátou toû huioû aùtoû*). Es decir, el instrumento o medio a través del cual se efectúa la reconciliación es el sacrificio de Cristo en beneficio del pecador.

"Mucho más, estando reconciliados" (*pollôi mâllon katallagéntes*). La idea es que si cuando éramos enemigos fuimos completamente reconciliados a través de la muerte de Cristo, ahora que ya estamos reconciliados no hay nada que sea capaz de impedir la consumación de la salvación que Dios ha provisto para nosotros. De modo que "**mucho más ... seremos salvos por su vida**". Cristo vive para interceder por los redimidos (He. 7:25), de manera que no existe la más mínima posibilidad de que uno de los suyos se pierda (Jn. 10:27-29).

5:11

"**Y no sólo esto**" (*ou mónon dé*). Pablo tiene algo más que añadir a todo lo dicho antes. "**Sino que también nos gloriamos en Dios por el Señor nuestro Jesucristo.**" La expresión "sino que" (*alla kai*) indica un contraste enfático. "Nos gloriamos" (*kauchómenoi*) es un participio presente, voz media. La idea de dicho participio es una acción constante sin interrupción de regocijo. Lo que Dios ha hecho en beneficio del hombre pecador a través de Cristo es la causa de ese regocijo.

"**Por quien hemos recibido ahora la reconciliación**" (*de hou nun téin katallagéin elábomen*). Probablemente, Pablo considera aquí lo que ocurrió en el creyente en el momento de su identificación con Cristo. La forma verbal "hemos recibido" (*elábomen*) es el aoristo indicativo de *lambáno*. Esa forma verbal contempla la realidad histórica de algo ocurrido en el pasado. Es probable que la expresión "la reconciliación" (*tèin katallegèin*) abarque la totalidad de la obra expiatoria de Cristo en beneficio del pecador que ha creído en El. En la obra expiatoria de Cristo, la *redención* mira hacia el pecado y al precio pagado para la liberación del pecador; la *reconciliación* mira hacia el pecador y al hecho de que su estado de enemistad ha sido cambiado en un estado de amistad; la *propiciación* (satisfacción) mira hacia Dios y al hecho de que el sacrificio de Cristo ha hecho posible que todas las demandas de la ley y la justicia divina sean satisfechas.

5:12

"**Por tanto**" (*dià touto*). Esta expresión obliga al lector a considerar lo que se ha dicho antes. Pablo procede a hacer un resumen y conclusión sobre la base de lo que ha escrito hasta aquí.

"**Como el pecado entró en el mundo por un hombre**" (*hósper dí' henòs anthrópon hei hamartía eis tón kosmón eiseilthen*). El apóstol expresa aquí la realidad de lo que ocurrió en Génesis 3. El pecado hizo su entrada en la experiencia humana a través de un hombre, es decir, Adán. La forma verbal "entró" es el aoristo indicativo de *eisérchomai*, y señala hacia un punto específico en la historia del hombre. Ese momento es, sin duda, cuando el hombre desobedeció el mandato de Dios.

"**Y por el pecado la muerte**" (*kai dià têis hàmartías hò thánatos*). La muerte es consecuencia directa del pecado. Muerte significa separación en el orden espiritual, físico y eterno. El hombre nace espiritualmente muerto porque es pecador (Ro. 3:23). Toda la raza humana estaba en Adán cuando este pecó. De manera que el pecado de Adán radicalmente afectó a toda la raza. Es cierto que el pecado de Adán ha sido imputado a todo ser humano. También es cierto que cuando Adán pecó todos pecamos de igual manera.

"**Así la muerte pasó a todos los hombres, por cuanto todos pecaron**" (*kaì hoútos eis pántas ànthrópous hò thánatos diêilthen èf' hôi pántes héimarton*). La forma verbal "pasó" (*diêilthen*) es el aoristo indicativo de *diérchomai,* que significa "pasar a través de". La connotación de dicho verbo es la de una distribución. Es decir, la muerte, como consecuencia del pecado, ha sido distribuida entre cada uno de los miembros de la raza humana. La razón de ello es expresada en la frase "por cuanto todos pecaron". El pecado es una realidad indiscutible en la experiencia humana. Obsérvese el énfasis en el hecho de que *todos* sin excepción pecaron.

5:13

"**Pues antes de la ley**" (*áchri gàr nómou*). Esta frase se refiere al hecho de la existencia del pecado en el mundo desde la caída (Gn. 3) hasta la promulgación de la ley (Ex. 20). El tiempo imperfecto del verbo "ser" (*êin*) denota la continuidad del pecado en la experiencia humana. El pecado "**estaba en el mundo**" y estará hasta que sea destruido de manera final y decisiva por el Señor (1 Co. 15:54-57).

"**Pero donde no hay ley, no se inculpa de pecado**" (*hàmartía dè oùk èllogeîtai mèi óntos nómou*). La ley de Moisés fue promulgada por el año 1441 a.C., de manera que las transgresiones de la ley mosaica no podían imputarse al hombre antes de esa fecha. No obstante, la sentencia de muerte como consecuencia del pecado prevalece a lo largo de la historia de la raza humana. Dios dijo al hombre: "Mas del árbol de la ciencia del bien y del mal no comerás: porque el día que de él comieres, ciertamente morirás" (Gn. 2:17).

5:14

"**No obstante, reinó la muerte desde Adán hasta Moisés.**" Es decir, durante todo el tiempo anterior a la promulgación de la ley la muerte continuó siendo la consecuencia del pecado. La sentencia de Génesis 2:17 no es cancelada, sino que persiste como demostración del estado pecaminoso del ser humano.

"**Aun en los que no pecaron a la manera de la transgresión de**

Adán." La desobediencia de Adán fue de una magnitud tal que toda su descendencia sufre las consecuencias de su transgresión. Adán conocía de manera personal el mandato de Dios, puesto que Dios se lo había comunicado. Adán era el cabeza de la raza y lo que hizo trajo desgracia al hombre. Adultos, jóvenes e incluso niños sufren las consecuencias del pecado de Adán. **"El cual es figura del que había de venir"** (*hós èstin typos toû méllontos*). Mejor sería "quien es tipo de aquel que viene". La frase contempla el hecho de que Adán es figura o tipo de Jesucristo. Adán es cabeza de la antigua creación así como Cristo es cabeza de la nueva creación. La desobediencia de Adán produjo muerte, la obediencia de Cristo ha producido perdón y vida eterna a todo aquel que cree. Obsérvese que Pablo se refiere a Cristo como "aquel que viene". El apóstol, sin duda, contempla la segunda venida de Cristo. El vendrá a consumar la salvación que obró en la cruz.

5:15

"Pero el don no fue como la transgresión" (*àll' oùch hòs tò paráptoma hoútos kaì tò chárisma*). El texto griego dice "pero no como la transgresión así también el regalo de la gracia". El apóstol desea hacer un contraste entre "la transgresión" y el "regalo de la gracia". La transgresión, es decir, el acto de desobediencia cometido por Adán, produjo muerte y miseria para toda la raza humana. El pecado de Adán hizo que **"los muchos murieran"** (*hoì polloì àpéthanon*). Aquí la referencia es a quienes mueren en sus pecados y pasan a la eternidad sin esperanza. Aún esos sufren el resultado de la transgresión de Adán. A modo de contraste, **"mucho más"** (*pollôi mâllon*) **"abundaron para los muchos la gracia y el don de Dios por la gracia de un hombre, Jesucristo"**. En esta segunda cláusula, "los muchos" se refiere a los que han puesto su fe en Cristo, aceptando "la gracia de Dios" (*hèi cháris toû theoû*) y "el don" (*hèi doreá*). Ambas expresiones apuntan al plan divino de la salvación. La salvación es un regalo de la gracia de Dios manifestado a través de la persona y la obra de Jesucristo.

5:16

"Y con el don no sucede como en el caso de aquel uno que pecó." La expresión "el don" (*tò dóreima*) significa "un regalo concreto", "una bendición derramada". "El que pecó" es Adán. Una vez más el contraste establecido es entre Cristo y Adán. La desobediencia de Adán trajo muchas transgresiones. La obediencia de Cristo trajo muchas bendiciones, la mayor de las cuales es el ser declarado justo por la fe en El, es decir, recibir el privilegio de tener libre acceso a la presencia de Dios. La transgresión de Adán resultó en juicio y condenación (*katákrima*); la obediencia de Cristo trae bendición y justicia al que cree en El.

5:17

"Pues si por la transgresión de uno solo reinó la muerte." La muerte reinó a causa de la transgresión cometida por Adán. El reinado de la muerte significa que todos los descendientes de Adán son "súbditos" de la muerte, e incapaces de evadir su dominio. Pero Jesucristo vino "para destruir por medio de la muerte al que tenía el imperio de la muerte, es decir, al diablo" (He. 2:14). La muerte y resurrección de Cristo hace posible que los que **"reciben"** (*lambánontes*) la abundancia de la **"gracia"** y el **"don"** (*doreâs*) de la justicia, gocen de la vida eterna. Obsérvese que Pablo habla de *abundancia de la gracia* y *del regalo de la justicia*, pero también habla de *recibir*. El hombre tiene la responsabilidad de creer para recibir el regalo de Dios a través de Cristo (véase Jn. 1:12).

5:18

"Así que" (*ára oûn*). Es una expresión que se usa para resumir la enseñanza de este trozo de la epístola, comenzando con el versículo 12. Pablo reitera el contraste: (1) la transgresión de Adán trajo condenación a todos los hombres; y (2) la justicia de Cristo es imputada a todos los que reciben el regalo de la gracia de Dios.

5:19

Este versículo resume la enseñanza del versículo 15. El contraste es establecido entre Adán y Cristo. La desobediencia de Adán hizo que los muchos fuesen constituidos pecadores. Por el otro lado, la obediencia de Cristo hace que "los muchos" que ponen su fe y confianza en El sean constituidos justos.

5:20

"Pero la ley se introdujo para que el pecado abundase." La presencia de la ley no hace que el hombre sea pecador, sino que pone de manifiesto más abundantemente la condición pecaminosa del hombre. El ser humano ya es pecador. Antes de la institución de la ley ya el pecado reinaba en el hombre. La ley es como la luz que pone de manifiesto el polvo que flota en el aire en una habitación.

"Mas cuando el pecado abundó" (*hoû dè èpleónasen hèi hàmartía*).

La ley revela la santidad de Dios y la pecaminosidad del hombre. De manera que la presencia de la revelación escrita de Dios ha puesto de manifiesto la suciedad del corazón del hombre (Sal. 19:7-14). Pero cuanto mayor era la necesidad del hombre, la gracia de Dios a través de Jesucristo se manifestó para salvación (véase Jn. 1:17; Tit. 2:11).

5:21

"**Para**" (*hína*) sugiere propósito. "**Así como**" (*hósper*) introduce una comparación que se completa con "**así también**" (*hoútos kai*). En 5:12, Pablo dice que "el pecado entró"; en 5:20 señala que "el pecado abundó"; y en 5:21 añade que "**el pecado reinó**".

El apóstol contrasta el hecho de que la gracia vino por Jesucristo (5:15) y también por él la gracia sobreabundó (5:20). Finalmente, Pablo expresa que, mediante Jesucristo, la gracia de Dios reina para vida eterna en todo aquel que cree. Obsérvese que "la vida eterna" no sólo tiene que ver con el futuro, sino que es una realidad presente. El regalo de la vida eterna se recibe mediante la fe en Cristo ahora, en esta vida presente, se comienza a disfrutar aquí en la tierra y se disfrutará plenamente en la eternidad.

RESUMEN Y CONCLUSIÓN

En los capítulos 4 y 5 de Romanos Pablo aborda de lleno el tema de la justificación por la fe. En el capítulo 4 toma como ejemplos a Abraham y a David. Abraham creyó a Dios y su fe le fue reconocida por justicia. Es decir, Dios declaró a Abraham justo sobre la base de la fe. Pablo observa el hecho de que Abraham no había sido aún circuncidado cuando Dios lo declaró justo. De manera que la circuncisión no guarda relación directa con la justificación.

David afirma en el Salmo 32:1-2 que el hombre a quien Dios perdona sus iniquidades y perdona sus pecados es bienaventurado. El rey David no apela a los ritos de la ley sino a la pura gracia de Dios.

Pablo concluye que la justificación es un acto divino que no depende del obrar humano sino de la obra perfecta de Cristo en la cruz (4:25). Todo aquel que cree en Cristo es declarado justo y, por consiguiente, tiene libre acceso a la presencia de Dios (5:1-11). En los versículos 5:12-21, Pablo contrasta lo que ocurrió con Adán y las consecuencias que su desobediencia tuvo para toda la humanidad con la obediencia de Cristo y el regalo de la gracia de Dios que el hombre puede recibir por medio de la fe en Jesús.

Hoja de trabajo #9 (4:1-13)

1. "... si Abraham fue justificado por las obras, tiene de qué gloriarse..." (4:2). _____ *Pg. 98* _____

2. "... y le fue contado por justicia" (4:3). _____ *Pg. 98* _____

3. "... Dios atribuye justicia sin obras" (4:6). _____ *Pg. 99* _____

4. "... el varón a quien el Señor no inculpa de pecado" (4:8). _____ *Pg. 100* _____

5. "....No en la circuncisión sino en la incircuncisión" (4:10). _____ *Pg. 100* _____

6. "... para que fuese padre de todos los creyentes..." (4:11). _____ *Pg. 100* _____

Hoja de trabajo #10 (4:14-25)

1. "... si los que son de la ley son herederos, vana resulta la fe..." (4:14). _____ *Pg. 101* _____

2. "Pues la ley produce ira..." (4:15). _Pg. 101_ _____

_____

_____

_____

3. "... a fin de que la promesa sea firme para toda su descendencia..." (4:16). _Pg. 102_ _____

_____

_____

_____

4. "... llama a las cosas que no son, como si fuesen" (4:17). _____
_Pg. 102_ _____

_____

_____

5. "... para llegar a ser padre de muchas gentes..." (4:18). _____
_Pg. 103_ _____

_____

6. "Y no se debilitó en la fe al considerar su cuerpo muerto..." (4:19). __
_Pg. 103_ _____

_____

_____

7. "Tampoco dudó, por incredulidad, de la promesa de Dios..." (4:20). _
_Pg. 103_ _____

_____

_____

8. "... a nosotros a quienes ha de ser contada" (4:24). _____
_Pg. 104_ _____

_____

_____

9. "... entregado por nuestras transgresiones..." (4:25). _____

_Pg. 104_

10. "... resucitado para nuestra justificación" (4:25). _____

_Pg. 105_

HOJA DE TRABAJO #11 (5:1-11)

1. "... tenemos paz para con Dios..." (5:1). _____

_Pg. 105_

2. "... nos gloriamos en la esperanza de la gloria de Dios" (5:2). _____

_Pg. 106_

3. "... nos gloriamos en las tribulaciones..." (5:3). _____

_Pg. 106_

4. "... el amor de Dios ha sido derramado en nuestros corazones..." (5:5). _____

_Pg. 107_

5. "... Cristo ... a su tiempo murió por los impíos" (5:6). _____

_Pg. 107_

6. "... por El seremos salvos de la ira" (5:9). _Pg. 108_

7. "... fuimos reconciliados con Dios por la muerte de su Hijo..." (5:10).
   _Pg. 108_

8. "... seremos salvos por su vida" (5:10). _Pg. 109_

9. "... hemos recibido ahora la reconciliación" (5:11). _Pg. 109_

HOJA DE TRABAJO #12 (5:12-21)

1. "... por cuanto todos pecaron" (5:12). _Pg. 110_

2. "... donde no hay ley, no se inculpa el pecado" (5:13). _Pg. 110_

3. "... reinó la muerte desde Adán hasta Moisés..." (5:14). _Pg. 110_

4. "... pero el don vino a causa de muchas transgresiones para justificación" (5:16). _Pg. 111_

5. "... por la transgresión de uno solo reinó la muerte..." (5:17). _____
_Pg. 112_

6. "... por la justicia de uno vino a todos los hombres la justificación de vida" (5:18). _Pg. 112_

7. "... la ley se introdujo para que el pecado abundase..." (5:20). _____
_Pg. 112_

8. "... cuando el pecado abundó, sobreabundó la gracia" (5:20). _____
_Pg. 113_

PREGUNTAS DE REPASO

1. ¿Qué propósito tuvo Pablo para usar a Abraham y a David como ejemplos en Romanos 4? _____

2. Explique cómo fue justificado Abraham. _____

3. ¿Qué otras expresiones se usan para traducir el vocablo "contado" (4:3)?

    _____

    _____

    _____

    _____

4. ¿A quien llama la Biblia bienaventurado? _____

    _____

    _____

    _____

5. ¿Qué diferencia hay entre "pecado" y "pecados"? _____

    _____

    _____

    _____

6. ¿Qué ocurrió primero en la vida de Abraham: la justificación o la circuncisión? _____

    _____

    _____

    _____

7. ¿Qué dos cosas se la llama a la circuncisión? _____

    _____

    _____

    _____

8. ¿Cuánto tiempo transcurrió entre la justificación y la circuncisión de Abraham? _____

    _____

    _____

    _____

9. ¿De cuáles dos grupos es Abraham padre? _____

    _____

    _____

    _____

10. ¿A qué grupos de personas podría referirse la frase "simiente de Abraham"? _____

_____

_____

_____

11. ¿Qué dos cosas hace Dios que nadie más puede hacer? _____

_____

_____

_____

12. ¿Para qué fue el Señor "entregado" y "resucitado"? _____

_____

_____

_____

13. Diga diez resultados de la justificación por la fe. _____

_____

_____

_____

14. ¿Cómo obtenemos "paz con Dios"? _____

_____

_____

_____

15. ¿Qué hace el Espíritu Santo por el creyente según Romanos 5? _____

_____

_____

_____

16. ¿Por quién murió Cristo? (Cite pasaje bíblico.) _____

_____

_____

_____

17. ¿Cuáles expresiones describen a una persona perdida según Romanos 5?

_____

_____

_____

18. ¿Cómo somos reconciliados con Dios? Explique el significado de la reconciliación. _____

_____

_____

_____

19. Explique el significado de Romanos 5:12. _____

_____

_____

_____

20. Explique el contraste que aparece en Romanos 5:15. _____

_____

_____

_____

21. Explique el uso de la frase "mucho más" en Romanos 5. _____

_____

_____

_____

22. Según Romanos 5:14-21, ¿qué cosas han reinado? _____

_____

_____

_____

_____

6

La nueva vida en Cristo (6:1-23)

Propósito: estimular al estudiante a practicar los beneficios de la justificación.

Objetivos de la lección

1. Que el estudiante sea capaz de apreciar los beneficios que se derivan de la justificación.
2. Que el estudiante aprenda a poner en práctica las demandas de la justificación.
3. Que el estudiante crezca en el conocimiento y en la práctica de la obediencia a Dios y la renuncia al pecado.

Tarea a realizar

1. Lea Romanos 6:1-23 en tres versiones distintas y reflexiones seriamente sobre el pasaje.
2. Lea el comentario de Newell (pp. 161 a 202).
3. Complete las hojas de trabajo #13 y #14.
4. Conteste las preguntas de repaso.

Resultados esperados

Al completar el capítulo 6, el estudiante debe ser capaz de:

1. Obtener una mejor comprensión de lo que ocurre cuando una persona pone su fe en Cristo.

2. Comprender que la nueva vida en Cristo exige un alejamiento del pecado.
3. Comprender que el andar del cristiano es una vida de fe y dependencia en Dios.
4. Aplicar a su propia vida y enseñar a otros las terribles consecuencias del pecado.

Idea central: el que ha sido genuinamente justificado debe andar a la luz de su nueva posición, pues ya no tiene que obedecer al pecado.

BOSQUEJO

Introducción:

Por la fe en Cristo, el que ha nacido de nuevo tiene el privilegio de vivir una vida nueva delante de Dios.

I. El que ha sido genuinamente justificado debe andar a la luz de su nueva posición (6:1-14).
1. El que ha sido genuinamente justificado ha sido colocado en Cristo por el Espíritu (6:1-5).
2. El que ha sido genuinamente justificado ha resucitado con Cristo a una nueva vida (6:6-10).
3. El que ha sido genuinamente justificado ha muerto al pecado (6:11-14).

II. El que ha sido genuinamente justificado no tiene que obedecer al pecado (6:14-23).
1. El que ha sido genuinamente justificado es ahora siervo de la justicia (6:14).
2. El que ha sido genuinamente justificado es ahora siervo de Dios (6:15-22).
3. El que ha sido genuinamente justificado es poseedor de la vida eterna (6:23).

Conclusión:

La identificación del creyente con Cristo produce la unión espiritual de éste con el Señor. El cristiano ha muerto y ha resucitado espiritualmente con Cristo para andar en vida nueva. Eso significa que el creyente ha sido librado de la esclavitud del pecado para servir a Dios. El cristiano no necesita obedecer al pecado porque ahora tiene una nueva capacidad para glorificar a Dios, a saber, la nueva naturaleza.

NOTAS EXEGÉTICAS Y COMENTARIOS

6:1

"**¿Qué, pues, diremos?**" (*tí oûn èroûmen?*). En estilo rabínico, Pablo formula una pregunta que podría estar en la mente de algún interlocutor. El apóstol se apresta a contestar a cualquiera que pretenda pervertir el mensaje de la gracia de Dios.

"**¿Perseveraremos en el pecado para que la gracia abunde?**" La forma verbal "perseveraremos" (*èpiménomen*) es el presente subjuntivo, voz activa de *epiméno*, que significa "permanecer", "habitar", "residir permanentemente". La idea de la frase es que si el pecado ha puesto de manifiesto la gracia de Dios entonces, lógicamente, permanecer o perseverar en el pecado haría que la gracia de Dios abundase más. La expresión "para que la gracia abunde" (*hína hè cháris pleonásei*) indica propósito. Es decir, ¿continuaremos en el pecado con el propósito de que la gracia de Dios abunde? La respuesta a esa absurda pregunta no se hace esperar.

6:2

"**En ninguna manera**" (*mè génoito*). La forma verbal usada aquí es el aoristo optativo, voz media de *gínomai* (véase Ro. 3:4). Es una manera enfática de rechazar la sugerencia anterior. Equivale a decir: "que perezca tal pensamiento" o "que no se te ocurra pensar tal cosa".

"**Porque los que hemos muerto al pecado.**" La forma verbal "morimos" (*àpethánomen*) es el aoristo indicativo de *apothnéisko*. Esta forma verbal contempla el acto histórico de la muerte del creyente con relación al pecado. Probablemente señala el momento de la identificación con Cristo y al acto de poner fe en la persona del Salvador.

"**¿Cómo viviremos aún en él?**" La forma verbal "viviremos" (*dséisomen*) es el futuro indicativo de *dsáo*, que significa "vivir". Es imposible que quien ha muerto con relación al pecado continúe viviendo en él.

6:3

"**¿O no sabéis...?**" (*àgnoeîte*). Este verbo es el presente indicativo, voz activa de *agnoeo*, que significa "no saber", "ser ignorante". El tiempo presente sugiere acción continua y el modo indicativo enfatiza realidad.

"**Todos los que**" (*hósoi*). Mejor sería "todos nosotros que".

"**Hemos sido bautizados en Cristo Jesús**" (*èbaptísthemen eis Christòn*). Una mejor traducción del texto griego sería "hemos sido colocados en Cristo". La forma verbal "hemos sido bautizados" (*èbaptísthemen*) es el aoristo indicativo, voz pasiva de *baptídso*. Dicho vocablo es una transliteración del griego al castellano. Esta palabra se usaba en la literatura clásica para describir la acción de un herrero cuando introducía un pedazo de hierro al rojo vivo en una vasija con agua para templarlo. Obsérvese el uso en Levítico 4:6 de los vocablos "mojará" (*bápto*) y "rociará" (*rentídso*). El término "mojará" es la traducción del verbo *baptídso*, que significa "colocar", "sumergir" o "introducir".

La enseñanza del texto es que el creyente ha sido colocado en Cristo e identificado con su muerte. El tema central, por lo tanto, es que el creyente ha sido unido vitalmente con Cristo por la fe en su muerte y por la intervención del Espíritu Santo.

6:4

La expresión **"sepultados juntamente con Él"** (*sunetáphemen oûn aùtôi*) es el aoristo indicativo, voz pasiva de *synthápto*, que significa "sepultar juntos" o "cosepultar". La frase **"para muerte"** (*eìs tòn hánaton*) significa "hacia muerte" o "con miras a muerte". La preposición *eìs* sugiere la idea de incorporación. Es decir, el creyente ha sido incorporado con Cristo en su muerte. De modo que la muerte de Cristo es, en sí, la muerte del creyente.

"A fin de que como Cristo resucitó de los muertos por la gloria del Padre." La identificación del creyente con Cristo es completa por el hecho de que ha sido unido con Cristo tanto en su muerte como en su resurrección. Esta cláusula señala propósito y debe traducirse: "para que tal como Cristo resucitó de los muertos a través de la gloria del Padre". Obsérvese el énfasis en la realidad histórica de la resurrección de Cristo. La forma verbal "resucitó" (*èigérthei*) es el aoristo indicativo, voz pasiva de *egéiro*, que significa "ser levantado", "ser resucitado".

"Así también nosotros andemos en vida nueva." El andar de vida nueva del creyente tiene como base la resurrección de Cristo. La forma verbal "andemos" (*peripatéisomen*) es el aoristo subjuntivo de *peripatéo*. El tiempo aoristo sugiere urgencia y el modo subjuntivo señala propósito. Tal vez una mejor manera de expresar la frase sería: "De igual manera también nosotros debemos conformar nuestro comportamiento con la nueva vida". La expresión "en vida nueva" (*èn kainóteti zoês*) sugiere la idea de "frescura", "nueva condición", "nuevo estado" de vida.

6:5

"Porque si fuimos...." El vocablo "si" (*ei*) no expresa duda, sino que asume la realidad de la declaración.

"... plantados juntamente con Él...", expresa la unión vital del creyente con Cristo. La forma verbal "plantados juntamente" (*sympbutoi*) significa "crecer juntos". Pablo desea reiterar el hecho de que el creyente ha sido cosepultado con Cristo por la fe. Ese hecho es ilustrado a través del bautismo. Por medio del bautismo, el creyente declara que se ha identificado con Cristo en su muerte.

"Así también" (*allà kaì*), es una expresión enfática.

"Lo seremos en la de su resurrección." La forma verbal "seremos" (*èsómetha*) está en tiempo futuro modo indicativo, pero el énfasis no es un futuro cronológico, sino lógico. La idea que encierra es la siguiente: tal como el creyente ha sido plantado juntamente con Cristo en su muerte por la fe, de esa misma manera, lógicamente, está unido con Cristo en su resurrección. Pablo no se refiere aquí a la resurrección escatológica que tendrá lugar cuando Cristo venga por los suyos. Se refiere más bien a la nueva vida que el creyente ha recibido aquí en la tierra para vivir en el poder de la resurrección de la que participa ya con Cristo, y así poder andar en vida nueva.

6:6

"Nuestro viejo hombre" (*hò palaiòs hèmôn ánthropos*), es una frase que se refiere a lo que éramos en Adán antes de recibir la nueva vida en Cristo. El vocablo "viejo" (*palaiòs*) tiene que ver con *uso* más que con *tiempo*. Aquí se usa con relación a la naturaleza depravada y pecaminosa del hombre no regenerado.

"Fue crucificado juntamente con Él." El viejo hombre fue cocrucificado con Cristo. Esta frase enfatiza una vez más la identificación del creyente con Cristo en su muerte. La forma verbal "fue crucificado" (*synestauróthe*) es el aoristo pasivo, modo indicativo de *syntauróo*. El aoristo contempla la acción como un acto singular, la voz pasiva enfatiza el hecho de que el sujeto recibe la acción y el modo indicativo destaca la realidad de la acción. El acto de la cocrucifixión del creyente con Cristo ha sido ejecutado por el Espíritu Santo en el momento de depositar la fe en Jesucristo.

"Para que el cuerpo del pecado sea destruido." El cuerpo del pecado se refiere al cuerpo del creyente que, antes de la salvación, está dominado y controlado por la naturaleza pecaminosa. La expresión "sea destruido" (*katargeithêi*) es el aoristo subjuntivo, voz pasiva de *katargéo*, que significa "hacer inoperante" o "hacer inactivo". Dicho verbo, por lo tanto, no significa "aniquilar", sino "hacer cesar". El cuerpo del creyente antes de la salvación era dominado por la naturaleza pecaminosa, pero ahora ha sido hecho inoperante para que sea controlado por el Espíritu Santo.

"A fin de que no sirvamos más al pecado." Esta cláusula indica propósito. El verbo "servir" (*douleúein*) está en el presente infinitivo, precedido por el artículo determinado (*toû*). El infinitivo indica propósito y el presente sugiere una acción continua. De modo que el propósito de por qué el creyente ha sido crucificado juntamente con Cristo y el cuerpo pecaminoso ha sido hecho inoperante, es para que no continue sirviendo al pecado como algo habitual en su vida.

6:7

"**Porque el que ha muerto.**" La expresión "el que ha muerto" es la traducción del aoristo participio, voz activa del verbo *apothnéisko*, que significa "morir". El tiempo aoristo señala al hecho histórico en el que el pecador se identifica con Cristo en su muerte. Mediante la unión con Cristo, el creyente ha muerto al pecado.

"**Ha sido justificado del pecado**" (*dedikaíotai àpò têis hàmartías*). La forma verbal "ha sido justificado" es el perfecto indicativo, voz pasiva de *dikaióo*, que significa "justificar", "declarar justo". En este contexto el significado parece ser "haber sido puesto en libertad" o "haber sido declarado libre del pecado". El tiempo perfecto sugiere el carácter permanente de la acción. La voz pasiva indica que el sujeto recibe la acción. Dios declara que quien ha puesto su fe en Cristo ha sido permanentemente librado del pecado.

6:8

"**Y si morimos con Cristo.**" Esta frase asume la realidad de la muerte del creyente con Cristo. La expresión "con Cristo" significa "juntamente con Cristo" y reitera la identificación del creyente con Cristo en su muerte.

"**Creemos que también viviremos con El.**" La forma verbal "viviremos" (*sydséisomen*) es el futuro indicativo de *sydsóo*, que significa "vivir juntamente". La expresión "con El" podría ser dativo o instrumental. El dativo significaría que "vivimos con referencia a El" y el instrumental indicaría que "vivimos por medio de El". Los dos aspectos son válidos. El creyente vivirá con referencia a su unión con Cristo y vivirá por medio de Cristo, puesto que la nueva vida le ha sido implantada a través de su identificación con Cristo.

6:9

"**Sabiendo**" (*eidótes*), es un participio perfecto con función causal, aunque se traduce como si fuera un presente.

"**Habiendo resucitado de los muertos**" (*ègertheìs èk nekrôn*). El tema de la resurrección de Cristo es central en el mensaje de Pablo. "Habiendo resucitado" (*ègertheìs*) es el aoristo participio, voz pasiva de *egéiro*. El participio aoristo expresa una acción anterior a la del verbo principal. La función aquí podría ser causal o circunstancial.

"**Ya no muere**" (*oùkéti àpothnéiskei*). Esta frase enfatiza el hecho de que la muerte de Cristo tuvo lugar *una sola vez*. He aquí una refutación contundente al llamado "misterio de la misa".

"**La muerte no se enseñorea más de El**" (*thánatos aùtoû oùkéti kyrieúei*). El verbo "enseñorear" (*kyrieúei*) requiere un genitivo como complemento directo (*aùtoû*). La muerte, como consecuencia del pecado, se ha enseñoreado del hombre tal como un señor rige o gobierna a sus esclavos. Cristo, como sustituto del pecador, tuvo que padecer la muerte. El murió una sola vez y resucitó triunfante de entre los muertos. De modo que la muerte no tendrá jamás autoridad sobre El.

6:10

"**Porque en cuanto murió**" (*hó gàr àpéthamen*). Mejor sería "porque el hecho de que murió". Pablo, una vez más, enfatiza la realidad histórica de la muerte de Cristo.

"**Al pecado murió una vez por todas**" (*têi hàmartía àpéthanen èfápax*). La misma idea aparece en Hebreos 9:26-28. Obsérvese el énfasis dado al hecho de que "Cristo fue ofrecido *una sola vez* para llevar los pecados de muchos" (He. 9:28). Esta frase destaca la necesidad decisiva y final de la muerte de Cristo.

"**Mas en cuanto vive, para Dios vive**" (*hó de dsêi, dsêi tôi theôi*). La muerte de Cristo no sólo pagó el rescate por nuestro pecado, sino que también hizo posible que el creyente no tenga que vivir bajo el dominio de la naturaleza pecaminosa. La muerte y resurrección de Cristo han hecho posible que el creyente pueda vivir para la gloria de Dios (véase Gá. 2:20).

6:11

"**Consideraos muertos al pecado**" (*logídsesthe hèautoùs eînai nekroùs mèn têi hàmartía*). La forma verbal "consideraos" es el presente imperativo, voz media de *logídsomai*, que significa "calcular". Dicho vocablo era utilizado en contabilidad. El presente habla de acción continua, el imperativo sugiere mandato y la voz media señala el hecho de que el sujeto participa de la acción: "Consideraos por vosotros mismos muertos al pecado".

"**Pero vivos para Dios en Cristo Jesús**" (*dsôtas dè tôi theôi èn Chris-*

tôi Ieisoû). En lo que respecta al pecado, el creyente debe considerarse muerto, pero en lo que respecta a Dios, debe considerarse vivo por el hecho de estar vitalmente unido con Cristo.

6:12

"**No reine, pues, el pecado en vuestro cuerpo mortal.**" El vocablo "pues" (*oûn*) sugiere que el escritor va a hacer un resumen de lo dicho anteriormente. El verbo "reinar" (*basileuéto*) es el presente imperativo, voz activa de *basileúo*, que significa "ser rey". La exhortación apostólica es que el creyente no permita que el pecado sea el rey en su vida aquí en este mundo. El pecado puede controlar el "cuerpo mortal" del creyente hasta el punto de esclavizarlo.

"**De modo que lo obedezcáis en sus concupiscencias**" (*eis tò hùpakoúein taîs èpithumíais aùtoû*). Esta frase indica resultado. Si el pecado reina en la vida de una persona, dicha persona tiene, como resultado, que obedecer al pecado ya que éste se ha convertido en su señor.

6:13

"**... tampoco presentéis**" (*meidè paristánete*). Obsérvese el uso del presente imperativo. La idea aquí es "cesad de presentar" o "no hagáis un hábito de presentar". El creyente debe cesar de presentar su vida como instrumento de injusticia para servir al pecado.

"**Sino presentaos vosotros mismos a Dios**" (*àllà parasteísate èautoùs tôi theôi*). Obsérvese el uso del aoristo imperativo que sugiere el hecho de presentar algo como un solo acto. El aoristo imperativo comporta, además, la idea de urgencia. En lugar de presentar su vida asiduamente como instrumento del pecado, el creyente debe presentarse a Dios como alguien que ha sido rescatado de entre los muertos y ahora posee vida permanente y verdadera.

6:14

"**Porque el pecado no se enseñoreará de vosotros.**" El sustantivo "pecado" (*hàmartía*) no lleva artículo determinado en el texto griego. De modo que el énfasis recae en la *esencia* o el *principio* maligno que la Biblia llama pecado. El pecado como principio o poder controlante no gobernará la vida del hijo de Dios.

"**Porque no estáis bajo la ley, sino bajo la gracia.**" La forma verbal "estáis" es el presente indicativo y sugiere una realidad continua. El creyente en Cristo no está bajo el dominio de la ley como una regla, sino bajo la gracia que le obliga a obedecer a Dios por amor.

6:15

Este versículo contesta alguna posible objeción al argumento de Pablo. "¿**Qué, pues?**" (*tí oûn*), es decir: "¿Entonces qué?" Un posible interlocutor podría decir a Pablo: bien, es cierto que el creyente no está habitualmente en pecado, pero no pasa nada si peca ocasionalmente. La pregunta es: ¿pecaremos porque no estamos bajo la ley sino bajo la gracia? La respuesta a dicha pregunta es rotunda: "**En ninguna manera**" (*mèi génoito*), o sea, ¡que perezca ese pensamiento!

6:16

"¿**No sabéis...?**" (*oùk oídate*). La forma de expresar la pregunta asume que los lectores sabían la respuesta. Una mejor traducción sería: "¿No sabéis que a quien vosotros mismos os sometéis como esclavos para obediencia, esclavos sois de aquel a quien obedecéis, ya sea del pecado para muerte o de la obediencia para justicia?" El que ha creído en Cristo ha pasado a una nueva esfera (Col. 1:13). Ahora está en el reino espiritual del Hijo Amado de Dios. Ahora puede decir *no* a su antiguo amo, Satanás, y obedecer a Dios y a su Palabra.

6:17

"**Pero, gracias a Dios.**" Pablo reconoce que el cambio efectuado en el creyente es producto de la pura gracia de Dios. El esfuerzo humano no contribuye nada en lo que respecta al cambio espiritual del creyente.

"**Erais esclavos del pecado**" (*êite doûloi têis hàmartías*). Esa era la condición de todo hombre antes de creer en Cristo. La forma verbal "érais" es el tiempo imperfecto, modo indicativo de "ser". El imperfecto indica una acción continua en el pasado y el modo indicativo sugiere la realidad de dicha acción. La vida pasada del creyente era de continua esclavitud al pecado y no podía hacer otra cosa sino obedecer a su amo.

"**Habéis obedecido de corazón aquella forma de doctrina a la cual fuisteis entregados.**" La forma verbal "habéis obedecido" (*hypeikoúsate*) es el aoristo indicativo, voz media de *hypakoúo*, que significa "obedecer". El aoristo sugiere un acto concreto y el modo indicativo señala la realidad de dicho acto. Pablo dice: "obedecisteis de corazón". Eso significa que sus lectores habían ejercitado una fe genuina en Cristo. La expresión "aquella forma de doctrina" (*typon didachêis*) se refiere a la verdad de la fe cristiana que les había sido enseñada.

"**A la cual fuisteis entregados**" (*eìs hòn paredótheite*). La forma verbal "fuisteis entregados" (*paredótheite*) es el aoristo indicativo, voz pasiva de *paradídomi*, que significa "entregar". Obsérvese el uso de la voz pasiva. Los lectores "fueron entregados" o expuestos a la doctrina cristiana para que experimentasen el verdadero crecimiento espiritual.

6:18

"**Y libertados del pecado**" (*èleutherothéntes dè àpò têis hàmartías*). La expresión "libertados" es el aoristo participio, voz pasiva, y debe traducirse: "habiendo sido libertados". El aoristo contempla un acto concreto, el participio toma el tiempo del verbo principal y la voz pasiva significa que el sujeto recibe la acción del verbo.

"**Vinisteis a ser siervos de la justicia**" (*èdoulótheite têi dikaiosynei*). La forma verbal "vinisteis a ser siervos" (*èdoulótheite*) es el aoristo indicativo, voz pasiva de *doulóo*, "ser esclavo", y debe traducirse: "fuisteis hechos esclavos". El cambio ha sido radical. Antes de creer en Cristo, el hombre es un esclavo del pecado. En el momento de creer en Cristo es libertado de la tiranía del pecado y es hecho un siervo de la justicia.

6:19

"**Hablo como humano, por vuestra humana debilidad.**" Pablo utiliza el vocabulario de los hombres. Palabras tales como "esclavo", "señor", "obedecer" y "reinar" eran comunes entre los romanos. Por supuesto que Pablo escribe bajo la dirección del Espíritu Santo y, por lo tanto, lo que escribe es Palabra de Dios.

"**Que así como para iniquidad presentasteis vuestros miembros para servir a la inmundicia y a la iniquidad.**" Una traducción más literal sería: "Porque tal como presentasteis vuestros miembros como esclavos a la impureza y la iniquidad, resultando en más iniquidad...." La forma verbal "presentasteis" es aoristo indicativo, voz activa de *parísteimi*, que significa "presentar". Antes de conocer a Cristo el hombre es esclavo del pecado. Pablo describe esa condición utilizando la metáfora del esclavo que se presenta ante su amo para ejecutar su voluntad. Después de haber conocido a Cristo, el creyente tiene un nuevo amo. A eso se refiere Pablo en la frase siguiente: "... así ahora para santificación presentad vuestros miembros para servir a la justicia". La forma verbal "presentad" es el aoristo imperativo, que sugiere urgencia en cuanto a la acción. El resultado de servir a la justicia será la santificación. Muchas veces en el vocabulario paulino justicia y santificación se utilizan como vocablos sinónimos.

6:20

"**Porque cuando erais esclavos del pecado.**" Al igual que en el versículo 17, "erais" (*êite*) está en el tiempo imperfecto, que indica una acción continua en el pasado. Esa era la condición de todo creyente antes de conocer a Cristo. El hombre sin Cristo es un esclavo del pecado. **"Erais libres acerca de la justicia."** El inconverso no se siente obligado a obedecer la justicia, puesto que es esclavo del pecado. Su deseo e inclinación es obedecer a la injusticia. Todo eso cambia con el nuevo nacimiento.

6:21

"¿Pero qué fruto teníais de aquellas cosas de las cuales ahora os avergonzáis?" Obsérvese el tiempo imperfecto de la forma verbal "teníais" (*eíchete*). Dicho tiempo señala una acción continua en el pasado. Los lectores de la epístola, al igual que todo creyente, miran a sus acciones pecaminosas y se avergüenzan de ellas.

"Porque el fin de ellas es muerte" (*tò gàr télos ekeínon thánatos*). Esta frase señala hacia el resultado final del pecado.

6:22

"Mas ahora" (*nunì dè*). Es una referencia al presente inmediato: ahora mismo. Es una alusión a la condición presente del que ha creído en Cristo.

"Que habéis sido libertados del pecado y hechos siervos de Dios." Literalmente, "habiendo sido libertados del pecado y habiendo sido hechos esclavos de Dios". Obsérvese los dos participios: "habiendo sido libertados" (*eleutherothéntes*) y "habiendo sido hechos esclavos" (*doulothéntes*). Ambos son participios aoristos en la voz pasiva. El tiempo aoristo contempla la totalidad de la acción, el participio toma el tiempo del verbo principal y la voz pasiva indica que el sujeto recibe la acción. El que ha creído en Cristo ha sido libertado de la condenación del pecado y de su dominio. Además, ha sido hecho esclavo de Dios, es decir, debe obediencia y lealtad a Dios. El fruto inmediato de esa relación es la santificación y la meta es la vida eterna.

6:23

"Porque la paga del pecado es muerte." El vocablo "paga" (*opsónia*) era usado con referencia al sueldo que se le pagaba a un soldado. El pecado tiene un salario estipulado para todos los que trabajan bajo su dominio, a saber, *la muerte.*

"Mas la dádiva de Dios es vida eterna en Cristo Jesús Señor nuestro." La vida eterna es un regalo (*chárisma*). El dador de ese regalo es Cristo Jesús. El da vida eterna a todo aquel que cree en El. Cristo dijo: "Mis ovejas oyen mi voz, y yo las conozco, y me siguen, y yo les doy vida eterna; y no perecerán jamás, ni nadie las arrebatará de mi mano" (Jn. 10:27-28).

RESUMEN Y CONCLUSIÓN

El tema central de esta lección es que el que ha puesto su fe en Cristo no solo ha sido declarado justo, sino que también ha sido unido vitalmente al Señor. Esa unión incluye una identificación con su muerte y su resurrección para andar en novedad de vida.

En virtud de su unión con Cristo, el creyente ha muerto al pecado. Eso significa que el pecado no tiene señorío en la vida del que ha sido declarado justo por la fe en Cristo. Ahora el creyente puede decir *NO* al pecado, porque se encuentra bajo el señorío de Cristo.

HOJA DE TRABAJO #13 (6:1-14)

1. "... hemos muerto al pecado..." (6:2). _Pag / 24_

2. "... hemos sido bautizados en Cristo Jesús..." (6:3). _Pag. /25_

3. "... somos sepultados juntamente con él para muerte por el bautismo..." (6:4). _Pag. /25_

4. "... nuestro viejo hombre fue crucificado juntamente con él..." (6:6). _Pag. /26_

5. "... para que el cuerpo del pecado sea destruido..." (6:6). _Pag. /26_

6. "... el que ha muerto ha sido justificado del pecado" (6:7). _Pag. 127_

7. "... al pecado murió una vez por todas..." (6:10). _Pag. /28_

8. "... consideraos muertos al pecado..." (6:11). _Pag. 128_

9. "... presentaos vosotros mismos a Dios como vivos de entre los muertos..."(6:13). _Pag. 129_

10. "... no estáis bajo la ley, sino bajo la gracia" (6:14). _Pag. 129_

HOJA DE TRABAJO #14 (6:15-23)

1. "... sois esclavos de aquel a quien obedecéis..." (6:16). _Pg. 130_

2. "... habéis obedecido de corazón a aquella forma de doctrina..." (6:17). _Pg. 130_

3. "Y libertados del pecado, vinisteis a ser siervos de la justicia" (6:18). _Pg. 131_

4. "... ahora para santificación presentad vuestros miembros para servir a la justicia" (6:19). _Pg. 131_

5. "... la paga del pecado es muerte..." (6:23). _Pg. 132_

_____

_____

_____

6. "... la dádiva de Dios es vida eterna en Cristo Jesús..." (6:23). _____

_____ Pg. 132 _____

_____

_____

PREGUNTAS DE REPASO

1. Explique la fuerza y el significado de la frase "en ninguna manera".

_____

_____

_____

2. Explique el significado de Romanos 6:1-2. _____

_____

_____

_____

3. ¿En quién es el creyente bautizado según Romanos 6? _____

_____

_____

_____

4. ¿Qué significa ser bautizado? _____

_____

_____

_____

5. ¿Qué diferencia hay entre el bautismo de agua y el bautismo en el Espíritu?

_____

_____

_____

6. ¿Qué significa la frase "el viejo hombre"? _____
    _____
    _____
    _____
    _____

7. Explique la expresión "para que el cuerpo del pecado sea destruido"
    en Romanos 6:6. _____
    _____
    _____
    _____
    _____

8. ¿Cuál es la doble relación del creyente con el pecado? _____
    _____
    _____
    _____
    _____

9. ¿Dónde desea reinar el pecado? _____
    _____
    _____
    _____
    _____

10. ¿Quiénes eran los dos "señores" en el capítulo 6? _____
    _____
    _____
    _____
    _____

11. ¿Qué significa la frase "consideraos muertos al pecado" en Romanos
    6:11? _____
    _____
    _____
    _____

12. ¿Qué dos cosas debe hacer el creyente según Romanos 6:11? _____
    _____
    _____
    _____

13. ¿Qué dos cosas no debe hacer el creyente según Romanos 6:12-13?

_____

_____

_____

_____

14. Explique el contraste que aparece en 6:13. _____

_____

_____

_____

_____

15. ¿Por qué no enseñoreará el pecado del creyente? _____

_____

_____

_____

_____

16. ¿Qué enseñanza decisiva para la santidad del creyente encuentras en Romanos 6:16? _____

_____

_____

_____

_____

17. ¿Qué contraste aparece en Romanos 6:17-18? _____

_____

_____

_____

_____

18. ¿Cuáles cuatro verdades se afirman en Romanos 6:22? _____

_____

_____

_____

_____

19. Explique Romanos 6:23. _____

_____

_____

_____

_____

7

La lucha interna del cristiano (7:1—8:17)

Propósito: exhortar al estudiante a depender de la ayuda divina para pelear la batalla de la vida cristiana.

Objetivos de la lección

1. Que el estudiante llegue a discernir que la vida cristiana se desarrolla en medio de una batalla espiritual.
2. Que el estudiante sea capaz de mantenerse espiritualmente alerta en su vida diaria.
3. Que el estudiante aprenda a depender del Señor para conseguir la victoria sobre el pecado.

Tarea a realizar

1. Lea Romanos 7:1—8:17 cuidadosamente por lo menos en tres versiones distintas.
2. Lea el comentario de Newell (pp. 203 a 257).
3. Complete las hojas de trabajo #15, #16 y #17.
4. Conteste las preguntas de repaso.
5. Reflexione sobre el pasaje estudiado y escriba algunas sugerencias específicas que le ayuden tanto a usted como a otros a hacer frente a los problemas que el cristiano confronta con el mundo y la carne.

Resultados esperados

Cuando haya completado el capítulo 7, el estudiante debe haber aprendido que:

1. El cristiano ha sido liberado del poder de la ley para servir a Cristo.
2. La vieja naturaleza de pecado está en guerra constante con la nueva vida en Cristo.
3. La victoria sobre el pecado se obtiene mediante la obediencia y la fe en el Cristo resucitado.
4. El cristiano debe dejarse guiar por el Espíritu Santo y no por los deseos carnales.

Idea central: nuestra unión con Cristo nos ha librado del poder de la ley para que sirvamos a Dios por el poder del Espíritu.

BOSQUEJO

Introducción:

El hombre que ha creído en Cristo ha muerto al pecado y ha resucitado para andar en vida nueva (Ro. 6:1-6). Pero a pesar de ser una nueva criatura el cristiano no es capaz de vivir la vida cristiana por sus propias fuerzas y capacidades. Es por ello que es necesario depender de la presencia y del poder de Cristo y del Espíritu Santo. También el creyente debe depender de la Palabra de Dios (Sal. 1:1-3; 119:105) para agradar a Dios en todo. El cristiano que no se deja guiar por el Espíritu Santo sucumbirá bajo el poder de la carne.

I. **Nuestra unión con Cristo nos ha librado del poder de la ley (7:1-25).**
   1. Nuestra unión con Cristo nos ha librado del poder legal de la ley (7:1-6).
   2. Nuestra unión con Cristo nos ha dado una nueva capacidad para agradar a Dios (7:7-25).

II. **Nuestra unión con Cristo nos capacita para que sirvamos a Dios por el poder del Espíritu (8:1-17).**
   1. Nuestra unión con Cristo nos capacita para servir a Dios porque hemos sido librados de la condenación (8:1-4).
   2. Nuestra unión con Cristo nos capacita para servir a Dios porque el Espíritu Santo habita en nosotros (8:5-9).
   3. Nuestra unión con Cristo nos capacita para servir a Dios porque tenemos la certeza de la plenitud y dirección del Espíritu en nosotros (8:10-17).

Conclusión:

Aunque el cristiano tiene la capacidad para servir a Dios, también tiene la vieja naturaleza o el viejo hombre. El viejo hombre es lo que éramos en Adán antes de ser salvos. Ahora el cristiano tiene dos capacidades o naturalezas: la nueva y la vieja. El Espíritu Santo obra a través de la nueva naturaleza para formar en el creyente la imagen de Cristo. Sólo por la fe puede el creyente someterse al ministerio del Espíritu. El Espíritu Santo obra a través de la Palabra de Dios para producir santidad en la vida del cristiano. Estar en el Espíritu y andar en el Espíritu no significa en modo alguno que el cristiano ya no peca más, sino que la preocupación por las cosas espirituales ocupa el primer lugar en su vida.

NOTAS EXEGÉTICAS Y COMENTARIOS

7:1

"**Acaso ignoráis**" (*èi àgnoeíite*). Equivale a decir: "no os dais cuenta".

"**Los que conocen la ley**" (*ginóskousin... nómon*), es decir, "los que saben de ley por experiencia".

"**Que la ley se enseñorea del hombre.**" La forma verbal "enseñorea" es el presente indicativo, voz activa de *kyrieúo*, que significa "regir" o "ejercer señorío". No importa el trasfondo cultural de la persona, en cualquier cultura el ser humano está obligado a guardar alguna ley.

"**Entre tanto que éste vive**" (*èx hóson chrónon dsêi*), es decir, "mientras viva". La ley sólo puede "señorear" o "gobernar" a personas vivas. Un delincuente muerto no es llevado a los tribunales para ser juzgado.

7:2

"**Porque la mujer casada está sujeta por la ley al marido mientras éste vive.**" Literalmente dice: "Porque la mujer bajo sujeción a marido permanece atada por la ley al marido mientras éste vive". La forma verbal "está sujeta" (*dédetai*) es el perfecto, voz pasiva, modo indicativo de *déo*, que significa "atar". El tiempo perfecto destaca el estado o condición de la relación. El tiempo perfecto aquí es el intensivo y "se usa para enfatizar el estado presente, resultado continuo, el producto final, el hecho de la existencia de algo.... Este uso se acerca al significado del tiempo presente" (véase James A. Brooks y Carlton L. Winbery, *Syntax of New Testament Greek.* Lahnam, MD.: University Press of America, 1979, p. 104).

"**Pero si el marido muere**" (*èàn dè àpothánei hò ànéir*). La condicional aquí expresa probabilidad futura. La forma verbal "muere" es el aoristo subjuntivo de *apothneísko*, que significa "morir". La idea es: si ocurriese la muerte del marido, y tal cosa podría suceder.

"**Ella queda libre de la ley del marido**" (*katéirgeitai àpò toû nómou toû àndrós*). La forma verbal "queda libre" (*katéirgeitai*) es perfecto indicativo, voz pasiva de *katargéo*, que significa "anular" o "hacer inoperante". Si el marido muere, la ley que obligaba a la esposa a estar unida a él es anulada o hecha inoperante. La muerte anula el poder de la ley.

7:3

"**Así que**" (*ára oûn*), indica que lo que sigue expresa una conclusión o resumen tocante a lo dicho anteriormente.

"**Si en vida del marido se uniere a otro varón**" (*dsôntos toû àndròs... èàn géneitai àndrì hètérou*). "Mientras el esposo vive, si se uniere a otro hombre". La forma verbal "uniere" es el aoristo subjuntivo, voz media de *ginomai*, que significa "ser", "volverse". De manera que la frase debe leerse así: "Mientras el esposo vive, si se volviese [mujer] de otro hombre...".

"**Será llamada adúltera**" (*moichalìs chreimatísei*). La forma verbal "será llamada" es el futuro indicativo, voz activa de *chreimatidso*, que significa "llamarse", "llevar el nombre" (véase Hch. 11:26).

"**Pero si su marido muriere**" (*èàn dè àpothánei hò ànéir*). Esta frase sugiere probabilidad. Si ocurriese que el marido de la supuesta mujer muriere, ella quedaría libre de la ley del marido porque, como esposa, ella moriría con su marido. Después de la muerte del marido la mujer queda libre de su ley y, por lo tanto, puede unirse a otro marido y no puede ser acusada de ser adúltera.

7:4

"**Así también vosotros**" (*hóste... kaì hùmeis*). *Hóste* significa "por lo tanto", "consecuentemente". Dicho término extrae una inferencia de lo dicho anteriormente y lo aplica a la vida del creyente.

"**Habéis muerto a la ley**" (*èthanatóthete tôi nómoi*). La forma verbal "habéis muerto" es el aoristo indicativo, voz pasiva de *thanatóo*, que significa "matar". Una posible traducción sería: "Habéis sido puestos a muerte". En lo que respecta a la ley del creyente ha sido puesto a muerte mediante la muerte de Cristo.

"**Para que seáis de otro**" (*eìs tò genésthai hùmâs hètéroi*). Esta frase indica propósito. El propósito de la muerte del creyente con Cristo es para que pertenezca a otro, es decir, al que resucitó de entre los muertos. El creyente está unido ahora a un esposo que nunca morirá. El propósito final es expresado mediante la frase: "**A fin de que llevemos fruto para Dios**".

7:5

"**Mientras estábamos en la carne.**" La forma verbal "estábamos" (*êimen*) es el imperfecto del verbo "ser". La condición del hombre antes de conocer a Cristo es vivir habitualmente en la carne, es decir, en esa esfera de la naturaleza humana que es controlada por el pecado.

"**Las pasiones pecaminosas**" (*tà pathéima tôn hàmartiôn*) o, quizá, "los deseos de o por los pecados".

"**Obraban en nuestros miembros**" (*èneirgeîto èn toîs mélesin*). La forma verbal "obraban" es el imperfecto indicativo, voz media de *energeo*, que significa "obrar internamente". El tiempo imperfecto describe una acción continua en el pasado. Los deseos pecaminosos de manera continua obraban en nuestros miembros con el fin de producir fruto para muerte.

7:6

"**Pero ahora**" (*nunì dè*). Es una referencia a la nueva condición de quien ha creído en Cristo.

"**Estamos libres de la ley**" (*kateirgéitheimen àpò toû nómou*). La forma verbal "estamos libres" es el aoristo indicativo, voz pasiva de *katargéo*, que significa "hacer inoperante", "anular", "cancelar". Es decir "fuimos liberados de la ley" o "fuimos hechos inoperantes respecto de la ley". La unión del creyente con Cristo ha hecho que la reclamación de la ley sobre él quede anulada por completo.

"**Estábamos sujetos**" (*kateichōmetha*) es el imperfecto, voz pasiva de *katécho*, que significa "sujetar", "confinar", "atar firmemente". El hombre sin Cristo está sujeto a los preceptos de la ley. Cristo es quien libera al hombre de esas ataduras y le da poder para que sirva a Dios bajo un nuevo régimen y dentro de una nueva esfera, es decir, la del Espíritu Santo.

7:7

En los versículos anteriores, Pablo ha explicado la relación entre el hombre y la ley. El hombre está sujeto a la ley tal como una mujer está sujeta a su marido. Mientras el marido vive, la mujer está bajo sujeción a él, pero si el marido muere ella queda libre de la ley del marido. Esa es la situación del hombre antes de conocer a Cristo. Una vez que una persona se identifica con Cristo, es hecho libre de la ley para que sirva a Dios en el Espíritu. Si aquel que ha creído en Cristo sigue viviendo bajo la ley, el resultado será una constante derrota espiritual.

"**¿Qué diremos, pues?**", es decir, ¿cómo contestaría alguien el argumento de que el cristiano es libre de la ley?

"**¿La ley es pecado?**" Algunos pensarían que Pablo estaba impugnando la ley como algo pecaminoso. Pablo responde dicho argumento con un rotundo *mèi génoito* (¡que perezca ese pensamiento!).

Seguidamente, el apóstol presenta algunos de los propósitos de la ley: (1) la ley revela la pecaminosidad del hombre y (2) la ley muestra los pecados específicos que el hombre comete constantemente.

7:8

"**Mas el pecado, tomando ocasión por el mandamiento.**" La ley no es pecado, pero el pecado se aprovechó de la ley. El vocablo "ocasión" (*àformèn*) significa "un punto de partida", "una base de operaciones", "un pretexto para emprender una acción". El pecado ha hecho uso del mandamiento como una base de operaciones.

"**Produjo en mí la codicia**" (*kateirgásato èn èmoí pâsan èpithumían*). Mejor sería, "obró en mí toda clase de deseos malignos". El verbo traducido por "produjo" es el aoristo indicativo, voz media de *katergádsomai*, que significa "conseguir", "obtener", "producir", "generar". La ley pone en actividad la naturaleza pecaminosa y ésta actúa contrariamente a la voluntad de Dios.

"**Porque sin la ley el pecado está muerto**" (*chorìs gàr nómou hàmartía nekrá*). Es decir, "aparte de la ley el pecado estaba inactivo". La ley hace que el pecado actúe como un principio activo.

7:9

"**Y yo sin la ley vivía en un tiempo**" (*ègò dè édson chorìs nómou poté*). Posiblemente se refiera a la época de la niñez del apóstol. Obsérvese el imperfecto del verbo ser: "Y yo solía vivir sin la ley".

"**Pero venido el mandamiento, el pecado revivió.**" La expresión "venido" es el aoristo participio de *érchomai*, y debe traducirse "habiendo venido". "Revivió" el aoristo indicativo de *anadsáo* ("revivir"). Pablo se refiere al aspecto histórico de su conocimiento personal de la ley y sus resultados.

7:10

"**Y si yo morí.**" Aunque en la versión Reina-Valera 1960 esa frase aparece al final del versículo 9, tal vez sea mejor tomarla con el versículo 10. "Morí" es el aoristo indicativo de *apothnéisko*. El conocimiento de la ley hizo que Pablo comprendiese el hecho de que espiritualmente estaba muerto.

"**Y hallé**" (*kaì eùréthei*). "Y fui hallado" (aoristo pasivo).

"Que el mismo mandamiento que era para vida." Es decir, "el mandamiento que tenía como fin señalarme el camino o guiarme a la vida". Ese mismo mandamiento (*haútei*), dice Pablo, **"a mí me resultó para muerte"** (*eis thánaton*). La frase en el texto griego es enfática: "El mandamiento, el que en mi caso era para vida, ese mismo (mandamiento) (resultó) en muerte".

7:11

"El pecado, tomando ocasión por el mandamiento." El pecado se aprovechó del mandamiento y lo tomó como base de operaciones.

"Me engañó" (*èxeipáteisén me*). Este verbo es el aoristo indicativo, voz activa de *exapatáo*, que significa "engañar totalmente", "desviar del camino". Aquí Pablo presenta al pecado como una persona. No sólo "me engañó", sino que además **"me mató"**.

7:12

"De manera que la ley a la verdad es santa." La expresión "de manera que" (*hóste*), indica resultado. En el texto griego aparece el término *mèn* (omitido en la RV 1960) que, evidentemente refuerza el contenido de la frase y equivale a "incuestionablemente".

Pablo quiere dejar por sentado su convicción tocante a la ley y usa una frase nominal (sin verbo): "La ley [es] santa". El adjetivo *hágios* ("santa") relaciona la ley con su autor divino. Tal como Dios es santo (1 P. 1:16; Lv. 11:44-45), así también la ley es santa. Pablo utiliza tres adjetivos para describir **"el mandamiento"**: **"santo"** (*hàgía*), **"justo"** (*dikaía*) y **"bueno"** (*àgathéi*). "Santo" significa apartado de todo lo malo, "justo" implica lo que es recto y "bueno" tiene que ver con el propósito benéfico de la ley.

7:13

"¿Luego lo que es bueno, vino a ser muerte para mí?" La frase en el texto griego es enfática: "¿Luego lo bueno para mí se volvió muerte?" La respuesta a esa pregunta es también enfática: "En ninguna manera" (*mèi génoito*).

"Sino que el pecado, para mostrarse pecado, produjo en mí la muerte por medio de lo que es bueno." "Sino" (*àllá*) es una adversativa enfática. El pecado utilizó "lo bueno" como medio. "Lo bueno" tenía como fin conducir a la vida, pero el pecado lo utilizó como vehículo, produciendo la muerte. El vocablo griego "produjo" (*katergadsoménei*) es el participio presente, voz media de *katergádsomai* y debe traducirse "produciendo". Obsérvese que el pecado para mostrar su propia naturaleza no utiliza lo que es malo, sino que usa *lo bueno.*

"A fin de que por el mandamiento el pecado llegase a ser sobremanera pecaminoso." La forma verbal "llegase a ser" (*géneitai*) es el aoristo subjuntivo, voz media de *gínomai* y comporta la idea de "llegar a ser reconocido" o "llegar a ponerse de manifiesto". La muerte es la culminación del pecado. Cuando el pecado muestra sus máximos efectos a través de la muerte, algunos seres humanos reconocen su necesidad de buscar a Dios. Otros, por el contrario, continúan en su indiferencia.

7:14

"Porque sabemos que la ley es espiritual." Pablo y los demás judíos sabían, porque habían sido enseñados, que la ley es de origen sobrenatural. Dios la dio a Moisés por la mediación de ángeles.

"Mas yo soy carnal." El vocablo "carnal" (*sárkinós*) denota el material de que se compone la naturaleza humana. De manera que Pablo contrasta el carácter sobrenatural de la ley con el hecho de que él y todos los demás están hechos de carne y, por lo tanto, carentes de poder sobrenatural en su condición de pecador.

"Vendido al pecado" (*peprámenos hypò tèn hàmartían*). El vocablo "vendido" (*peprámenos*) es el participio perfecto, voz pasiva de *piprósko*. El texto griego dice: "Habiendo sido vendido bajo pecado". El tiempo perfecto sugiere un estado o condición. El pecador está preso por el pecado y sólo la intervención sobrenatural del Espíritu Santo puede libertarle de ese estado.

7:15

"Lo que hago" (*hò... katergádsomai*), es decir, "lo que consigo", "lo que obro", "lo que produzco".

"No lo entiendo" (*où ginósko*). "No lo conozco por experiencia." La percepción espiritual de quien no conoce a Cristo es inexistente o, tal vez, insignificante y, por lo tanto, no sabe qué propósito tiene lo que hace.

"Pues no hago lo que quiero, sino lo que aborrezco, eso hago." El verbo "querer" (*thélo*) significa "deseo expreso", es decir, "lo que en realidad deseo". Pablo utiliza tres verbos de acción en este versículo:

1. *Katergádsomai*, que significa "realizar", "obrar", "producir".
2. *Prásso*, que significa "hacer", "practicar".
3. *Poiêo*, que significa "obrar", "hacer algo con las manos".

Los tres verbos están en el tiempo presente, expresando una acción continua. El hombre inconverso es capaz de hacer algo bueno en un momento dado, pero no es capaz de hacerlo habitualmente. Pablo expresa la actitud del inconverso así:

1. "Lo que quiero no hago o practico."
2. "Lo que aborrezco eso hago con mis manos."

7:16

"**Y si lo que no quiero, esto hago.**" Esta frase no expresa duda, sino el reconocimiento de una realidad. Puesto que ese es el caso, Pablo dice: "Apruebo que la ley es buena" (*synfeimi tôi nómoi hóti kalós*), es decir, "concuerdo en que la ley es buena". El vocablo "buena" (*kalós*) destaca la belleza moral de la ley.

7:17

"**De manera que ya no soy yo quien hace aquello.**" O, como dice el texto griego, "pero ahora ya no soy yo realizando esto" o "puesto que ese es el caso, ya no soy yo quien realiza esto".

"**Sino el pecado que mora en mí**" (*àllà hè ènoikoûsa èn èmoì hàmartía*). Pablo reconoce el poder y la influencia del pecado en la vida del hombre y en su propia vida. La expresión "que mora" (*ènoikoûsa*) es el participio presente de *enoikeo*. Esa forma verbal sugiere la presencia constante del pecado en la vida del hombre. Sólo cuando nuestra salvación sea completada, seremos librados de la presencia del pecado de una vez por todas.

7:18

"**Y yo sé que en mí, esto es, en mi carne, no mora el bien.**" "Yo sé" (*oîda*) es el conocimiento intelectual. "En mí, esto es, en mi carne" podría significar "en mi ser natural tal como existe ahora que soy pecador".

"**No mora el bien**" (*oùk oìkêi... àgathón*), en el sentido de que el hombre natural está controlado por la naturaleza pecaminosa y, por lo tanto, es incapaz de cumplir el propósito benéfico para el que Dios lo ha creado.

"**Porque el querer el bien está en mí, pero no el hacerlo.**" El texto griego dice: "Porque el querer está junto a mí, pero el realizar lo bueno no." De manera reiterada, Pablo expresa el poder contundente del pecado en la vida del hombre.

7:19

"**Porque no hago el bien que quiero, sino el mal que no quiero, eso hago.**" Obsérvese el tiempo presente de los verbos "hago" (*poiô*), "quiero" (*thélo*) y "hago" (*prásso*). El presente sugiere una acción continua o algo que se hace habitualmente.

7:20

"El pecado que mora en mí" (*hèi oikoûsa èn èmoì hàmartía*). Pablo no elude su responsabilidad, sino que, por lo contrario, reconoce su condición de pecador (véase el versículo 17).

7:21

"Así que, queriendo yo hacer el bien." Esa es una buena intención, pero el hombre natural no posee la capacidad para hacer tal cosa.

"Hallo esta ley." Mejor sería "hallo la ley". Probablemente, la ley mosaica mencionada en este capítulo.

"Que el mal está en mí." La ley revela que el mal está en el corazón del hombre, porque la ley es *santa* (v. 12) y espiritual (v. 14). El mandamiento es *santo, justo y bueno* (v. 12). El problema está en el hombre, no en la ley.

7:22

"Porque según el hombre interior, me deleito en la ley de Dios." La forma verbal "me deleito" (*synéidomai*) es el presente indicativo, voz media y significa "gozarse con alguien", "concordar gozosamente". La expresión "el hombre interior" (*tòn éso ánthropon*) contrasta con la naturaleza pecaminosa. El hombre interior se deleita o se goza con la ley de Dios. La naturaleza pecaminosa se deleita con el pecado.

7:23

"Otra ley" (*héteron nómon*). Esta ley es diferente de la ley de Dios. El uso de *héteron* ("otra") aquí señala a "otra diferente". De manera que Pablo está hablando de una ley diferente que contrasta con la ley de Dios mencionada en el versículo 22. El apóstol dice que esa ley está **"en mis miembros"** (*èn toîs mélesín mou*) y **"se rebela contra la ley de mi mente"**. La expresión "se rebela" (*antistrateuómenos*) es el participio presente, voz media de *antistrateúomai*, que significa "organizar una expedición militar" o "hacer guerra contra alguien".

De manera que "la ley de Dios" del versículo 22 parece ser equivalente a "la ley de mi mente" del versículo 23, mientras que "la otra ley" (*héteron nómon*) se corresponde con "la ley del pecado" (*tôi nómoi têis hàmartías*). Es decir, la lección presentada aquí es el contraste que existe entre la "ley de Dios" y la "ley del pecado". La "ley de Dios" es "espiritual" (v. 14), "buena" (v. 16), "santa" (v. 12) y "justa" (v.12).

La "**ley del pecado**" (*tôi nómoi têis hàmartías*) tiene que ver con la autoridad que el pecado ejerce en la vida del hombre a causa de su condición caída. El pecado actúa como un jefe militar que lleva al hombre cautivo. La forma verbal "**lleva cautivo**" (*aìchmalotídsontá*) es el participio presente, voz activa de *aichmalontídso*, que significa "capturar con una lanza", "apresar en guerra", "llevar cautivo". La ley o la autoridad del pecado se aprovecha de la debilidad del hombre, lo "lleva cautivo" y lo esclaviza al pecado. "La ley del pecado es la ley que procede del pecado y que el pecado promueve. Se contrasta con la ley de Dios y tiene que ser antitética a ésta en todos los aspectos" (John Murray, *The Epistle to the Romans*, [Grand Rapids: Eerdmans, 1968], p. 267). La ley del pecado estimula el pecado mientras que la ley de Dios lo condena.

7:24

"**¡Miserable de mí!**" (*talaíporos ègò ánthropos*). Literalmente: "¡Miserable hombre yo!", o tal vez: "Yo [soy] un hombre angustiado".

"**¿Quién me librará de este cuerpo de muerte?**" La forma verbal "librará" es el futuro indicativo, voz media de *rúomai*, que significa "rescatar". Dicho vocablo era usado para describir el acto de un soldado que rescataba a un compañero de manos del enemigo. Tal vez Pablo vislumbre aquí la resurrección, cuando el creyente recibirá un cuerpo nuevo que jamás será afectado por el pecado.

7:25

"**Gracias doy a Dios, por Jesucristo Señor nuestro.**" He aquí un reconocimiento claro de la obra de la gracia de Dios en beneficio del pecador. Todo lo que podemos hacer es expresar a Dios nuestra gratitud, puesto que no tenemos méritos personales que presentar.

"**Así que, yo mismo con la mente sirvo a la ley de Dios.**" Pablo reconoce el conflicto entre "la ley de la mente" y "la ley de la carne". En su mente reconoce las cualidades sobrenaturales de la ley de Dios y desea obedecerla, pero la ley del pecado pretente ejercer su hegemonía sobre la vida del apóstol. Esa es una verdadera guerra espiritual. Sólo la dependencia de Cristo, el poder del Espíritu Santo y la dirección de la Palabra de Dios pueden dar victoria al cristiano.

8:1

"**Ahora, pues.**" Mejor sería: "Por lo tanto, ahora". Como resultado de lo que Cristo ha hecho.

"**Ninguna condenación**" (*oùdèn katákrima*). La negación es enfática:

"No hay absolutamente ninguna condenación". "Condenación" es lo opuesto de justificación. Los que están en Cristo han sido declarados justos y, por lo tanto, ninguna condenación hay para los tales.

"**En Cristo Jesús.**" Expresa la posición de quien ha puesto su fe en Cristo. Esa posición es obrada mediante el bautismo por el Espíritu Santo (1 Co. 12:13). Según los mejores manuscritos del Nuevo Testamento, el versículo 1 no incluye la frase "los que andan conforme a la carne, sino conforme al Espíritu". Dicha frase es una interpolación tomada del versículo 4.

8:2

"**La ley del Espíritu de vida en Cristo Jesús.**" Esta es una referencia al ministerio del Espíritu Santo, aunque también podría referirse al mismo Señor Jesucristo, puesto que El, como el postrer Adán, es "espíritu vivificante" (1 Co. 15:45; véase también Jn. 5:21; 6:33, 39-40 y 47).

"**Me ha librado**" (*eileuthérosén*). El tiempo del verbo es aoristo y debía traducirse "me liberó". El autor apunta al hecho histórico de lo que ocurre cuando alguien pone su fe en Cristo.

"**La ley del pecado y de la muerte.**" La ley del pecado es la muerte misma (Ro. 5:12; 6:23; 1 Co. 15:56-57). Cristo ha vencido tanto la muerte como el pecado y tiene toda potestad para dar vida a quien cree en El.

8:3

"**Lo que era imposible para la ley.**" Tal vez mejor sería "la imposibilidad de la ley" o "lo imposible en relación con la ley". Esta frase es probablemente un nominativo absoluto colocado en contraste con lo que Dios puede hacer, es decir, "condenar al pecado en la carne".

"**Por cuanto era débil por la carne**" o "por cuanto era débil debido a la carne". La ley está debilitada a causa de la condición pecaminosa del hombre. La ley no puede santificar ni producir un ser humano que no reaccione negativamente frente a sus demandas.

"**Dios, enviando a su Hijo....**" Esta frase apunta a la preexistencia del Hijo (Is. 9:6; Gá. 4:4). La expresión "enviando" (*pémpsas*) es un aoristo participio que depende del verbo principal ("condenó"). La idea de la oración gramatical sería: "Dios condenó al pecado en la carne, enviando a su Hijo en semejanza de carne de pecado y a causa del pecado".

El texto señala, sin duda, a la encarnación de Dios el Hijo (Jn. 1:1-2, 14) y a la concepción virginal. El Señor Jesucristo fue hecho *verdadera y perfecta humanidad*, pero fue librado del pecado. El vino "**en semejanza de carne de pecado**". Jesús tenía una naturaleza humana pero no una naturaleza pecaminosa. Su naturaleza humana estaba unida vitalmente, pero sin mezcla, con su naturaleza divina. Es por ello que Jesús no podía pecar.

La forma verbal "condenó" (*katékrinen*) es el aoristo indicativo, voz activa de *katakríno*, que significa tanto el pronunciamiento del juicio como la ejecución de la sentencia. Dios hizo ambas cosas mediante el hecho de la muerte y la resurrección de Cristo (véase He. 2:14-15).

8:4

"**Para que la justicia de la ley se cumpliese en nosotros.**" Esta frase indica tanto propósito como resultado. La expresión "justicia de la ley" significa "las demandas justas de la ley". La muerte de Cristo hizo que se cumpliesen todas las justas ordenanzas de la ley y, por lo tanto, su justicia puede ser imputada a todo aquel que pone su fe en El.

"**Que no andamos conforme a la carne sino conforme al Espíritu.**" La expresión "que no andamos" (*peripatoûsin*) es el participio activo presente de *peripatéo*, que significa "caminar". Esta frase sugiere que el estilo de vida de quien ha creído en Cristo se caracteriza por conducirse en armonía con el Espíritu Santo. El creyente no es gobernado por la carne.

8:5

"**Porque los que son de la carne piensan en las cosas de la carne.**" "Porque" (*gàr*) es una partícula explicativa a la vez que afirmativa. "Los que son" (*hoì óntes*) es el participio presente de *eimí*, que significa "ser" y va acompañado del artículo determinado. El participio presente sugiere una acción continua. El texto dice literalmente: "Porque los que son conforme a la carne". Lo más probable es que se refiere a los inconversos, puesto que son ellos quienes están en el estado permanente de "ser conforme a la carne".

"**Piensan en las cosas de la carne**" (*tà têis sarkòs fronoûsin*). Literalmente "las cosas pertenecientes a la carne piensan". La forma verbal "piensan" (*fronoûsin*) es el presente indicativo, voz activa de *fronéo*, que significa "pensar", "fijar el corazón en algo". Dicho vocablo comporta la idea de centrar los afectos, la voluntad y la razón en algo que se desea.

"**Pero los que son del Espíritu.**" "Pero" (*dè*) sugiere contraste. "Los que son del Espíritu", literalmente "los del Espíritu". Debe referirse a creyentes, puesto que sólo ellos han sido sellados por el Espíritu (1 Co. 3:16; 6:19). Por lo tanto, sólo un creyente puede ocuparse de "las cosas del Espíritu".

8:6

"Porque el ocuparse de la carne es muerte." La conjunción "porque" (*gàr*) se usa en sentido explicativo. "El ocuparse" (*tò fróneima*),
mejor sería "la inclinación", "la voluntad" o "la mente". La frase literalmente dice: "Porque la voluntad de la carne [es] muerte". Aquí tenemos
una ecuación: la voluntad de la carne equivale a muerte. La muerte aludida parece ser la espiritual, que significa separación de Dios.
"Pero el ocuparse del Espíritu es vida y paz." "Pero" (*dè*) sugiere
contraste. Aquí aparece la misma ecuación que en la cláusula anterior: la
voluntad del Espíritu equivale a vida y paz. Obsérvese el contraste entre
"muerte" y "vida". "Paz" (*èiréinei*) tiene que ver con la felicidad total que
se deriva de la comunión con Dios.

8:7

"Por cuanto los designios de la carne son enemistad contra Dios."
La expresión "por cuanto" es una conjunción compuesta (*dia* + *hoti*), y
significa "por esta causa" o "porque". Dicha conjunción es explicativa.
Literalmente "porque la voluntad de la carne es enemistad contra Dios".
La expresión "los designios" es el mismo vocablo *fróneima*, traducido en
el versículo 6 "ocuparse". "Enemistad" (*échthra*) significa "odio", "hostilidad" o "enemistad".
"Porque no se sujetan a la ley de Dios, ni tampoco pueden." La
forma verbal "sujetan" (*hypotássetai*) es el presente indicativo, voz pasiva, tercera persona singular. De manera que la traducción debería ser:
"Porque no se somete a la ley de Dios porque no puede". La "ley de Dios"
se refiere al carácter y a la voluntad de Dios. La voluntad de la carne es
hostil a la voluntad de Dios. "Los que están en la carne", es decir, los
inconversos no son capaces de someterse a las demandas del carácter o de
la voluntad de Dios.

8:8

"Y los que viven según la carne no pueden agradar a Dios." "Los
que viven" (*hoì óntes*). Literalmente "quienes están". El participio presente sugiere un estado continuo o permanente. "Según la carne"; mejor
sería "en la carne". "No pueden agradar a Dios", literalmente "a Dios
agradar no pueden". El verbo "agradar" (*àrésai*) es el aoristo infinitivo,
voz activa de *arésko*. El aoristo destaca el hecho o la situación en sí
misma. Este versículo pone de relieve la total incapacidad del inconverso para agradar a Dios. Sólo los que están en Cristo disfrutan de esa
capacidad.

8:9

"**Mas vosotros no vivís según la carne**" (*hùmeîs dè oùk èstè èn sàrki*). Esta frase es enfática. El uso del pronombre personal (*humeis*) la hace pleonástica. La expresión "no vivís" (*oùk èstè*) literalmente significa "no estáis". "En la carne" (*èn sàrki*) significa "en la esfera de" o "dentro de la potestad de la carne". El creyente no está de manera permanente o no vive dentro de la esfera de la carne. De allí fue sacado en virtud del nuevo nacimiento.

"**Sino según el Espíritu**" (*àllà èn pneúmati*). Esta frase presente un contraste fuerte. El creyente no vive dentro de la autoridad de la carne *sino* que, por el contrario, vive "en", es decir, "dentro de" la esfera o autoridad del Espíritu.

"**Si es que el Espíritu de Dios mora en vosotros.**" El vocablo "si" (*eíper*) sugiere certeza. Equivale a decir: "Puesto que tal es el caso". El Espíritu de Dios mora en la vida de todo creyente. La presencia del Espíritu Santo en la vida de una persona es la señal y el sello de su pertenencia a Dios. El no tener al Espíritu habitando de manera permanente en la vida es equivalente a no pertenecer a Cristo.

8:10

"**Pero si Cristo está en vosotros.**" "Pero" (*dè*) es una conjunción que vincula íntimamente lo que se dice con lo dicho anteriormente. La frase es muy enfática: "Ya que Cristo en vosotros".

"**El cuerpo en verdad está muerto a causa del pecado, mas el espíritu vive a causa de la justicia.**" Una posible traducción sería: "Por un lado el cuerpo muerto [está] a causa del pecado y, por el otro, el espíritu [es] vida a causa de la justicia". El cuerpo, incluso el del creyente, sufre las consecuencias del pecado. El creyente, sin embargo, ha sido libertado del pecado y anticipa la resurrección del cuerpo y el disfrute de la vida espiritual. Esa vida espiritual ya es una realidad, pero se disfrutará plenamente cuando tenga lugar la liberación final en la eternidad.

8:11

"**Y si el Espíritu de aquel que levantó de los muertos a Jesús mora en vosotros.**" Esta frase es afirmativa. El "si" (*ei*) con el modo indicativo expresa realidad y debe traducirse "puesto que". La referencia es, sin duda, al Espíritu Santo. "Aquel que levantó de los muertos a Jesús" se refiere a Dios Padre. Esta frase hace una doble afirmación:

1.	Jesús resucitó de entre los muertos por la intervención del Padre.
2.	El Espíritu Santo mora en el creyente.

"El que levantó de los muertos a Cristo Jesús vivificará también vuestros cuerpos mortales por su Espíritu que mora en vosotros." El verbo principal de esta oración es "vivificará" (*dsoopoiéisei*), que es el futuro indicativo, voz activa de *dsoopoiéo*, que significa "vivificar", "hacer vivir". Es decir, hay una promesa incancelable de la resurrección del creyente. La base es la resurrección de Jesucristo. El poder es el del Padre celestial. La garantía es la presencia del Espíritu Santo en la vida de aquel que ha creído en Cristo. La expresión "cuerpos mortales" (*tà thneità sómata*) señala a la fragilidad del cuerpo presente. Ahora el creyente posee un cuerpo mortal, pero viene el día cuando lo mortal será absorbido por la vida y lo corruptible se vestirá de incorrupción (1 Co. 15:53-54).

8:12

"Así que" (*ára oûn*) sugiere que el escritor se dispone a hacer una conclusión sobre la base de lo dicho anteriormente.

"Deudores somos" (*òfeilétai èsmén*). La referencia aquí es a una deuda moral. El cristiano tiene una deuda moral, no con la carne, sino con el Espíritu. El vocablo "carne" (*sarkí*) señala la naturaleza pecaminosa. Aunque el creyente aún tiene una naturaleza pecaminosa, esta no debe controlar su vida.

"Para que vivamos conforme a la carne." Esta es una frase explicativa. El cristiano es deudor *no* a la carne. Si lo fuese tendría que vivir conforme a la carne. Pero como es deudor al Espíritu, no debe vivir conforme a la carne.

8:13

"Porque si vivís conforme a la carne, moriréis." Obsérvese que el escritor se refiere a creyentes, a quienes llama "hermanos" (v.12). Esta es una advertencia a la vez que una instrucción. "Vivís" (*dsêite*) es el presente indicativo, voz activa de *dsao*, que significa "vivir". El apóstol dice que si el creyente vive habitualmente en conformidad con la carne, está a punto de morir (*méllete àpothnéiskein*). Por supuesto que no se refiere a la muerte eterna ni a la pérdida de salvación (véase Ro. 8:1). La referencia es al hecho de que el creyente no disfrutará de las bendiciones de la comunión con Dios ni de la vida espiritual que ha recibido por la fe en Cristo. El texto no se refiere a la pérdida de la salvación, sino a la de la comunión y de las bendiciones terrenales.

"Mas si por el Espíritu hacéis morir las obras de la carne, viviréis." En contraste con lo anterior, "si por el Espíritu", es decir, "por medio del

Espíritu". El Espíritu es el instrumento divino que puede dar victoria al creyente. "Hacéis morir" (*thanatoûte*) es el presente indicativo, voz activa de *thanatóo*, que significa "hacer morir". "Las obras de la carne" (*tàs práxeis têis sarkos*), es decir, "las acciones de la carne". "Viviréis" (*dséisesthe*) es el futuro indicativo, voz media de *dsáo*, que significa "vivir". La referencia parece ser al disfrute de la vida y las bendiciones de Dios en la tierra, con proyecciones futuras en la eternidad.

8:14

"**Porque todos los que son guiados por el Espíritu de Dios, éstos son hijos de Dios.**" El adjetivo relativo *hósoi*, traducido "todos los que", sugiere abundancia y multitud. La forma verbal "son guiados" (*ágontai*) es el presente indicativo, voz pasiva de *ágo*, que significa "guiar", "conducir", "agarrar y dirigir", "llevar personalmente a un sitio".

"Por el Espíritu de Dios" es un dativo de instrumentalidad. El Espíritu Santo es la persona divina que constantemente guía de manera personal a quienes han creído en Cristo.

"Estos son hijos de Dios" (*hoûtoi huioí eìsin theoû*). Esta frase es enfática. Literalmente, "estos hijos adultos son de Dios". El vocablo "hijos" (*huioí*) sugiere *madurez*, en contraste con la infantilidad (*tekna*).

8:15

"**No habéis recibido.**" La forma verbal "habéis recibido" (*elábete*) es el aoristo indicativo, voz activa de *lambáno*. Una mejor traducción sería "recibísteis". El aoristo señala a un acto concreto y el modo indicativo a la realidad de dicho suceso.

"**El espíritu de esclavitud para estar otra vez en temor.**" El creyente ya sido librado de la esclavitud del pecado (Ro. 6:20-22) y del temor de la muerte (He. 2:15).

"**Sino que**" (*allà*) es una adversativa enfática que señala un fuerte contraste entre dos cosas.

"**Habéis recibido el espíritu de adopción.**" El creyente ha sido *adoptado* (*huiothesías*) en la familia de Dios. Es decir, ha sido colocado como un hijo adulto en una nueva relación familiar con todos los derechos, privilegios y responsabilidades que dicha relación implica.

"**Por el cual clamamos: ¡Abba, Padre!**" "Por" (*èn)* sugiere instrumentalidad. "El cual" (*hôi*) o "quien". "Clamamos" (*krádsomen*) es el presente indicativo, voz activa de *krádso*, que significa "gritar", "clamar en voz alta", "vociferar". "Abba" es la versión griega del vocablo arameo que significa "padre". Dicho vocablo sugiere intimidad. La presencia constante del Espíritu Santo en la vida del creyente permite una relación íntima y de confianza con el Padre celestial.

8:16

"El Espíritu mismo da testimonio a nuestro espíritu." Como algo personal, el Espíritu Santo confirma en la vida misma del creyente la posición que éste ocupa dentro de la familia de Dios. En realidad, el Espíritu da testimonio *con* nuestro espíritu en lugar de *a* nuestro espíritu. El espíritu del creyente sabe cuál es su posición y el Espíritu Santo testifica junto con él.

"Somos hijos de Dios." El tiempo presente del verbo "ser" expresa una acción continua y permanente. "Hijos" (*tékna*). "De Dios" es un genitivo que indica posesión. El creyente es "hijo de Dios" en virtud del nuevo nacimiento y por su relación con Cristo (Jn. 1:12-13).

8:17

"Y si hijos, también herederos" (*eì dè tékna, kaì kleironómoi*). Esta frase afirma una realidad. Podría traducirse así: "Y puesto que [somos] hijos, también [somos] herederos". Los creyente han sido hechos miembros de la familia de Dios y como tales son herederos de las riquezas del Padre Celestial.

"Herederos de Dios y coherederos con Cristo" (*kleironómoi mèn theoû synkleironómoi de Christoû*). Esta frase expresa una doble relación. Por un lado, el creyente es "heredero de Dios" porque Dios le ha recibido en su familia por la fe en Cristo. Por el otro lado, el creyente es coheredero "con Cristo" (mejor que "de Cristo") porque ha de disfrutar con El de las bendiciones de su reino (Mt. 19:29).

"Si es que padecemos juntamente con El." El uso de la expresión "si es que" (*eíper*) en este caso particular parece expresar una verdadera condicional. Pablo dice: "Si en verdad es el caso que padecemos juntamente con El...". Co-padecer con Cristo es un privilegio dado al creyente (véase Fil. 1:29; 2 Ti. 2:12*a*). Pablo no se refiere a los padecimientos expiatorios de Cristo en la cruz. Esos solo Cristo los pudo sufrir. El apóstol se refiere a los sufrimientos que el creyente padece a causa de su identificación con Cristo. El creyente se ha identificado con la persona de Cristo así como con su obra. Los sufrimientos del creyente no contribuyen en nada a su salvación, pero dan testimonio de su identificación con Cristo.

"Para que juntamente con El seamos glorificados." Es decir, "para que también seamos coglorificados [con El]". "Para" (*hína*) con el modo subjuntivo sugiere propósito. El aoristo señala a un acontecimiento específico y a la voz pasiva indica que el sujeto recibe la acción. Todo aquel que ha creído en Cristo puede tener la certeza de que un día será glorificado juntamente con el Señor (véase Jn. 17:24; Fil. 3:20-21; Col. 3:1-4).

RESUMEN Y CONCLUSIÓN

La lección considerada en este capítulo nos ha mostrado la realidad de que, por la fe en Cristo, el creyente ha sido librado del poder de la ley. Es cierto que la naturaleza pecaminosa no ha sido erradicada de la vida del cristiano. Es decir, el creyente sufre también los ataques de las tentaciones de la carne. Pero quien ha creído en Cristo ha recibido una nueva vida y está bajo la jurisdicción del Señor.

La persona del Espíritu Santo reside en el creyente desde el momento en que puso su fe en Jesucristo. El cristiano no puede vivir según la carne "porque el Espíritu de vida en Cristo le ha librado de la ley del pecado y de la muerte" (Ro. 8:2). Cuando un creyente peca no pierde su salvación porque, por la fe en Cristo, ha sido hecho hijo de Dios y esa posición es irreversible (Ro. 8:14-17).

HOJA DE TRABAJO #15 (7:1-6)

1. "¿... la ley se enseñorea del hombre entre tanto que este vive?" (7:1). _Pg. 141_

2. "... la mujer casada está sujeta a la ley del marido mientras éste vive" (7:2). _Pg. 141_

3. "... si su marido muriese, es libre de esa ley" (7:3). _Pg. 142_

4. "... habéis muerto a la ley" (7:4). _Pg. 142_

5. "... para que seáis de otro" (7:4). _Pg. 142_

6. "Pero ahora estamos libres de la ley..." (7:6). _Pg. 143_

7. "... de modo que sirvamos bajo el régimen nuevo del Espíritu..." (7:6). _Pg. 143_

HOJA DE TRABAJO #16 (7:7-25)

1. "... tampoco conociera la codicia si la ley no dijera: No codiciarás" (7:7). _____

   _Pg. 144_

2. "... sin la ley el pecado está muerto" (7:8). _____

   _Pg. 144_

3. "... venido el mandamiento, el pecado revivió y yo morí" (7:9). _____

   _Pg. 144_

4. "... la ley a la verdad es santa, y el mandamiento santo, justo y bueno" (7:12). _____

   _Pg. 145_

5. "... a fin de que por el mandamiento el pecado llegase a ser sobremanera pecaminoso" (7:13). _____

   _Pg. 146_

6. "De manera que ya no soy yo quien hace aquello..." (7:17). _____

   _Pg. 147_

7. "... no hago el bien que quiero, sino el mal que no quiero, eso hago" (7:19). _____

   _Pg. 148_

8. "... hallo esta ley: que el mal está en mí" (7:21). _____

    _Pg. 148_

9. "... según el hombre interior me deleito en la ley de Dios" (7:22). ____

    _Pg. 148_

10. "... otra ley ... que me lleva cautivo a la ley del pecado que está en mis miembros" (7:23). _____ _Pg. 149_

HOJA DE TRABAJO #17 (8:1-17)

1. "Ahora, pues, ninguna condenación hay para los que están en Cristo Jesús..." (8:1). _____ _Pg. 150_

2. "... los que no andan conforme a la carne, sino conforme al Espíritu" (8:1). _____

    _Pg. 150_

3. "... Dios, enviando a su Hijo en semejanza de carne de pecado y a causa del pecado, condenó al pecado en la carne" (8:3). _____

    _Pg. 150_

4. "Y los que viven según la carne no pueden agradar a Dios" (8:8). ___

_Pg. 152_

5. "... Y si alguno no tiene el Espíritu de Cristo, no es de El" (8:9). ___

_Pg. 153_

6. "Pero si Cristo está en vosotros, el cuerpo en verdad está muerto a causa del pecado..." (8:10). ___

_Pg. 153_

7. "... hermanos, deudores somos, no a la carne, para que vivamos conforme a la carne" (8:12). ___

_Pg. 154_

8. "Porque si vivís conforme a la carne, moriréis..." (8:13). ___

_Pg. 154_

9. "El Espíritu mismo da testimonio a nuestro espíritu..." (8:16). ___

_Pg. 156_

10. "... para que juntamente con El seamos glorificados" (8:17). ___

_Pg. 157_

PREGUNTAS DE REPASO

1. ¿Qué enseña Romanos 7:1-3 tocante al matrimonio? _____

_____

_____

_____

2. ¿Cómo define Pablo el adulterio en Romanos 7:1-3? _____

_____

_____

_____

3. ¿Cuál es la relación del cristiano respecto a la ley? _____

_____

_____

_____

4. ¿Cuáles son las funciones de la ley? _____

_____

_____

_____

5. ¿Cómo describe Pablo la ley en Romanos 7:12-14? _____

_____

_____

_____

6. ¿Qué significa "vendido al pecado" en 7:14? _____

_____

_____

_____

7. ¿Qué enseñanza tocante al pecado aparece en Romanos 7:11 y 7:13?

_____

_____

_____

_____

8. Explique la frase "el pecado que mora en mí" en Romanos 7:17. ___

_____

_____

_____

_____

9. ¿A cuáles leyes se refiere Pablo en Romanos 7:21-23? _____

_____

_____

_____

10. ¿Cuál es la solución al conflicto espiritual del hombre según Romanos 7:24-25? _____

_____

_____

_____

11. ¿Con qué dos gloriosas afirmaciones comienza y termina Romanos 8?

_____

_____

_____

12. ¿Cuál es nuestra relación con "la ley del pecado" según Romanos 7 y 8? _____

_____

_____

_____

13. ¿Cómo ha sido el creyente librado de "la ley del pecado"? _____

_____

_____

_____

14. ¿Qué es "imposible" para la ley? _____

_____

_____

_____

15. ¿Tenía Cristo un cuerpo pecaminoso? _____
_____
_____
_____

16. ¿Cómo hizo Dios lo que la ley no pudo hacer? _____
_____
_____
_____

17. Mencione los propósitos por los que Dios envió a Cristo según Romanos 8:3-4. _____
_____
_____
_____

18. ¿Cuál es el interés de los que son de la carne? _____
_____
_____
_____

19. ¿Qué enseña el capítulo 8 tocante a la mente carnal? _____
_____
_____
_____

20. ¿Puede alguien ser salvo sin tener el Espíritu Santo? (Cite la Escritura).
_____
_____
_____

21. Según el capítulo 8 ¿cuáles personas de la Trinidad moran en el creyente? _____
_____
_____
_____

22. Explique la frase "vivificará también vuestros cuerpos mortales" en 8:11.

_____

_____

_____

_____

23. ¿Qué enseña Romanos 8:1-13 tocante a la carne? _____

_____

_____

_____

24. ¿Quiénes son "los hijos de Dios" en Romanos 8? _____

_____

_____

_____

25. ¿Cómo se designa al Espíritu Santo en Romanos 8? _____

_____

_____

_____

26. ¿De qué modo el Espíritu Santo da testimonio a nuestro espíritu? ___

_____

_____

_____

_____

27. Explique la frase "porque si vivís conforme a la carne moriréis" en Romanos 8:13. _____

_____

_____

_____

_____

28. ¿Cómo puede el creyente "hacer morir las obras de la carne"? _____

_____

_____

_____

_____

29. Explique la frase "coherederos con Cristo" en 8:17. _____

_____

_____

_____

_____

30. ¿Qué privilegio tiene el que es hijo de Dios según Romanos 8:14?

_____

_____

_____

_____

31. Explique la frase "si es que padecemos juntamente con El, para que juntamente con El seamos glorificados" en 8:17. _____

_____

_____

_____

_____

8

El plan de Dios para los redimidos (8:18-39)

Propósito: que el estudiante comprenda la grandeza del plan de Dios y le dé gracias por su infinita sabiduría.

Objetivos de la lección

1. Que el estudiante aprecie y demuestre su gratitud a Dios por el plan maravilloso que ha elaborado para los redimidos.
2. Que el estudiante reflexione sobre el plan de la salvación y se comprometa a proclamar un evangelio bíblico.
3. Que el estudiante sea capaz de apreciar la fidelidad del amor de Dios y le dé gracias por ello.

Tarea a realizar

1. Lea Romanos 8:18-39 en tres versiones distintas.
2. Lea el comentario de Newell (pp. 258 a 285).
3. Complete la hoja de trabajo #18.
4. Conteste las preguntas de repaso.
5. Escriba una breve reflexión sobre el tema de la seguridad de la salvación (1-3 páginas).

Resultados esperados

Una vez completada la lección 8, el estudiante debe estar convencido de:

167

1. La perfección de los planes y propósitos de Dios.
2. La sabiduría divina al diseñar el glorioso plan de la salvación.
3. La seguridad de la salvación que Dios da al que ha creído en Cristo.
4. La fidelidad e indestructibilidad del amor de Dios hacia sus hijos.

Idea central: los sufrimientos de la vida presente forman parte del plan eterno de Dios y darán paso a una gloria indescriptible.

BOSQUEJO

Introducción:

El cristiano puede descansar seguro en las promesas de Dios. Nada ni nadie puede arrebatar de la mano de Dios a ninguno de sus hijos.

I. **Los sufrimientos de la vida presente forman parte del plan eterno de Dios (8:18-27).**
    1. Los sufrimientos de la creación forman parte del plan de Dios (8:18-22).
        1.1. El plan de Dios incluye las aflicciones presentes y la gloria futura de la creación (8:18).
        1.2. La creación también será bendecida y liberada de la maldición presente (8:19-21).
        1.3. La creación que ahora se duele disfrutará del reino del Mesías cuando desaparezcan los dolores de parto (8:22).
    2. Los sufrimientos de los redimidos forman parte del plan de Dios (8:23-25).
        2.1. Los sufrimientos del creyente terminarán el día de la resurrección (8:23).
        2.2. Los sufrimientos del creyente cesarán cuando la esperanza se convierta en realidad (8:24).
        2.3. Los sufrimientos del creyente producen paciencia en su vida personal (8:25).
    3. La intervención del Espíritu forma parte del plan de Dios (8:26-27).
        3.1. El Espíritu interviene ayudando al creyente en la oración (8:26).
        3.2. El Espíritu interviene intercediendo por los creyentes (8:27).

II. **Los sufrimientos de la vida presente darán paso a una gloria indescriptible (8:28-39).**
1. Los sufrimientos de la vida presente darán paso a la glorificación de los redimidos (8:28-30).
    1.1. Porque Dios obra todas las cosas para el bien de los que le aman (8:28).
    1.2. Porque Dios ha predeterminado que los elegidos sean hechos conforme a la imagen de Cristo (8:29).
    1.3. Porque Dios ha determinado glorificar a todos los redimidos (8:30).
2. Los sufrimientos de la vida presente no nos separan del redentor sino que nos unen más a El (8:31-36).
    2.1. Porque la presencia y la promesa de Dios son una realidad inquebrantable (8:31-32).
    2.2. Porque el creyente no sufrirá acusación ni condenación delante de Dios (8:33-34).
    2.3. Porque el creyente no sufrirá separación de la presencia de Dios (8:35-36).
3. Los sufrimientos de la vida presente culminarán con una victoria rotunda (8:37-39).
    3.1. Porque el creyente ya es más que vencedor (8:37).
    3.2. Porque el creyente puede estar seguro de que nada lo puede separar del amor de Dios (8:38-39).

Conclusión:

El pecado es la causa de los grandes males no sólo en la raza humana, sino también en el resto de la creación. Todo el universo ha sido afectado por el pecado. No obstante, el plan de Dios ha de consumarse. Viene el día cuando Dios creará nuevos cielos y una nueva tierra y disfrutaremos de esa nueva creación. Eso es posible porque Cristo pagó el rescate mediante su muerte expiatoria en la cruz del Calvario. Todos los que hemos creído en El gozamos de la bendita esperanza de estar con El por toda la eternidad.

NOTAS EXEGÉTICAS Y COMENTARIOS

8:18

"Tengo por cierto" (*logídsomai*) es presente indicativo que tiene la fuerza de una realidad constante: "lo considero como un hecho" o "lo doy por sentado".

"Las aflicciones del tiempo presente" (*tà paschéima toû nûn kairoû*) se refiere a los sufrimientos terrenales por los que los creyentes muchas veces atraviesan por causa del evangelio (véase Mt. 5:10-11; Jn. 16:33; Fil. 1:29; Col. 1:24).

"No son comparables" (*oùk áxia*), en el sentido de ser dignos o suficientemente grandes cuando se colocan junto a la "gloria venidera" que espera al creyente. Una posible traducción sería: "Los sufrimientos de este tiempo presente no son lo suficientemente grandes a la luz de la gloria que va a ser revelada en nosotros". Los sufrimientos son temporales, pero la gloria que aguarda al creyente es eterna.

8:19

"El anhelo ardiente de la creación" (*hè àpokaradokía têis ktíseos*). El vocablo traducido "el anhelo ardiente" (*àpokaradokía*) significa "velar con gran expectación con la cabeza erguida". La idea detrás de este vocablo es la de una concentración total en una cosa, pasando por alto todas las demás cosas.

"De la creación" es, probablemente, un genitivo de posesión. Este vocablo aparece en los versículos 20, 21 y 22 y es correctamente traducido "creación".

"Aguarda la manifestación de los hijos de Dios." El verbo "aguardar" (*àpekdéchetai*) es presente indicativo, voz media de *apekdéchomai*, que significa "aguardar con expectación y paciencia" (véase Ro. 8:23, 25; 1 Co. 1:7; Gá. 5:5). La frase "la manifestación de los hijos de Dios" contempla la escena escatológica de la revelación de los creyentes como el producto final de Dios. El anhelo ferviente de la creación es aguardar con ansiedad la revelación de los hijos de Dios. Obsérvese la personificación de la creación a través de este pasaje.

8:20

"Sujetada a vanidad." Se refiere a los resultados de la maldición sobre toda la creación. El vocablo "vanidad" (*mataióteiti*) sugiere la incapacidad de alcanzar la meta.

"No por su propia voluntad." No por su propia culpa.

"Sino por causa del que la sujetó en esperanza." El Dios Soberano pronunció juicio sobre su creación, pero, a pesar de ello, Dios no destruyó la creación, sino que tiene reservado un día para su emancipación.

8:21

"La creación misma" (*aùtèi hèi ktísis*). No sólo el hombre, sino también el universo material experimentará la gloriosa liberación. La forma verbal "será libertada" (*èleutherothéisetai*) es el futuro indicativo, voz pasiva de *eleutheróo*, que significa "poner en libertad". El modo indicativo destaca la realidad del suceso. La muerte de Cristo ha provisto la restauración final de la creación y la cancelación total de todos los efectos de la caída (véase Ef. 1:10 y Col. 1:20).

8:22

"**Sabemos**" (*oídamen*) se refiere a un conocimiento intuitivo, no al de la experiencia.

"**Toda la creación gime a una**" (*pâsa hèi ktísis synstenádsei*). La creación es personificada y descrita como una mujer que puja en el acto de dar a luz.

"**Y a una está con dolores de parto hasta ahora.**" El verbo utilizado aquí, *synodínei*, es el presente indicativo, voz activa de *synodíno*, que significa "sufrir dolores de parto juntamente con alguien". La expresión "hasta ahora" (*toû nûn*) significa "el presente". El escritor presenta la creación "cogimiendo" y "cosufriendo dolores de parto" en espera del alumbramiento feliz de la nueva etapa de la historia, es decir, la manifestación gloriosa del reino del Mesías.

8:23

"**Y no sólo ella, sino que también.**" Esta frase es una fórmula común para decir: "Eso es verdad, pero también esto". Obsérvese que la repetición del pronombre personal "nosotros" es enfática (*aùtoì, hèimeîs, èautoîs*).

"**Que tenemos las primicias del Espíritu.**" "Tenemos" (*échontes*) expresa acción continua, sin interrupción. El vocablo "primicias" (*àparchèin*) significa las primeras gavillas de la cosecha. Se usa aquí metafóricamente para referirse a la garantía del cumplimiento de la promesa hecha por Dios. El genitivo "del Espíritu" está en aposición. Es decir, la garantía o primicias *es* el Espíritu mismo. El Espíritu Santo es "la paga y señal" que garantiza el cumplimiento final y culminante de la liberación que Cristo ha dado al creyente.

"**Nosotros también gemimos dentro de nosotros mismos.**" El gemido de la creación también lo es del creyente. Es un gemido interior que acompaña una espera.

"**Esperando la adopción**" (*huìothesìan àpekdechómenoi*). El participio presente significa "mientras esperamos". El vocablo "adopción" implica la existencia de una nueva relación familiar que comporta nuevos derechos, privilegios y responsabilidades.

Obsérvese la lección: "la creación aguarda" (v. 19) y mientras lo hace, "gime" (v. 22). Nosotros también aguardamos (v. 23) y gemimos. Ese es el resultado del pecado y el anhelo de ser liberados del pecado."

8:24

"**En esperanza fuimos salvos.**" Mejor aún sería "porque en *esta* esperanza fuimos salvos" o "porque esta (es) la esperanza a la que fuimos salvos". El artículo determinado *têi* ("la") parece tener una función enfática. Señala el versículo anterior y destaca la esperanza específica de la que se está hablando.

"**Porque lo que alguno ve, ¿a qué esperarlo?**" La idea de la frase es: "¿Quién espera aquello que ya ve?" La esperanza del creyente es segura, aunque no la vea todavía. Es segura porque descansa sobre la promesa de Dios.

8:25

"**Con paciencia lo aguardamos**" (*di' hypomonês àpekdechómetha*). Mejor sería, "por medio de la paciencia lo aguardamos" o tal vez, si se toma como una frase adverbial, se podría traducir "pacientemente lo aguardamos".

8:26

"**El Espíritu nos ayuda en nuestra debilidad.**" Literalmente "el Espíritu (nos) da una mano de ayuda en nuestra debilidad" (véase Lc. 10:40).

"**Qué hemos de pedir como conviene, no lo sabemos.**" Una de nuestras debilidades espirituales es que no sabemos pedir en oración las cosas que convienen. Es por ello que el Espíritu Santo interviene en nuestro beneficio.

"**El Espíritu mismo intercede por nosotros.**" La forma verbal "intercede" (*hyperentygchánei*) es el presente indicativo, voz activa y significa "rescatar a alguien que está en dificultad". El escritor presenta aquí al Espíritu Santo intercediendo por nosotros (vv. 26-27). El Señor Jesucristo está a la diestra del Padre intercediendo por nosotros también. El Espíritu Santo es el *paracleto* o abogado que media por nosotros aquí en la tierra (Jn. 16:7) y Jesucristo es el *paracleto* o abogado que media por nosotros en la presencia del Padre (1 Jn. 2:1).

"**Con gemidos indecibles**" (*stenagmoîs àlaléitois*). Los gemidos del Espíritu sobrepasan el poder de las palabras, es decir, no hay expresiones humanas adecuadas para explicarlos.

8:27

"**El que escudriña los corazones**" (*hò dè èraunôn tàs kardías*). El participio presente del verbo *ereunáo* ("el que escudriña") sugiere una acción continua sin interrupción. La referencia es al Espíritu Santo, cuyo ministerio incluye examinar el corazón.

"**La intención del Espíritu**", es decir "cuál es el pensamiento del Espíritu" (véase la misma construcción en los vv. 6-7). Al parecer, lo que Pablo quiere decir podría expresarse así: "El Espíritu nos extiende la mano de ayuda en nuestras debilidades. El intercede por nosotros con gemidos indecibles y Aquel que escudriña los corazones sabe lo que significa para el hombre tener su mente en armonía con el Espíritu, porque El ora por los santos tal como Dios quiere que lo haga".

8:28

"**Y sabemos que a los que aman a Dios.**" La conjunción "y" (*dè*) enlaza estrechamente este párrafo con el anterior, añadiendo ánimo al creyente que sufre las condiciones de la vida presente. La forma verbal "sabemos" (*oídamen*) expresa la convicción de una verdad y la certeza de algo que es real, aunque no siempre se comprenda en su plenitud.

"**A los que aman a Dios**" se refiere a los creyentes. El participio presente va acompañado del artículo determinado (*toîs àgaplosin*) lo cual expresa la característica de las personas aludidas. "A quienes se caracterizan por amar al único Dios vivo y verdadero".

"**Todas las cosas les ayudan a bien.**" Esta frase tiene un alcance incalculable. "Todas las cosas" (*pánta*) es plural y neutro y significa "todo" o "todas las cosas" e incluye tanto las cosas agradables como las desagradables. "Las cosas" en sí podrían no ser agradables, pero Dios obra en ellas y a través de ellas para el bien del creyente. La forma verbal "ayudan" (*synergeî*) es la tercera persona singular, presente indicativo. Aunque los traductores de la versión Reina-Valera 1960 lo traducen como plural, dicho verbo es singular, debido a que en el idioma griego un verbo singular puede llevar un sujeto neutro plural, lo que de hecho ocurre aquí. El tiempo presente sugiere una acción continua. El verbo en sí significa "obra junto con", "obra conjuntamente". Es decir, que "todo obra conjuntamente para el bien de quienes aman a Dios." Ya que es la mano providencial de Dios quien dirige todas las cosas, la idea del fatalismo queda absolutamente descartada de la afirmación hecha por el apóstol.

"**A los que conforme a su propósito son llamados**" (*toîs katà próthesin kleitoîs oûsin*). Esta frase expresa el propósito establecido por Dios en la eternidad. El sustantivo "propósito" (*próthesin*) significa "colocar delante". Es Dios quien soberanamente obra su propósito en la historia y a través de ella para llevar su plan a una consumación gloriosa. La expresión "llamados" (*kleitoîs*) es un adjetivo verbal, cuya función es pasiva. Es Dios el agente que realiza el llamamiento y el evangelio es el instrumento utilizado para llamar. El propósito de Dios es su plan eterno y "llamados" significa más que simplemente invitados a la salvación. Dicho vocablo implica la idea de ser convocados para recibir el regalo de la vida eterna.

8:29

"**Porque**" (*hóti*). El versículo 29 explica cómo y por qué es verdad que Dios hace que todas las cosas sirvan a su propósito de conformarnos a la imagen de Cristo.

"**A los que**" (*hoùs*). Mejor sería "a quienes". Este pronombre es el complemento directo de la forma verbal "antes conoció" (*proégno*). Este verbo es el aoristo indicativo, voz activa de *proginósko*, que significa "conocer de antemano". Obsérvese que el conocimiento previo aludido aquí se extiende a la persona misma, no a la acción o acciones de dicha persona. Dios "antes conoció" al creyente. Este conocimiento previo de Dios no es algo teórico, como el de alguien que está informado de algo, sino que se refiere a una relación significativa y especial basada en una elección efectuada en la eternidad pasada. Es importante no perder de vista el hecho de que el propósito de Dios tiene que ver directamente con *individuos* tal como lo constata el uso del pronombre personal (*hoùs*) en el versículo 29 y del pronombre demostrativo (*toútous*) en el versículo 30.

"**También los predestinó.**" (*kaì proórisen*). El verbo usado aquí es el aoristo indicativo de *proorídzo*, que significa "señalar los límites de antemano", "colocar previamente un círculo alrededor", "fijar el destino anticipadamente". Obsérvese que los dos verbos usados en este versículo "conocer de antemano" y "predestinar", sugieren que el plan de Dios para con los creyente comenzó en la eternidad pasada y se proyecta a la eternidad futura. De modo que este texto enseña dos cosas de vital importancia:

1. En la eternidad pasada, Dios conoció de manera íntima y con un propósito definido a personas para que formasen parte de su propósito eterno. Puede decirse que cuando Dios es el sujeto del verbo *proginósko* ("conocer de antemano"), su significado es equivalente a *preordenar* o *elegir* y no simplemente observar o conocer.

2. En la eternidad pasada, Dios "señaló los límites" o "puso un cerco" alrededor de las personas en quienes quiso establecer o determinar la meta y destino para el que fueron elegidos. Hay que añadir que la acción divina abarca todos los detalles requeridos para la consecución de la meta establecida por Dios.

"**Para que fuesen hechos conforme a la imagen de su Hijo.**" El vocablo *symmórfous* ("para que fuesen hechos conforme") sólo se usa aquí y en Filipenses 3:21. En ambos casos se vislumbra la consumación de la meta que Dios se ha propuesto con el creyente. Dios ha predeterminado que el creyente sea hecho una réplica exacta de Jesucristo cuando la obra de Dios llegue a su consumación. **"Para que Él sea el primogénito entre muchos hermanos."** La expresión "para que Él sea" (*eìs tò eînai aùtòn*) probablemente expresa resultado. El objeto final de Dios al proponerse que el creyente sea hecho "conforme a la imagen de su Hijo" es "para que Él sea el primogénito entre muchos hermanos". El vocablo "primogénito" (*protótokos*) se usa varias vaces en el Nuevo Testamento con referencia a Cristo (véase Col. 1:15, 18; He. 1:6; Ap. 1:5). El significado primordial de dicho vocablo es el de *prioridad* en cuanto a tiempo y en cuanto a rango. Si la referencia es a la resurreción de Cristo, eso significa que Él encabeza la resurrección y es el único que tiene autoridad para resucitar a los muertos. El hecho de que Cristo sea "el primogénito entre muchos hermanos" expresa tanto su supremacía como su identidad con los redimidos. El es el soberano de aquellos que son hechos conforme a su imagen. Pero, al mismo tiempo, ellos son los "muchos hermanos" que estarán unidos con El por toda la eternidad.

8:30

"Predestinó" (*proórisen*). Acto divino efectuado en la eternidad pasada por el cual Dios ha fijado de antemano el destino eterno de los redimidos.

"Llamó" (*èkálesen*) o "convocó". Acto soberano efectuado en el tiempo por el que Dios ha convocado para salvación a quienes Él se ha propuesto salvar.

"Justificó" (*èdikaíosen*) o "declaró justo". Mediante la fe en Cristo, Dios pronuncia un veredicto favorable sobre el pecador culpable.

"Glorificó" (*èdóxasen*). Aunque el verbo es un aoristo, el acto divino de glorificar al creyente es un hecho aún futuro. El uso del aoristo enfatiza la certeza del acontecimiento. Lo que Dios se ha propuesto hacer es tan seguro que ya se da por realizado, aunque el suceso en sí sea aún futuro.

8:31

"¿Qué, pues, diremos a esto?" Es decir, "como respuesta a lo dicho, ¿qué conclusión podemos sacar?"

"Si Dios es por nosotros, ¿quién contra nosotros?" Esta frase tiene una fuerza positiva: "puesto que Dios es por nosotros, ningún adversario es lo suficientemente poderoso para derrotarnos".

8:32

"El que no escatimó ni a su propio Hijo." Esta frase es enfática:
"Aquel que no perdonó ni a su propio Hijo". Puesto que Dios ha hecho lo
más grande en beneficio nuestro, es decir, la entrega de su Hijo como
sacrificio por nuestros pecados, de la misma manera hará también lo
menor, o sea, darnos como regalo de su gracia todas las demás cosas.

"Sino que lo entregó por todos nosotros." Esta frase indica un contraste enfático. "Sino" (*àllà*) es una conjunción adversativa fuerte. La
forma verbal "entregó" (*parédoken*) es el aoristo indicativo de *paradídomi*, que significa "entregar", "abandonar". Dios el Padre descargó sobre el
Hijo el peso de la condenación merecida por el pecador (véase 2 Co. 5:21;
Gá. 3:13).

8:33

"¿Quién acusará a los escogidos de Dios?" o "¿quién hará algún
cargo legal contra personas tales como los escogidos de Dios?"
La respuesta a esa pregunta queda contestada de manera tajante y
definitiva de esta manera: "Dios es el que justifica", es decir, quien es el
único que podría acusar por ser el Juez Eterno, es el mismo que ha
declarado justos a sus elegidos. Por lo tanto, la respuesta a la pregunta es
que no hay nadie capaz de hacer prevalecer cargos legales contra quienes
Dios ha elegido.

8:34

"¿Quién es el que condenará?" o mejor sería "¿quién es el que
condena?" (el participio presente expresa acción continua, *hò katakrinôn*,
"el que condena").
La respuesta a esa pregunta también es categórica. Pablo dice algo así:
"El único que podía hacerlo es Cristo Jesús, el que murió, pero mucho
más que eso, el que resucitó y quien está a la diestra de Dios, y quien
intercede por nosotros". En este versículo, el apóstol presenta la obra de
Cristo, es decir, su muerte y resurrección, dándole importancia vital a la
resurrección, puesto que ésta hace posible el ministerio sumosacerdotal
del Señor, quien constantemente intercede por nosotros delante del Padre.

8:35

"¿Quién nos separará del amor de Cristo?" El pronombre interroga-
tivo "quién" (*tís*) sería mejor traducido "qué". Este pronombre en el idioma del Nuevo Testamento es o masculino o femenino y se relaciona con
los vocablos **"tribulación"** (*thlîpsis*), **"angustia"** (*stenochoría*), **"persecu-**

ción" (*diogmòs*), "**hambre**" (*limòs*), "**desnudez**" (*gymnóteis*), "**peligro**" (*kíndynos*) y "**espada**" (*máchaira*). Todos esos términos son masculinos o femeninos en el texto del Nuevo Testamento y no neutros.

Si se compara esta lista con la que aparece en 2 Corintios 11:23-28, puede deducirse que Pablo habla de su propia experiencia cuando dice que ninguna de esas cosas podrían separarle del amor de Cristo. Obsérvese que "tribulación" (*thlípsis*) no se refiere a las dificultades comunes de la vida diaria, sino más bien a los sufrimientos que resultan del testimonio cristiano. Las tribulaciones de Pablo tenían que ver directamente con el hecho de su identificación pública con Cristo. "Angustia" (*stenochoría*) o "tortura y encarcelamiento". Los dos vocablos, *tribulación* y *angustia*, pertenecen a la misma categoría. Recuérdese las palabras de Romanos 8:18, donde el apóstol afirma que "las aflicciones del tiempo presente son indignas de compararse con la gloria venidera que ha de manifestarse en los creyentes".

8:36

"**Como está escrito**" (*kathòs gégraptai*). Esta fórmula es utilizada por los escritores del Nuevo Testamento para destacar la autoridad permanente de las Sagradas Escrituras. La forma verbal "está escrito" (*gégraptai*) es el perfecto indicativo, voz pasiva de *gráfo*. El tiempo perfecto destaca una acción completada con resultados permanentes. Es decir, "como está escrito y permanece inalterablemente así".

"**Somos muertos**" (*thanatoúmetha*). Es el presente indicativo, voz pasiva de *thanatóo*, que significa "matar" o "hacer morir". Este vocablo implica violencia en la acción y podría traducirse "estamos siendo llevados a la muerte". Tal vez un presente durativo, utilizado para describir algo que estaba en proceso. La expresión "**por causa de ti**" (*héneken soû*) es enfática, puesto que aparece al principio de la oración. "**Todo el tiempo**" (*hólen tèn hèiméran*), literalmente "todo el día", no "cada día" sino más bien "a lo largo de todo el día, uno tras otro".

"**Somos contados**" (*èlogístheimen*) es el aoristo indicativo, voz pasiva de *logídso*. Tal vez una mejor traducción sería "éramos considerados ser". La idea es: "primero nos consideraban ser como ovejas para el matadero y ahora nos están llevando a la muerte". Obsérvese que Pablo cita aquí el Salmo 44:22. Esto sugiere que dar testimonio de Dios ha constituido siempre un peligro para el que lo hace, por ejemplo Abel, Noé, Lot, etc.

"**Ovejas para el matadero.**" En el texto griego no hay artículo determinado. De modo que no se refiere a una clase particular de sacrificio, sino más bien algo general. El símil usado debe traducirse así: "como oveja para matedero".

8:37

"**Antes**" (*àll'*) expresa un contraste enfático.

"**En todas estas cosas**" (*èn toútois*). Esta frase está en el caso locativo o dativo de esfera. El creyente no vence "estas cosas" en el sentido de escapar de ellas, sino que es "**más que vencedor**" *en medio de todas estas cosas*. Dios no quita los obstáculos, sino que su gracia ayuda a superarlos (véase 1 Co. 10:13). El creyente obtiene una gloriosa victoria en medio de todas las cosas que guerrean contra él.

8:38

"**Por lo cual**" (*gàr*). Mejor sería "porque". Esta es una conclusión lógica de todo lo dicho anteriormente.

"**Estoy seguro**" (*pépeismai*) es el perfecto indicativo pasiva de *péitho*, que significa "persuadir". De modo que Pablo dice: "porque estoy persuadido o convencido". Esta es una expresión de absoluta certeza e incuestionable confianza de la imposibilidad de ser separado del amor de Cristo.

Las expresiones "**muerte**" y "**vida**" contemplan la experiencia humana. Los vocablos "**ángeles**", "**principados**", "**potestades**" se refieren a poderes satánicos (véase Ef. 1:21; 6:12; Col. 1:16; 2:10, 15).

8:39

"**Ni lo alto, ni lo profundo.**" Ninguna dimensión de tiempo ni de espacio.

"**Ninguna otra cosa creada**" (*tis ktísis hètéra*), es decir, ninguna criatura sin excepción alguna podrá separar al creyente del amor de Dios que es en Cristo Jesús.

RESUMEN Y CONCLUSIÓN

Romanos 8 comienza con la declaración de que no hay condenación o juicio para los que están en Cristo Jesús, es decir, para quienes han puesto su fe en Cristo y han sido identificados con El mediante el bautismo del Espíritu Santo. La encarnación del Hijo y su consecuente muerte expiatoria han hecho posible que todos los que confían en El sean incluidos en la familia de Dios y tengan las primicias del Espíritu Santo. Los tales, como hijos de Dios, son guiados por el Espíritu Santo.

La obra de Cristo ha hecho posible que quienes confían en El tengan la esperanza gloriosa y segura de una absoluta liberación del pecado y sus consecuencias. También la creación material será beneficiada por la obra de Cristo, puesto que a ella le aguarda la liberación de la esclavitud a la que está sometida a causa del pecado.

En los versículos 28-30, Pablo explica el significado de la elección divina. En dicho pasaje declara que la elección tiene lugar en la eternidad pasada, que es según el propósito o decreto eterno de Dios, que tiene que ver con personas y no con acciones personales, que se proyecta a la eternidad futura, pero que dentro de la esfera del tiempo Dios llama y declara justos a quienes han de formar parte de su familia. Todo eso es motivo de gratitud a Dios porque es un acto de su gracia a través de Cristo. Una vez que el creyente ha sido unido a Cristo no hay nada que pueda separarlo de El.

En los versículos 31-39, el apóstol expone algunos de los resultados de la elección. Dios, quien ha declarado justos a sus elegidos no condenará a quienes ha hecho objeto de su amor (8:32-33). Tampoco habrá condenación para aquellos por quienes Cristo murió (8:34). Finalmente, Pablo declara que no hay cosa alguna que pueda separar al creyente del amor de Cristo (8:35-39).

La seguridad de la salvación está garantizada por el hecho de que nada ni nadie puede separar al creyente del amor de Dios que es en Cristo Jesús. No hay amor de Dios en el infierno. Por lo tanto, ningún creyente puede perder su salvación e ir a la condenación eterna porque allí estaría separado del amor de Dios. Romanos 8 comienza con la enfática declaración de que *no hay condenación para los que están en Cristo Jesús* y termina con otra proclamación no menos enfática: *nada ni nadie puede separar al creyente del amor de Dios.*

HOJA DE TRABAJO #18 (8:18-39)

1. "... la manifestación de los hijos de Dios" (8:19). _____

Pg. 170

2. "... la creación misma será libertada de la esclavitud de la corrupción..." (8:21). _____

Pg. 171

3. "... a la libertad gloriosa de los hijos de Dios" (8:21). _____

Pg. 170

4. "... esperando la adopción, la redención de nuestro cuerpo" (8:23). __

Pg. 171

5. "Porque en esperanza fuimos salvos..." (8:24). _____

Pg. 172

6. "... pero el Espíritu mismo intercede por nosotros con gemidos indecibles" (8:26). _____

Pg. 172

7. "Porque a los que antes conoció..." (8:29). _____

Pg. 174

8. "Y a los que predestinó, a éstos también llamó..." (8:30). _____

Pg. 175

9. "... ¿cómo no nos dará también con El todas las cosas?" (8:32). _____

Pg. 176

10. "¿Quién acusará a los escogidos de Dios? Dios es el que justifica" (8:33). _____

Pg. 176

11. "... ni ninguna otra cosa creada..." (8:39). _____

Pg. 178

PREGUNTAS DE REPASO

1. ¿Qué aguarda la creación con anhelo ferviente? _____

2. ¿Cuándo será librada la tierra de maldición? _____

3. ¿Qué esperamos los creyentes? _____

4. Explique la frase "las primicias del Espíritu" en Romanos 8:23. _____

_____

_____

_____

5. ¿Qué significa la adopción en 8:23? _____

_____

_____

_____

6. ¿Qué es la redención del cuerpo en 8:23? _____

_____

_____

_____

7. Mencione una manera como el Espíritu nos ayuda. _____

_____

_____

_____

8. ¿Quiénes "gimen" en Romanos 8? _____

_____

_____

_____

9. ¿Quiénes interceden por nosotros en Romanos 8? (Cite el pasaje). ___

_____

_____

_____

10. ¿Quién escudriña nuestro corazón? _____

_____

_____

_____

11. ¿Qué característica especial tiene la intercesión del Espíritu? _____

_____

_____

_____

12. Explique la frase "todas las cosas ayudan a bien" en Romanos 8:28. _____ ___
_____
_____
_____
_____

13. Cite tres frases en el capítulo 8 que describen al cristiano. _____
_____
_____
_____
_____

14. ¿Qué significa la palabra "propósito" en Romanos 8? _____
_____
_____
_____

15. ¿Cuáles son los "cinco eslabones" que Dios ha unido para consumar la salvación del creyente? _____ ___
_____
_____
_____

16 ¿Qué es la predestinación según Romanos 8:29? _____
_____
_____
_____

17. ¿Qué significado especial tiene el tiempo verbal en Romanos 8:29-30?
_____
_____
_____
_____

18. Demuestra, partiendo de Romanos 8, que la Trinidad está de nuestra parte. _____
_____
_____
_____

19. ¿Quiénes son "los escogidos de Dios"? _____

_____

_____

_____

20. ¿Qué enseña Romanos 8:34 tocante a la obra de Cristo? _____

_____

_____

_____

21. ¿Es posible que un creyente sea separado del amor de Cristo?_____

_____

_____

_____

22. ¿Qué tienen en común los capítulos 5, 6, 7 y 8 de Romanos? _____

_____

_____

_____

_____

9

Dios es soberano en todos sus actos (9:1-33)

Propósito: que el estudiante llegue a reconocer la soberanía de Dios y retarle a que se someta al Soberano.

Objetivos de la lección

1. Que el estudiante sea capaz de comprender que las promesas de Dios son inmutables.
2. Que el estudiante sea capaz de comprender que Dios obra soberanamente en la consecución de su propósito eterno.
3. Que el estudiante se sienta motivado a expresar su gratitud a Dios por su gracia hacia el pecador.

Tarea a realizar

1. Lea Romanos 9:1-33 en tres versiones distintas.
2. Lea el comentario de Newell (pp. 286 a 313).
3. Complete las hojas de trabajo #19 y #20.
4. Conteste las preguntas de repaso.
5. Escriba una breve reflexión tocante a las manifestaciones de la soberanía de Dios en Romanos 9.

Resultados esperados

Una vez terminada la lección 9, el estudiante debe haber aprendido las siguientes verdades:

1. La soberanía de Dios incluye todas las cosas.
2. Las acciones de los hombres no obstaculizan los propósitos de Dios.
3. Dios es justo en todos sus actos.
4. Dios sólo acepta al que viene a El por la fe.

Idea central: debemos reconocer que los propósitos de Dios son inmutables y estar dispuestos a someternos a su soberanía.

BOSQUEJO

Introducción:

Los versículos finales de Romanos 8 han dejado bien claro que nada ni nadie puede impedir que Dios cumpla sus propósitos en aquellos que son objeto de su amor. La pregunta que surge es: ¿Es eso cierto respecto de Israel? ¿Qué ha pasado con las promesas que Dios hizo a los patriarcas? Un estudio de los próximos tres capítulos de Romanos nos proporcionarán una respuesta clara a estas preguntas.

I. Debemos reconocer que los propósitos de Dios son inmutables (9:1-18).

1. Los propósitos de Dios son inmutables respecto a la salvación (9:1-3).
2. Los propósitos de Dios son inmutables respecto del pueblo que ha escogido (9:4-5).
3. Los propósitos de Dios son inmutables porque descansan en su Palabra (9:6-13).
4. Los propósitos de Dios son inmutables a pesar de la rebeldía del hombre (9:14-18).

II. Debemos estar dispuestos a someternos a la soberanía de Dios (9:19-33).

1. Porque Dios es el autor de un plan perfecto (9:19-21).
2. Porque Dios es paciente y misericordioso en sus actos (9:22-26).
3. Porque en un acto de su gracia El salva a judíos y gentiles por la fe (9:27-33).

Conclusión:

La soberanía de Dios es el *gran tema* de toda la Biblia. Dios controla todas las cosas. Dios es soberano también en la salvación. Puesto que el hombre no puede salvarse a sí mismo, es necesario que Dios intervenga mediante su gracia salvadora. Es maravilloso saber que los propósitos de Dios son inmutables y que, a pesar del fracaso humano, Dios ha de llevar su plan eterno a la más gloriosa consumación. Entender esa realidad debe ser motivo de profunda gratitud.

Pero no solo la soberanía de Dios se destaca en esta lección, sino también la fidelidad de Dios. Dios es fiel en el cumplimiento de todas sus promesas. En cuanto al creyente en Cristo, Dios promete que para él no hay condenación y que nada lo podrá separar del amor de Cristo. En lo que respecta al judío, Dios no ha anulado los privilegios que le ha otorgado. El propósito electivo de Dios tocante a la simiente de Abraham permanece porque Dios no solo es soberano sino que también es fiel en todas sus promesas.

NOTAS EXEGÉTICAS Y COMENTARIOS

9:1

"Verdad digo en Cristo, no miento." Esta frase constituye una solemne declaración de la veracidad de lo que el apóstol ha de decir.

"Y mi conciencia me da testimonio en el Espíritu Santo." Al testimonio externo de Pablo, se añade el testimonio interno que le da su conciencia por medio del Espíritu Santo.

9:2

"Gran tristeza" y **"continuo dolor"**. Estas dos expresiones expresan la profunda angustia mental del apóstol a causa de la condición de sus parientes según la carne, la nación de Israel.

9:3

"Porque deseara yo mismo ser anatema" (*eiùchómein gàr ànáthema eînai aùtòs ègò*). La forma verbal "deseara" (*eiùchómein*) es el imperfecto constativo de *éuchomai*, que significa "desear", "pedir". Su traducción podría ser: "yo casi que podría desear" o "estaba al borde de desear". El apóstol, si fuera posible, hubiese deseado ser declarado maldito si con ello pudiese beneficiar a sus compatriotas. Esta expresión evidencia dos cosas: (1) el profundo amor de Pablo hacia sus compatriotas judíos; y (2) la imposibilidad de la pérdida de la salvación.

9:4

El apóstol enumera las ventajas que pertenecen al judío:

1. **"Son israelitas."** Una referencia a la nación de Israel en su sentido

literal. Dios no ha cancelado sus promesas a la simiente de Abraham a través de Isaac y Jacob. Israel es una ilustración perfecta de cómo Dios ejecuta sus propósitos electivos.

2. "**La adopción**" (*huìothesía*). Véase Ex. 4:22-23; Dt. 14:1; Jer. 31:9.

3. "**La gloria**" (*dóxa*). Véase Dt. 5.24; Ex. 24:16-17; 40:34-35; 1 R. 8:10-11.

4. "**El pacto**" (*haì diakêikai*). En el texto griego este vocablo es plural, "los pactos". La referencia es, sin duda, a los pactos hechos por Dios con Abraham (Gn. 12:1-3; 13:14-17; 15:4-5); con David (2 S. 7:4-17); y el nuevo pacto (Jer. 31:27-40).

5. "**La promulgación de la ley**" (*hèi nomothesía*). Se refiere al suceso del Monte Sinaí y que se registra en Éxodo 20:1—23:33. Dios no ha hecho pacto con ninguna otra nación de la tierra como lo hizo con Israel a través de Moisés.

6. "**El culto**" (*latreía*), es decir, el servicio sagrado. Es una referencia a todo el sistema levítico.

7. "**Las promesas**" (*haì èpangelíai*). Naturalmente, debe referirse a las promesas hechas por Dios a los patriarcas y, en especial, a la promesa del Mesías.

9:5

8. "**Los patriarcas**" (*hoì patéres*). La referencia constante a Abraham, Isaac y Jacob (Ex. 3:15) es fundamental en la revelación bíblica. De esos patriarcas (*èx hôun*), Dios envió al Mesías.

9. "**El Cristo**" (*hò Christòs*), es decir, el Mesías según la carne fue enviado de la simiente de David.

Pablo añade: "**Quien [Cristo] es, sobre todas las cosas, Dios bendito por los siglos de los siglos. Amén.**"

Todos esos privilegios ilustran el tema de la elección. Obsérvese que Israel no ha perdido ninguna de las prerrogativas que le fueron otorgadas por el soberano acto de la gracia de Dios. Nótese que no hay formas verbales usadas con relación a los privilegios de Israel, sino que el autor usa una frase nominal en la que el verbo es suplido. Tanto las versiones católicas como las protestantes suplen un verbo en el tiempo presente.

9:6

"**No que la palabra de Dios haya fallado**" (*oùch hoîon dè hóti èkpéptoken hò lógos toû theoû*), es decir, "pero no [es] el caso que la palabra de

Dios haya caído de su sitio". Esta frase es una locución algo difícil de verter al castellano.

"Porque no todos los que descienden de Israel son israelitas." Literalmente, "porque no todos los (que son) de Israel ellos (son) Israel". Obsérvese que el texto dice que "no todos" (*où... pántes*) los que constituyen la entidad llamada Israel, ellos (son) Israel. Eso significa que hay un número que pertenece a esa entidad de Israel que *sí* es Israel. De modo que la palabra de Dios no ha fallado, porque las promesas de Dios tienen su cumplimiento seguro en un segmento de Israel.

9:7

"Ni por ser descendientes de Abraham, son todos hijos" (*oùd' hóti eìsìn spérma Abraam, pántes tékna*), es decir, "ni porque son simiente de Abraham, todos (son) hijos". Tal como en el versículo 6 "no todos los que son de Israel" (descendientes físicos de Abraham) son Israel (aquellos israelitas que verdaderamente han confiado en el Señor), así también en el versículo 7 "no todos los hijos [descendientes físicos] son simiente [descendencia espiritual] de Abraham".

"Sino: en Isaac te será llamada descendencia." El vocablo "descendencia" es *spérma*, que literalmente significa "simiente". El apóstol cita Génesis 21:12, donde Dios promete a Abraham que "en Isaac le será llamada descendencia". Recuérdese que ya Ismael había nacido como resultado de la relación entre Abraham y Agar.

9:8

"Esto es: no los que son hijos según la carne son los hijos de Dios." Los "hijos según la carne" o "los hijos de la carne" (como aparece en el texto griego) se refiere a la descendencia física de Abraham.

"Sino los que son hijos según la promesa son contados como descendientes" o "sino los hijos de la promesa son considerados como simiente". Los hijos de la promesa son la simiente espiritual de Abraham.

9:9

"Porque la palabra de la promesa es esta." Esta frase introduce la cita de Génesis 19:10, 14, donde Dios promete a Abraham que Sara concebiría y daría a luz un hijo. Esa promesa se cumplió con el nacimiento de Isaac. Abraham tuvo un total de ocho hijos varones, pero sólo uno de ellos, Isaac, fue el hijo de la promesa.

9:10

"Rebeca concibió de uno." El texto griego es específico, diciendo que

"Rebeca tuvo relación sexual con uno". Ese *uno* es identificado como "Isaac nuestro padre". Es decir, en cumplimiento explícito del plan de Dios de dar a Abraham simiente a través de Isaac.

9:11

"Pues no habían aún nacido, ni habían hecho aún ni bien ni mal" o "porque cuando aún no habían nacido, ni habían hecho bien ni mal". El aspecto temporal es importante en el argumento presentado por el apóstol. Pablo ha expresado en 9:7 que la elección no se basa en la generación natural y aquí en 9:11 afirma que no guarda relación con méritos o defectos personales.

"Para que el propósito de Dios conforme a la elección permaneciese." "Para" (*hína*) indica propósito. Es decir, la elección de Jacob sobre Esaú fue un acto soberano de Dios y no un resultado de las virtudes o los defectos del uno o del otro. Tal acto pone de relieve el cumplimiento del plan soberano de Dios.

"No por obras sino por el que llama" (*oùk èx érgon àll' èk toû kaloûntos*). Esta frase presenta un contraste enfático. La expresión "no por obras" (*oùk èx érgon*) es un genitivo de fuente al igual que "por el que llama" (*èk toû kaloûntos*). La elección divina no procede de obras humanas sino del acto soberano de Dios quien convoca según su voluntad.

9:12

"Se le dijo: El mayor servirá al menor." La forma verbal "dijo" (*èrréthei*) es el aoristo indicativo, voz pasiva de *légo*, que significa "decir". El aoristo contempla una acción puntual o concreta, el indicativo habla de la realidad de dicha acción y la voz pasiva significa que el sujeto recibe la acción. Pablo cita el pasaje de Génesis 25:23*d*, donde Dios habla a Rebeca: "...y el mayor servirá al menor". De nuevo se pone de manifiesto el hecho de que la elección es un acto soberano de Dios que no guarda relación con el orden del nacimiento.

9:13

"Como está escrito: A Jacob amé, más a Esaú aborrecí." La expresión "como está escrito" señala el hecho de que Pablo reconoce la autoridad permanente del Antiguo Testamento. El amor de Dios para Jacob y su "odio" hacia Esaú es una cuestión de grado. De hecho, Dios amó a Esaú y lo bendijo en gran manera (véase Gn. 36). Lo que el pasaje resalta es el hecho de la elección de Jacob para que fuese el canal divino para cumplir la promesa hecha a Abraham tocante a la simiente. Esaú, aunque era mayor en edad que Jacob (nació primero), no fue escogido por Dios. Es en ese hecho que la Biblia afirma que Dios amó a Jacob y odió a Esaú.

9:14

"¿Qué, pues, diremos?" (véase 3:5; 4:1; 6:1; 8:31) es una fórmula usada por Pablo para anticipar la pregunta de un posible interlocutor.

"¿Que hay injusticia en Dios?" El texto griego espera una respuesta negativa a esta pregunta. Podría expresarse de esta manera: "No hay injusticia en Dios, ¿verdad que no?". La respuesta es: "En ninguna manera" o "¡en lo absoluto!" ¡Obsérvese que cuando el hombre es confrontado con el tema de la elección soberana de Dios, su reacción inmediata es atribuir injusticia a Dios!

9:15

"Tendré misericordia del que yo tenga misericordia." La pregunta de por qué Dios escogió a Isaac y no a Ismael y porqué a Jacob y no a Esaú no responde al acto de un Dios caprichoso sino, más bien, a una espléndida exhibición de su misericordia y de su compasión. La cuestión no es por qué rechazó Dios a Ismael y a Esaú, sino por qué escogió a Isaac y a Jacob. La respuesta evidente es que la elección guarda una relación directa con la *misericordia* y la piedad de Dios.

9:16

"Así que no depende del que quiere, ni del que corre." La expresión "así que" (*ára oûn*) apunta hacia la cita de Éxodo 33:19. El sujeto de la frase debe suplirse, cosa algo difícil. Podría ser la *elección* o la *misericordia de Dios*. De modo que una posible lectura sería: "A la luz de lo dicho (Ex. 33:19), la elección no depende del que quiere, ni del que corre, sino de Dios que tiene misericordia". De este versículo podría deducirse que la elección no depende de actitudes ni de acciones humanas, sino del propósito santo, sabio y eterno del Dios de toda misericordia que actúa soberanamente, pero no arbitrariamente.

9:17

"Porque la Escritura dice a Faraón." Las palabras que Faraón escuchó fueron pronunciadas por Moisés (Ex. 9:16), pero Pablo las atribuye a la *Escritura*, dando autoridad permanente al Canon Sagrado.

"Para esto mismo te he levantado", es decir, "esta es la razón específica para la que te he levantado". El Dios Soberano hizo aparecer a Faraón en un momento histórico definido con un doble propósito:

(1) **"Para"** (*hópos*) **"mostrar en ti mi poder"** y, (2) **"para"** (*hópos*) **"que mi nombre sea anunciado en toda la tierra."**

El primer propósito se cumple en el acto del éxodo, es decir, la liberación de Israel de la esclavitud en Egipto y la derrota aplastante sobre los egipcios (Ex. 7—15); mientras que el segundo propósito se cumple posteriormente cuando las naciones reciben la noticia de la victoria de los israelitas (véase Ex. 15:14-16; Jos. 2:10-11; 9:9; y 1 S. 4:8).

9:18

"De manera que de quien quiere tiene misericordia." La expresión "de manera que" (*ára oûn*) señala a los versículos 15 y 16. La idea de la frase podría expresarse así: "De manera que El tiene misericordia de quien quiere tener misericordia".

"Y al que quiere endurecer, endurece." Recuérdese que Faraón endureció su corazón (Ex. 7:13, 14, 22; 8:15, 19, 32; 9:7, 34, 35). Debe tenerse en cuenta que Dios no actúa caprichosamente ni se deleita en la perdición del hombre. Dios actúa sobre la base de su misericordia y piedad hacia el pecador, pero lo hace libre de las especulaciones y de los desaciertos del hombre. Este tema demanda una certeza inamovible de la justicia y la santidad de Dios.

9:19

"Pero me dirás: ¿Por qué, pues, inculpa?, porque ¿quién ha resistido a su voluntad?" La expresión "pero me dirás" (*ereîs moi oûn*) introduce una conclusión que presupone un interlocutor. Pablo se imagina que alguien le formula las dos preguntas que siguen (literalmente dice: "por lo tanto, me dirás").

La primera pregunta es: "¿Por qué, pues, inculpa?" Es decir, si lo que dice el versículo 18 es cierto, ¿por qué culpa Dios al hombre?" Es como si el interlocutor dijese que no es correcto que Dios actúe tan soberanamente y al mismo tiempo culpe o encuentre falta en el hombre.

La segunda pregunta es: "Porque ¿quién ha resistido a su voluntad?" El énfasis de esta pregunta está en el complemento de la oración, es decir, literalmente dice: "Porque ¿su voluntad quien la ha resistido?" El argumento es algo así: "¿Sobre qué base puede Dios reprochar al hombre, si nadie resiste su voluntad?"

9:20

Este versículo aporta la respuesta al argumento del interlocutor en el versículo 19. La respuesta del apóstol gira alrededor del hecho de que el creador tiene soberanía sobre la criatura.

"**Mas antes, oh hombre, ¿quién eres tú para que alterques con Dios?**" (*ô ánthrope, menoûn ge sù tís eî hò àntapokrinómenos tôi theôi*). Esta frase es enfática en el texto griego. Una posible traducción sería: "Oh hombre ¿quién te imaginas que eres tú para que repliques a Dios en su propio rostro?" (véase Lc. 14:6 para el uso del verbo "replicar", *antapokrínomai*).

"**¿Dirá el vaso de barro al que lo formó: ¿Por qué me has hecho así?**" Pablo apela a una ilustración común en el Antiguo Testamento (véase Job 10:9; Sal. 2:9; Is. 29:16; 41:25). Tal como el alfarero tiene potestad sobre el vaso de barro que ha formado, así también Dios tiene autoridad sobre todo lo que ha creado.

9:21

"**¿O no tiene potestad el alfarero sobre el barro, para hacer de la misma masa un vaso para honra y otro para deshonra?**" La respuesta a esta pregunta es positiva. El alfarero tiene absoluta potestad sobre el barro que está en sus manos. De la misma masa el alfarero forma unas vasijas artísticamente decoradas y otras que no lo son. También el Soberano Creador tiene autoridad sobre sus criaturas.

9:22-23

"**¿Y qué, si Dios, queriendo mostrar su ira y hacer notorio su poder, soportó con mucha paciencia los vasos de ira preparados para destrucción, y para hacer notorias las riquezas de su gloria, las mostró para con los vasos de misericordia que El preparó de antemano para gloria.**" Existe una disparidad entre la traducción de la Reina-Valera 1960 y lo que dice el texto griego. La construcción gramatical en el texto griego es difícil de traducir. Se sugiere algo así: "Y si Dios, queriendo mostrar su ira y dar a conocer su poder, soportó con mucha paciencia [los] objetos de ira preparados para perdición y para dar a conocer las riquezas de su gloria sobre [los] objetos de misericordia que él preparó de antemano para gloria."

La función del participio presente "queriendo" (*thelón*) es crucial para la comprensión de estos versículos. Dicho participio se refiere a dos acciones de Dios:

1. "Queriendo" mostrar su ira y hacer notorio su poder (22).
2. "Queriendo" hacer notorias las riquezas de su gloria (23).

Algo más que debe añadirse es el hecho de que el participio *queriendo* se refiere al ejercicio de la voluntad determinada o eficaz de Dios. El pensamiento controlante aquí se relaciona con la doble manera en que la soberana voluntad de Dios se hace patente.

Las expresiones "objetos de ira" y "objetos de misericordia" también son claves en el pasaje. Ya Pablo ha hecho referencia al hecho de que Dios levantó a Faraón en el escenario de la historia "para mostrar en ti [Faraón] mi poder" (v. 17). De igual manera, "para que el propósito de Dios conforme a la elección permaneciese, no por las obras sino por el que llama, se le dijo: El mayor servirá al menor. Como está escrito: A Jacob amé, más a Esaú aborrecí" (9:11b-13).

El texto dice que "los objetos de ira" han sido preparados para destrucción. La expresión usada es el participio perfecto, voz pasiva *kateirtisména* ("preparados"). Este vocablo significa "alistar", "preparar", "equipar". El tiempo perfecto sugiere un estado o condición de algo que ya está listo. Es cierto que Pablo no dice que Dios ha preparado a los objetos de ira, pero no es posible decir hasta qué punto la soberanía de Dios está implícita en dicha acción.

Por otro lado, "los objetos de misericordia" han sido preparados por Dios de antemano para gloria. Hay unos contrastes muy fuertes en estos versículos:

1. Demostración de ira y poder—> <— Hacer notorias las riquezas de gloria.
2. Objetos de ira   —> <— Objetos de misericordia.
3. Preparados para destrucción —> <— Preparados para gloria.

Finalmente, aquí se pone de manifiesto el destino eterno de ambos grupos. Para "los objetos de ira" el destino eterno es la "destrucción" (*apóleian*), es decir, el juicio y la condenación eterna. Para los "objetos de misericordia" está reservada la gloria, es decir, salvación eterna y disfrute de las bendiciones en la presencia de Dios.

9:24

"**A los cuales también ha llamado, esto es, a nosotros**" (*hoùs kaì ekálesen heimâs*), es decir, "a quienes también llamó, es decir, nosotros". De nuevo surge el tema de la elección divina. Recuérdese que en Romanos 8:28-30, Pablo explica el *qué* de la elección y en Romanos 9:1-33 expone *cómo* funciona, utilizando a Israel como ilustración.

El pronombre personal "nosotros" (*heimâs*) es el antecedente del pronombre relativo "los cuales" (*hoùs*). La forma verbal "ha llamado" (*ekálesen*) es el aoristo indicativo de *kaléo*, que significa "llamar". Aquí se refiere al llamado eficaz de Dios o su convocación efectiva de los llamados "objetos de misericordia" en el versículo 23.

"No sólo de los judíos, sino también de los gentiles." Las expresiones "de los judíos" (*èx Ioudaíon*) y "de los gentiles" (*èx èthnôn*) son genitivos partitivos. La gracia de Dios y sus propósitos electivos se manifiestan tanto para con los judíos como para con los gentiles. El es igualmente Dios de judíos y gentiles.

En resumen, los versículos 22-24 no están gramaticalmente completos. Ello hace que este pasaje sea de difícil interpretación, amén de la temática teológica que contiene. Tal vez habría que suplir la frase: *¿No tiene El todo el derecho?*

9:25

"Como también en Oseas dice: Llamaré pueblo mío al que no era mi pueblo, y a la no amada, amada." El apóstol, una vez más, apela al testimonio del Antiguo Testamento para demostrar la fidelidad de Dios en el cumplimiento de su *propósito electivo.* Dios dice en Oseas que hay un rechazo y un juicio para el Israel apóstata, no una anulación de la promesa pactada con Abraham. La prueba es que habrá una restauración de Israel. Dios ha hecho una elección de gracia de entre ellos (v. 24, *èx Ioudaíon,* "de los judíos"). Dios dio a Oseas una hija a la que ordenó que nombrase Lo-ruhama, que significa "no compadecida". Esta niña simbolizaba a las tribus del norte que estaban a punto de ser juzgadas por Dios y enviadas cautivas a Asiria.

Luego Dios dio a Oseas un hijo a quien nombró Lo-ammi, es decir, "no mi pueblo". De igual modo, ese niño simbolizaba a aquella generación de israelitas apóstatas que fue rechazada por Dios. No obstante, en Oseas 1:10 Dios promete que habrá una restauración y futura bendición para la nación. Pablo aplica ese pasaje para demostrar el hecho de que Dios no ha cancelado su promesa. Prueba de ello es que en la era presente Dios continúa salvando a judíos. Es probable, sin embargo, que Pablo aplique el versículo 25 al hecho de que Dios también está salvando a gentiles.

9:26

"Y en el lugar donde se les dijo: Vosotros no sois pueblo mío, allí serán llamados hijos del Dios viviente." Esta cita es tomada de Oseas 1:10. La referencia es a la restauración futura de Israel, pero Pablo *aplica* la misma verdad para demostrar que Dios también salva a los gentiles.

Dios no ha cancelado su promesa hecha a Abraham tocante a la nación de Israel. La *interpretación normal* de los versículos citados por Pablo (Os. 1:9-10; 2:23) contempla la restauración de Israel. Pablo, sin embargo, hace una *aplicación* de dichos pasajes para señalar que Dios también soberanamente *llama* y *salva* a gentiles.

9:27

"También Isaías clama tocante a Israel." Esta introducción al versículo no deja duda de que Israel como tal continúa formando parte del plan y propósito de Dios. **"Si fuere el número de los hijos de Israel como la arena del mar."** La cita del apóstol es tomada de Isaías 10:22-23. Este pasaje da por sentada la permanencia de Israel como nación y la posibilidad de su crecimiento numérico. **"Tan sólo el remanente será salvo"** (*tò hypóleimma sothéisetai*). Esta es una frase enfática. La presencia del artículo determinado "el" (*tò*) identifica a un grupo específico al que tanto Isaías como Pablo relacionan con un número de judíos que "será salvo" (*sothéisetai*) que es el futuro indicativo, voz pasiva de *sódzo*, que significa "librar", "salvar".

9:28

"Porque el Señor ejecutará su sentencia sobre la tierra en justicia y con prontitud." La sintaxis en el texto griego es algo complicada. Una traducción literal sería: "Porque asunto finalizado completamente y abreviado hará (el) Señor sobre la tierra", es decir, "el Señor hará (un) asunto finalizado completamente y abreviado sobre la tierra". El vocablo "sentencia" en la Reina-Valera 1960 es *lógon* que significa "asunto" o "cosa". Los participios también traducidos en la RV/60 como "en justicia" y "con prontitud" (*syntelôn kaì syntémnon*) son participios circunstanciales de modo que describen el modo o manera como el Señor hará el asunto que se ha propuesto. Ambos participios son marcadamente enfáticos. Este versículo explica cómo Dios ha de salvar al remanente de Israel. Será mediante la ejecución de su plan de manera completa y decisiva que Dios salvará "al remanente" (*tò hypóleimma*) de Israel y en dicho remanente cumplirá las promesas del pacto abrahámico.

9:29

"Y como antes dijo Isaías." La cita proviene de Isaías 1:9. La forma verbal "antes dijo" (*proeíreiken*) es el perfecto indicativo de *prolégo* ("decir antes"). El tiempo perfecto sugiere una acción completada con resultados permanentes, es decir, "como antes ha dicho Isaías y lo dicho permanece firme". **"Descendencia"** (*spérma*). Literalmente "simiente". Es el complemento directo del verbo *ègkatélipen*, traducido en la RV/60 como "hubiera dejado". En realidad, dicho verbo es el aoristo indicativo de *egka-taléipo*, que significa "dejar atrás". El apóstol expresa una condicional llamada de "segunda clase" que expresa algo contrario a los hechos: "**Si el Señor de los ejércitos no nos hubiera dejado descendencia, como Sodoma habríamos venido a ser y a Gomorra seríamos semejantes.**" La implicación es que el Señor *sí* ha dejado una descendencia y, por lo tanto, la nación no ha sido juzgada a semejanza de Sodoma y Gomorra. Recuérdese que esas y otras ciudades fueron totalmente arrasadas.

9:30

"**¿Qué, pues, diremos?**" (*tí oûn èroûmen*). Fórmula utilizada en 4:1, 6:1, 8:31 y 9:14. Con esa pregunta, Pablo se propone explicar el porqué los gentiles son bendecidos ahora, mientras que Israel está bajo juicio.

"**Que los gentiles, que no iban tras la justicia, han alcanzado la justicia, es decir, la justicia que es por la fe.**" Esta es la respuesta que Pablo aporta a la pregunta anterior. La idea podría expresarse así: "¿Qué, pues, diremos? [Diremos] que los gentiles...". El vocablo "gentiles" (*éthnei*) significa "naciones". Obsérvese el uso del artículo determinado (*tà mè diókonta dikaiosynen*). Dicho artículo tiene la fuerza de una cláusula relativa, es decir, "quienes no perseguían justicia". El sustantivo "justicia" no va precedido de artículo la primera vez que aparece aquí. De modo que la referencia es a la justicia como un principio general o a aquello que esencialmente se caracteriza por ser *justicia*.

"**Han alcanzado la justicia, es decir, la justicia que es por la fe.**" La forma verbal "ha alcanzado" (*katélaben*) es el aoristo segundo, voz activa de *katalambáno*, que significa "asirse", "obtener". Literalmente dice: "Obtuvieron justicia". Pablo aclara que la justicia obtenida por los gentiles es una clase de justicia muy específica, es decir, es *la* justicia que es por la fe o basada en la fe. Los gentiles que han puesto su fe en el Mesías han sido declarados justos y, por lo tanto, disfrutan de una nueva relación con Dios.

9:31

"**Mas Israel que iba tras una ley de justicia**" (*Israeil dè diókon nómon dikaiosyneis*). La expresión "ley de justicia" no va acompañada del artículo determinado. De modo que el énfasis radica en la *esencia* o el *carácter intrínseco* de la ley. El problema de Israel era que perseguía una justicia basada sobre el esfuerzo humano. Israel dio más énfasis a la ley como rito que a la justicia que ella enseña. Israel colocó las obras de la carne por encima de la fe del corazón (véase Mt. 5:20).

"**No la alcanzó**" (*eìs oùk éfthasen*). El verbo utilizado aquí es el aoristo indicativo de *fthánō*, que significa "llegar" (véase 2 Co. 10:14). La idea del versículo podría expresarse así: "Pero Israel [aunque] perseguía [una] ley de justicia no logró alcanzarla". Obsérvese que Pablo habla de Israel como nación en el sentido oficial de la palabra. Hubo israelitas que como individuos creyeron y por la fe fueron declarados justos delante de Dios (véase Gá. 2:15-16).

El problema de Israel radica en el hecho de que Dios no dio la ley para *justificar* al pecador. Dios siempre ha declarado justo a quien ha puesto su fe en El. Ese es el argumento de Romanos 4. La ley es dada, entre otras razones, para mostrar al hombre su incapacidad de *alcanzar* la justicia de Dios por cualquier otro medio que no sea la fe en Dios mismo (véase Gn. 15:6).

9:32

Este versículo explica la razón del fracaso de Israel.

"**¿Por qué? Porque iban tras ella no por fe sino como por obras de la ley.**" La pregunta "¿por qué?" se usa para enlazar con el hecho de que Israel como nación no ha alcanzado la justicia de Dios. Es decir, por qué Israel no ha recibido el perdón nacional que le permitiría ser declarada justa y, por lo tanto, disfrutar de las bendiciones que se derivan del pacto abrahámico.

La razón que Pablo da es que Israel se equivocó de objetivo. La oración gramatical es enfática en el texto griego. Literalmente dice: "Porque [la persiguió] no por fe sino como por obras". El error de Israel no era el haber perseguido la ley, porque la ley en sí es santa, justa y buena (Ro. 7:12), sino en pretender hacerlo mediante las obras de la carne, es decir, mediante el esfuerzo humano. Israel pretendía acumular méritos para conseguir la aprobación de Dios. El único medio aceptable delante de Dios para alcanzar su justicia es la fe (véase Ro. 5:1-2).

"**Pues tropezaron en la piedra de tropiezo**" (*prosékoparon tôi líthoi toû proskómmnatos*). La piedra de tropiezo para la nación de Israel ha sido y sigue siendo Cristo. La nación, en la persona de sus líderes, rechazó al Mesías y dijo: "Su sangre sea sobre nosotros, y sobre nuestros hijos" (Mt. 27:25). Sólo la aceptación de Cristo como el Salvador hará posible que Israel alcance la justicia que agrada a Dios.

9:33

"**Como está escrito**" (*kathòs gégraptai*). Tal como está escrito y permanece escrito (Sal. 118:22; Is. 8:14; 28:16).

"**He aquí yo pongo en Sion piedra de tropiezo y roca de caída; y el que creyere en él, no será avergonzado.**" El apóstol Pedro (1 P. 2:6-8) hace referencia al mismo tema. Cristo es la piedra de tropiezo. No obstante cualquier judío (o gentil) que cree en El no será avergonzado (véase Ro. 1:16-17; 2 Ti. 1:12). La nación de Israel continúa su esfuerzo por alcanzar la aprobación divina por las obras de la ley, olvidando que "por las obras de la ley nadie se justificará delante de Dios".

RESUMEN Y CONCLUSIÓN

La soberanía de Dios es uno de los temas que la Biblia enseña con mayor claridad. Dios es soberano en todas sus acciones. El siempre actúa con perfecta sabiduría, no caprichosamente. La soberanía de Dios, sin embargo, no anula la responsabilidad humana sino que la incluye. El hombre es responsable delante de Dios y como tal tiene que dar cuenta a su creador.

La elección de los redimidos tiene que ver con la soberanía de Dios y no con las acciones o méritos del hombre. La lección que este capítulo enseña presenta a la nación de Israel como ilustración incuestionable del obrar de Dios en la elección.

Es precisamente debido a la fidelidad de Dios en su propósito electivo por lo que Israel permanece como nación. A pesar del pecado de dicha nación, Dios ha escogido un remanente de entre ellos. Ese remanente ha sido elegido por gracia y Dios los salvará por medio de la fe en el Mesías. Esta lección enseña que: (1) la elección divina no depende de ascendencia humana; (2) no depende de obras personales; (3) tiene que ver con la misericordia de Dios; y (4) se basa sobre la soberanía del Todopoderoso.

HOJA DE TRABAJO #19 (9:1-13)

1. "... mi conciencia me da testimonio en el Espíritu Santo" (9:1). _____

    PG. 187

2. "... el pacto... " (9:4). _____

    PG. 188

3. "... no todos los que descienden de Israel son israelitas" (9:6). _____

    PG. 189

4. "... En Isaac te será llamada descendencia" (9:7).

    PG. 189

5. "... los que son hijos según la promesa son contados como descendientes..." (9:8). _____

    PG. 189

6. "... para que el propósito de Dios conforme a la elección permaneciese... "(9:11). _____

    PG. 190

7. "... El mayor servirá al menor" (9:12). _____

    PG. 190

8.   "... A Jacob amé, mas a Esaú aborrecí" (9:13).   *Pg. 190*
     _____
     _____
     _____

Hoja de trabajo #20 (9:14-33)

1.   "... no depende del que quiere, ni del que corre..." (9:16). _____
     Pg. 191 _____
     _____

2.   "... para que mi nombre sea anunciado por toda la tierra" (9:17). _____
     Pg. 192 _____
     _____

3.   "... al que quiere endurecer, endurece" (9:18). _____
     Pg. 192 _____
     _____

4.   "... oh hombre, ¿quién eres tú, para que alterques con Dios?" (9:20). _
     Pg. 193 _____
     _____

5.   "¿O no tiene potestad el alfarero sobre el barro...?" (9:21). *Pg. 193*
     _____
     _____
     _____

6.   "... los vasos de ira preparados para destrucción" (9:22). _____
     Pg. 194 _____
     _____

7. "... los vasos de misericordia que él preparó de antemano para gloria" (9:23). _Pg. 194_

8. "... tan sólo el remanente será salvo" (9:27). _Pg. 196_

9. "... tropezaron en la piedra de tropiezo" (9:32). _Pg. 178_

10. "Y el que creyere en él, no será avergonzado" (9:33). _Pg. 199_

PREGUNTAS DE REPASO

1. ¿Qué relación hay entre Ronmanos 9-11 y el resto de la epístola?

2. ¿Qué deseo imposible de cumplir tenía Pablo?

3. Menciona ocho privilegios del israelita según Romanos 9:4-5.

4. Demuestre que Jesucristo era judío (cite el pasaje). _____

   _____

   _____

   _____

   _____

5. Demuestre la deidad de Cristo (cite el pasaje). _____

   _____

   _____

   _____

   _____

6. ¿Cuál es la diferencia entre "la simiente de Abraham" y "los hijos de Abraham" según Romanos 9? _____

   _____

   _____

   _____

7. Explique la frase "a Jacob amé mas a Esaú aborrecí" en Romanos 9:13. _____

   _____

   _____

   _____

8. Explique la frase "no todos los que descienden de Israel son israelitas" en 9:6. _____

   _____

   _____

   _____

9. Explique la frase "hijos según la promesa" en 9:8. _____

   _____

   _____

   _____

10. ¿Qué dos ejemplos de la soberanía de Dios se mencionan en Romanos 9? _____

    _____

    _____

    _____

11. ¿Qué ilustración se usa para demostrar la soberanía de Dios en Romanos 9? _____

_____

_____

_____

12. ¿Cuáles libros del Antiguo Testamento son citados en Romanos 9? _

_____

_____

_____

13. ¿Qué porción de la nación de Israel será salva a la postre? _____

_____

_____

_____

14. Demuestre que, según Romanos 9, "los judíos" e "Israel" son vocablos sinónimos. _____

_____

_____

_____

_____

10

Una salvación gloriosa para judíos y gentiles (10:1—11:36)

Propósito: motivar al estudiante a dar gloria y alabanza a Dios por su maravilloso plan de salvación que alcanza a judíos y gentiles.

Objetivos de la lección

1. Que el estudiante sea capaz de apreciar que Dios no hace acepción de personas.
2. Que el estudiante pueda discernir la grandeza del evangelio de la gracia de Dios para judíos y gentiles.
3. Que el estudiante pueda apreciar la fidelidad de Dios tocante al cumplimiento de sus pactos.

Tarea a realizar

1. Lea Romanos 10:1—11:36.
2. Lea el comentario de Newell (pp. 314 a 358).
3. Complete las hojas de trabajo #21, #22 y #23.
4. Conteste las preguntas de repaso.

Resultados esperados

Una vez completada la lección 10, el estudiante debe ser capaz de explicar:

1. La condición presente de Israel.

2. La relación de Israel con el evangelio.
3. El porqué de la presente ceguera de Israel.
4. La base de la restauración futura de Israel.

Idea central: Dios debe ser alabado por su maravilloso plan de salvación que incluye a judíos y a gentiles.

BOSQUEJO

Introducción:

A pesar de la rebeldía y la dureza del corazón del hombre, Dios extiende su oferta de gracia salvadora a todos los hombres. El plan glorioso de salvación incluye tanto a judíos como a gentiles. Nosotros, los creyentes, tenemos la responsabilidad de proclamar ese evangelio a toda criatura.

I. **Dios debe ser alabado por su maravilloso plan de salvación que incluye tanto a judíos como a gentiles (10:1-21).**
    1. Dios debe ser alabado porque su maravilloso plan de salvación es aparte de las obras de la ley (10:1-4).
    2. Dios debe ser alabado porque la salvación es por la fe en Cristo (10:5-10).
    3. Dios debe ser alabado porque la salvación es ofrecida a todos los hombres (10:11-13).
    4. Dios debe ser alabado porque nos ha dado el privilegio de predicar el evangelio de la gracia por todo el mundo (10:14-21).

II. **Dios debe ser alabado porque la ejecución de su salvación incluye a los judíos (11:1-10).**
    1. Dios debe ser alabado porque no ha desechado al pueblo de Israel (11:1-4).
    2. Dios debe ser alabado porque ha preservado un remanente por gracia de entre los israelitas (11:5-10).

III. **Dios debe ser alabado porque la ejecución de su salvación incluye a los gentiles (11:11-24).**
    1. Dios debe ser alabado porque ha usado la transgresión de Israel para traer salvación a los gentiles (11:11-16).
    2. Dios debe ser alabado por haber incorporado a los gentiles en las promesas hechas a Abraham (11:17-24).

IV. Dios debe ser alabado por la consumación maravillosa de su plan de salvación que incluye a judíos y a gentiles (11:25-36).

1. Dios debe ser alabado por la consumación maravillosa de su plan de salvación para los gentiles (11:25).
2. Dios debe ser alabado por la consumación maravillosa de su plan de salvación para Israel (11:26-36).

Conclusión:

El plan de salvación diseñado por Dios es sencillamente maravilloso. El salva por su gracia a judíos y a gentiles. Dios ha sometido a Israel a una ceguera espiritual con el fin de que los gentiles sean salvos. No obstante, Israel es responsable por su presente condición de dureza espiritual e incredulidad.

Dios ha de derramar sus bendiciones sobre la simiente física-espiritual de Abraham. Esos son judíos que son regenerados por la gracia de Dios. También Dios ha de bendecir a los gentiles que son simiente espiritual de Abraham, pero no descendientes físicos del gran patriarca. Dios cumplirá la promesa hecha a Abraham cuando le dijo: **"En ti serán benditas todas las familias de la tierra"**.

El cristiano de hoy debe alabar a Dios por el plan maravilloso de la salvación que incluye a todas sus criaturas y que se proclama por medio del evangelio de la gracia. Las Escrituras afirman que "todo aquel que invocare el nombre del Señor será salvo" (Ro. 10:13). Esa es una verdad confortante para el hombre de hoy. Todo aquel que con sinceridad le dice al Señor: "Sálvame", recibe el precioso regalo de la vida eterna. La Biblia no enseña el universalismo, es decir, que a la postre todos serán salvos. Pero sí enseña que el evangelio debe ser predicado a toda la humanidad para que todo aquel que cree en Cristo no se pierda mas tenga vida eterna (Jn. 3:16).

NOTAS EXEGÉTICAS Y COMENTARIOS

10:1

"Hermanos" (*àdelfoí*). Nominativo plural, usado con función de vocativo.

"Ciertamente el anhelo de mi corazón y mi oración a Dios por Israel, es para salvación." El vocablo "ciertamente" (*mèn*) en este caso podría tener la fuerza de "en lo que depende de..." o "a pesar de todo". Es decir, Pablo querría expresar algo así: "Hermanos, a pesar de todo, [lo que Israel ha hecho para alejarse de Dios], el anhelo de mi corazón y mi oración a Dios por Israel, es para salvación" o, tal vez, "en lo que depende del anhelo de mi corazón y mi oración a Dios por Israel es para salvación".

Obsérvese que Pablo no considera que Israel como un todo esté reprobada. Es por eso que dice: "el anhelo y la oración de mi corazón a Dios, en beneficio de Israel apunta a [su] salvación". Pablo oraba por su nación y el blanco al que apuntaba y el resultado que pensaba conseguir era la salvación de ellos.

10:2

"Porque yo les doy testimonio de que tienen celo de Dios, pero no conforme a ciencia." La forma verbal "doy testimonio" significa "dar evidencia públicamente". El "celo" de los israelitas era lo que movía a Pablo a orar por ellos. La expresión "de Dios" (*theoû*) es un genitivo de objeto que significa que los judíos tenían celo *por Dios*. Obsérvese que Pablo considera que el *celo por Dios* de Israel es correcto. Lo que es incorrecto es el hecho de que no es "conforme a ciencia" (*àll' où kat' epignósin*). El vocablo "ciencia" (*epignósin*) significa "conocimiento pleno". Los judíos tienen conocimiento (*gnosis*) de Dios, pero no poseen el *conocimiento completo*, pues de tenerlo, habrían conocido a Cristo.

10:3

Este versículo proporciona la explicación de la afirmación que Israel "tiene celo de Dios, pero no conforme a ciencia". Pablo da dos razones: (1) porque [eran] ignorantes de la justicia de Dios y (2) porque procuraban establecer su propia justicia. La nación de Israel se empecinó en ignorar la naturaleza misma de la gracia de Dios que concede al pecador que cree la posición de justo. En su dureza, los israelitas prefirieron establecer una autojusticia y despreciaron la justicia que Dios imputa por la fe.

La expresión **"no se han sujetado a la justicia de Dios"** apunta a un acto concreto. El verbo "sujetar" es el aoristo segundo de *hypotásso*, que significa "someterse" o, literalmente, "ponerse debajo". El aoristo señala a un hecho concreto en la historia en que Israel "no se sujetó" a la justicia de Dios. Probablemente, Pablo se refiere al hecho que ha mencionado en Romanos 3:21-24: "Pero ahora, aparte de la ley, se ha manifestado la justicia de Dios, testificada por la ley y por los profetas, la justicia de Dios por medio de la fe en Jesucristo, para todos los que creen en él. Porque no hay diferencia, por cuanto todos pecaron, y están destituidos de la gloria de Dios, siendo justificados gratuitamente por su gracia, mediante la redención que es en Cristo Jesús." La justicia de Dios es Jesucristo. Despreciar a Cristo equivale a despreciar la justicia de Dios.

10:4

"Porque el fin de la ley es Cristo." El vocablo "fin" (*télos*) tiene varios posibles significados: "fin" en el sentido de meta, "cumplimiento", "terminación", "cesación". Es probablemente que el significado aquí sea el de "terminación" o "cesación". Es decir, Cristo puso fin a la ley en su aspecto negativo.

"Para justicia a todo aquel que cree." Dios declara justo a todo aquel que cree en Cristo. Obsérvese, pues, que la justificación no es por las obras de la ley, sino por la fe en la persona de Cristo. Cristo puso fin a la ley para beneficio de todo aquel que cree, y el resultado es la imputación de justicia para esa persona.

10:5

"Porque de la justicia que es por la ley." Esta frase es enfática en el texto griego, que literalmente dice: "la justicia la que es de la ley". Pablo desea definir con claridad de qué justicia está hablando. El versículo completo podría traducirse así: "Porque Moisés escribe que el hombre que hace la justicia, la que es de la ley, vivirá por ella". La idea del versículo parece ser que la ley demanda que toda persona que pretenda obtener la justicia mediante el cumplimiento de las demandas de la ley se ve obligado a guardar de manera perfecta todos los preceptos de dicha ley. Es decir, está bajo obligación de conducir su vida en conformidad con la justicia de la ley. Debido a que es imposible que el hombre pueda hacer tal cosa, necesita acudir a Cristo para recibir la justicia que es por la fe. La expresión "vivirá por ellas" (*dséisetai èn aùtei*) mejor traducido sería "vivirá por medio de ella" o "tendrá vida por medio de ella". El pronombre "ella" se refiere a "justicia". Pablo cita Levítico 18:5 y Ezequiel 20:11, 13, 21. La ley nunca fue dada como un medio de salvación, sino para revelar el carácter justo de Dios y hacer que el hombre reconozca su necesidad de acudir a Dios por la fe.

10:6

"Pero la justicia que es por la fe." Esta frase contrasta con la del versículo 5 que habla de "la justicia que es por la ley". La justicia que es producto de la fe se basa sobre la muerte y la resurrección de Cristo.

"No digas" (*mèi eípeis*) es una prohibición enfática. Equivale a "no pienses en decir". Preguntar "¿quién subirá al cielo?" significa "traer abajo a Cristo", es decir, dudar de algo que ha ha sido históricamente revelado.

10:7

"**O ¿quién descenderá al abismo? (esto es, para hacer subir a Cristo de entre los muertos).**" La resurrección de Cristo también es un hecho histórico. Negarlo sería ir contrario a los hechos. La muerte y la resurrección de Cristo son hechos fundamentales para la salvación del pecador (Ro. 4:25).

10:8

"**Mas ¿qué dice?**" Esta pregunta retrocede al versículo 6. "Pero la justicia que es por la fe dice así: No digas en tu corazón." Ahora bien, si eso es lo que *no* debe decirse, entonces, "¿qué es lo que dice?" Como respuesta a esa pregunta, Pablo apela de nuevo al Antiguo Testamento para apoyar la enseñanza de la justificación por la fe.

"**Cerca de ti está la palabra, en tu boca y en tu corazón.**" Esta cita es tomada de Deuteronomio 30:14. La "boca" y el "corazón" hablan de cercanía. Como un acto de su gracia, Dios puso su Palabra al alcance del pueblo de Israel. Dios mismo estaba cerca de ellos para guiarlos por su gracia. Israel escogió andar por obras en lugar de descansar en la fe.

"**Esta es la palabra de fe que predicamos**" (*toût' éstin tò hrêima têis písteos hò keirússomen*). Aquí no se trata de una confesión de fe, sino de la proclamación del mensaje mismo del evangelio. El vocablo "palabra" (*hrêima*) significa primordialmente "palabra hablada" y podría traducirse aquí "mensaje". El mensaje del evangelio tiene que ser recibido por la fe. El evangelio es el mensaje que afirma que hay salvación y vida eterna para todo aquel que confía en Jesucristo.

10:9

"**Que si confesares con tu boca que Jesús es el Señor**" (*hóti èàn hòmologéiseis èn tô stómatí sou kyríon Iesoûn*). Recuérdese que el versículo 9 está en un entorno en el que Pablo escribe acerca de su deseo de que Israel como nación sea salva. La nación ha rechazado a Cristo y ha querido establecer su propia justicia que es por las obras. Pablo confronta a sus paisanos con la verdad de lo que tienen que hacer para alcanzar la justicia que es por la fe. La frase con la que comienza el versículo 9 es una condicional de tercera clase en la que se usa la partícula *èàn* seguida de un verbo en el modo subjuntivo. La forma verbal "confesares" (*hòmologéiseis*) es el aoristo subjuntivo de *homologéo*, que significa "estar de acuerdo", "confesar", "proclamar". La palabra de fe predicada por Pablo y los demás apóstoles demanda una confesión y un reconocimiento de que *Jesús es Jehová*. Eso significa que el judío que desea ser salvo tiene que reconocer que Jesús es Dios manifestado en la carne.

"**Y creyeres en tu corazón que Dios le levantó de los muertos.**" La expresión "creyeres en tu corazón" se refiere a una fe genuina, no sólo a una comprensión intelectual sino a una aceptación plena. La resurrección de Cristo de los muertos es un acontecimiento histórico (obsérvese el aoristo *éigeiren*) y fundamental para la salvación. La resurrección de Cristo habla de su santidad absoluta y del carácter perfecto de su obra salvadora. Porque El vive, es capaz de dar vida a quien cree en El.

"**Serás salvo**" (*sothéisei*) es el futuro indicativo, voz pasiva de *sódso*, que significa "salvar", "librar". La referencia es, sin duda, a la salvación espiritual. Obsérvese además que la salvación es algo personal: el individuo tiene que confesar que Jesús es Dios y creer que El vive para salvar. Quien hace eso de manera personal, recibe personalmente el regalo de la salvación.

10:10

"**Porque con el corazón se cree para justicia**" (*kardía gàr pisteúetai eìs dikaiosynen*). El versículo 10 es explicativo de lo dicho anteriormente. El vocablo "corazón" (*kardía*) no lleva artículo determinado en el texto griego. El énfasis, por lo tanto, recae en la cualidad. El corazón es el centro mismo de la vida. La forma verbal "se cree" (*pisteúetai*) es el presente indicativo, voz media de *pisteúo*, que significa "creer", "confiar". El presente sugiere una acción continua, el indicativo habla de la realidad de dicha acción y la voz media destaca que el sujeto realiza y a la vez recibe la acción.

El término "justicia" (*dikaiosynen*) tiene un uso forense. Significa la justicia imputada por Dios al hombre que pone su fe en Cristo. Esta no es hecha por el hombre ni en el hombre, sino para *beneficio del hombre*. La justicia de Dios es, pues, la clave para la salvación.

"**Pero con la boca se confiesa para salvación**" (*stómati dè hòmologeîtai eìs soteirían*). El uso de los vocablos "boca" y "corazón" en el versículo 9 es invertido en el versículo 10. Tal vez la razón de ese cambio es debido a que en el versículo 9 Pablo sigue el orden de la cita de Deuteronomio 30:14, mientras que en Romanos 10:10 prefiere darle el orden natural a dichos términos.

El uso de las palabras "justicia" y "salvación" no constituye un intento de separar estas dos realidades. En realidad ambos son actos divinos que ocurren simultáneamente en la vida de todo aquel que cree. Quien ha sido declarado justo es totalmente salvo y aquel que es salvo ha sido declarado justo sobre la base de la fe en Cristo. En este versículo Pablo utiliza tres parejas de palabras:

1. Corazón y boca.
2. Creer y confesar.
3. Justicia y salvación.

Tal vez la razón de ese uso del lenguaje se debe a la relación existente entre las palabras que componen esas parejas. La boca habla lo que está en el corazón. Confesar o "estar de acuerdo" con algo es el resultado de la fe o el creer. La justicia de Dios es portadora de salvación (véase Is. 61:10 y 62:1).

10:11

"**Porque la Escritura dice: Todo aquel que en él creyere, no será avergonzado.**" Este versículo revela la universalidad del evanglio y también el hecho de que la *única* condición divina para la salvación es *creer* en Jesucristo. "El que en él cree no es condenado..." (Jn. 3:18).

10:12

"**Porque no hay diferencia entre judío y griego.**" La expresión "porque no hay diferencia" aparece en 3:22 en relación con el hecho de que "todos pecaron". Ahora Pablo usa la misma frase en sentido positivo, "no hay diferencia" en cuanto a cómo Dios salva al pecador. Judíos y gentiles tienen que creer en Cristo para ser salvos.

"**Pues el mismo que es Señor de todos, es rico para con todos los que le invocan.**" Dios es Señor tanto de judíos como de gentiles (véase Ro. 3:29). El es, por lo tanto, soberano para salvar por la fe tanto a unos como a otros. Dios es rico en misericordia (Ef. 2:4), en benignidad, paciencia y longanimidad (Ro. 2:4). De manera que todo aquel que le invoca (*èpikalouménous*) para salvación es oído de inmediato.

10:13

"**Porque todo aquel que invocare el nombre del Señor será salvo**" (*pâs gàr hòs àn èpikaléseitai tò ónoma kyríou sothéisetai*). Este versículo es una cita de Joel 2:32. El profeta Joel anticipa la venida del "día de Jehová" en el que se manifestará la ira de Dios. Joel anuncia que en ese día, "todo aquel que invocare el nombre de Jehová será salvo." Pablo aplica dicho texto a la era presente, cuando todo aquel que invoque el nombre de Cristo para salvación recibirá el regalo de la vida eterna. La expresión "todo aquel" es indefinida (*hòs àn*), y comporta la idea de "todo aquel, no importa quien sea". "El nombre del Señor" se refiere a la persona misma del Señor Jesucristo. La forma verbal "será salvo" (*sothéisetai*) es el futuro indicativo, voz pasiva de *sódso*, que significa "salvar". El modo indicativo expresa la realidad del hecho. Con toda certeza y sin excepción quien acude a Cristo para salvación es recibido y no es echado fuera. Pablo estaba plenamente convencido de que cualquier persona que invocare el nombre del Señor para salvación sería escuchado. Del mismo modo estaba persuadido de la necesidad de *ir* y predicar el evangelio. De ahí que en los versículos 14 y 15 formule cuatro preguntas vitales tocante al importante tema de la evangelización.

10:14

Este versículo contiene tres preguntas retóricas relacionadas con la responsabilidad de proclamar el evangelio a los perdidos. El entorno del pasaje tiene que ver particularmente con la evangelización de la nación de Israel, aunque ciertamente hay una aplicación más amplia del pasaje.

"**¿Cómo, pues, invocarán a aquel en el cual no han creído?**" La forma verbal "invocarán" (*èpikalésontai*) es el aoristo subjuntivo, voz media de *epikaleo*. La construcción gramatical permite esta traducción: "¿cómo, pues, han de invocar...". La expresión "no han creído" expresa una realidad. El verbo "creer" (*èpísteusan*) es el aoristo indicativo, voz activa de *pisteúo*, que significa "tener fe". Esta importante pregunta pone de manifiesto que para *invocar* el nombre del Señor con miras a la salvación es necesario *creer* en él.

"**¿Y cómo creerán en aquel de quien no han oído?**" La segunda interrogante está estrechamente relacionada con la primera: "¿y cómo han de creer...?" La idea es: "¿y cómo han de creer [en Cristo] si no han oído el mensaje tocante a su persona y obra?" La exposición del mensaje del evangelio es una responsabilidad que Dios ha impuesto en quienes ya conocen la gracia de Dios (véase 1 Co. 9:16-18).

La tercera pregunta retórica es: "**¿y cómo oirán sin haber quien les predique?**", es decir, "¿y cómo habrán de oír sin un predicador?" El participio presente *keiryssontos* ("quien les predique") puede tener la función de un sustantivo o de un adjetivo. Como sustantivo se expresaría "sin un predicador", como adjetivo se traduciría "sin [alguien] predicando". Cualquiera de las dos posibilidades tiene el respaldo textual.

10:15

La cuarta y última pregunta retórica de esta serie aparece en el versículo 15: "**¿Y cómo predicarán si no fueren enviados?**" La forma verbal "predicarán" (*keiryxosin*) es el aoristo subjuntivo de *keiryssó* que significa "proclamar como un heraldo". Es la proclamación que se efectúa por todas partes. Como el heraldo que recorre los caminos, aldeas, ciudades, etc., anunciando el mensaje que se le ha encomendado. La forma verbal "fueren enviados" (*àpostalosin*) es el aoristo subjuntivo, voz pasiva de *apostelo*, que significa "enviar con una misión concreta". Los verdaderos predicadores del evangelio son comisionados y enviados por el Espíritu Santo a través de la iglesia local (ver Hch. 13:1-5).

"**Como está escrito**" (*katháper gégraptai*). Esta fórmula es usada por Pablo repetidas veces para destacar la autoridad de las Escrituras del Antiguo Testamento. Lo que está escrito con la autoridad de Dios es *su Palabra* y no puede cambiarse ni alterarse en manera alguna.

"**¡Cuán hermosos son los pies de los que anuncian la paz, de los que anuncian buenas nuevas!**" Esta es una cita de Isaías 52:7. El texto en Isaías prevee la restauración de Israel en relación con el establecimiento del reino del Mesías. La expresión de júbilo: "¡Tu Dios reina!" (Is. 52:7) es portadora de las buenas noticias de la venida del Mesías que viene a libertar al remanente que ha de disfrutar de sus bendiciones.

10:16

"**Mas no todos obedecieron al evangelio.**" La forma verbal "obedecieron" (*hypéikousan*) es el aoristo indicativo de *hupakoúo*. Este es un verbo compuesto de *hupo* + *akoúo* que significa "escuchar com miras a obedecer". Esta vocablo comporta la idea de sumisión voluntaria. La expresión "al evangelio" (*tôi eùangelíoi*) significa "las buenas noticias". Los israelitas en el Antiguo Testamento escucharon las buenas noticias de que Dios declara justo al pecador que pone su fe en Dios (véase Is. 45:22; Gn. 15:6; Sal. 32:1-2), pero no creyeron, sino que se rebelaron contra el Señor. El hecho de que Pablo dice que "no todos" significa que algunos *sí* obedecieron y todos esos fueron salvos por la gracia de Dios. ¡La obediencia que Dios exige es creer!

"**Pues Isaías dice: Señor ¿quién ha creído a nuestro anuncio?**" El texto griego dice: "Porque Isaías dice: Señor ¿quién creyó nuestro mensaje?" El vocablo "anuncio" (*àkoêi*) se usa tres veces en los versículos 16 y 17, probablemente con el mismo significado, es decir *mensaje*. El énfasis de dicho vocablo parace ser el de "la cosa oída" y no el proceso de oir. Es por ello que el término "mensaje" parece armonizar mejor tanto con el significado como con la función de dicho vocablo.

10:17

"**Así que la fe es por el oir, y el oir, por la palabra de Dios.**" La expresión "así que" (*àra*) señala a una conclusión o resumen. Lo que

Pablo dice a continuación es muy importante: "la fe [es producto] del mensaje y el mensaje [es] a través de la palabra de Dios" (el texto crítico griego dice "la palabra de Cristo"). "El oir" no se refiere a "la acción" o acto de oir, sino al contenido de lo que se oye. El contenido del evangelio es el instrumento que provoca la fe en el corazón del oyente.

10:18

"**Pero digo**" (*àllà légo*). Esta expresión equivale a "pero pregunto". Pablo anticipa la objeción de un interlocutor que pudiera objetar que Israel no ha tenido una oportunidad adecuada de oir el mensaje de salvación.

"**¿No han oído?**" (*mè oùk éikousan*). Esta pregunta está formulada en el griego de modo que se espera una respuesta negativa. Una manera de expresar la pregunta sería: "no es verdad que no han oído, ¿verdad que no?" Pablo desea enfatizar el hecho de que los judíos han oído el mensaje de la gracia de Dios en Cristo, pero lo rechazaron.

"**Antes bien, por toda la tierra ha salido la voz de ellos, y hasta los fines de la tierra sus palabras.**" La cita es del Salmo 19:5. En dicho salmo se enfatiza el hecho de que Dios se ha dado a conocer tanto por medio de la revelación general como por la especial. "La realidad del caso" (*menoûn ge*), dice Pablo, es que Israel ha tenido suficientes oportunidades para conocer la salvación de Dios en Cristo. La expresión "la voz de ellos" (*hò ftóngos aùtôn*) literalmente significa "el repercutir de un instrumento musical". Tal como las notas tocadas por un instrumento musical son llevadas por el aire hasta los sitios más remotos, así el sonido inconfundible del evangelio ha sido llevado a los lugares más lejanos. El judío no tiene excusa, ni el gentil tampoco porque: "Todos los términos de la tierra han visto la salvación de nuestro Dios" (Sal. 98.3).

10:19

"**También digo**" (*àllà légo*). Esta es la misma expresión usada en el versículo 18, donde se traduce "pero digo". Pablo está acumulando evidencias a su argumento respecto al hecho de que Israel ha tenido amplias oportunidades de conocer la salvación que Dios da por su gracia.

"**¿No ha conocido Israel?**" (*mé Israeil oùk égno*). Esta pregunta exige una respuesta negativa en el texto original. Una mejor formulación de dicha interrogante sería: "Israel no era ignorante, ¿verdad que no?" o "no es verdad que Israel no conocía ¿verdad que no?" La perdición de Israel no era por falta de conocimiento, sino por exceso de incredulidad.

"**Primeramente Moisés dice:** Yo provocaré a celos con un pueblo que no es pueblo; con pueblo insensato os provocaré a ira." Para demostrar que Israel no carecía de conocimiento, el apóstol apela a Moisés, es decir, a la Torah y cita Deuteronomio 32:21. La nación provocó a Dios adorando a los ídolos ("no dios"). Dios a su vez los provoca a celos con un pueblo que no es pueblo (*Lo-ammi*).

 . El pasaje citado de Deuteronomio 32:21 contempla una situación futura. Obsérvese los verbos "provocaré a celos" (*paradseilóso*) y "provocaré a ira" (*parorgiô*). Ambos son futuros del modo indicativo. Moisés anuncia proféticamente lo que Dios haría con Israel a causa de la rebeldía de dicho pueblo. Dios ha manifestado su gracia hacia los gentiles ("pueblo que no es pueblo") y ello ha provocado el celo de los judíos.

La expresión "pueblo insensato" (*éthnei àsynéto*) también es una referencia a los gentiles. La palabra *àsynéto* traducida "insensato" significa "estúpido". El argumento podría ser que si las naciones gentiles son "pueblo insensato" o "pueblo estúpido" pero que ha llegado a conocer a Dios, Israel, que ha recibido la revelación sobrenatural de Dios, no tiene excusa para ser ignorante de la salvación.

10:20

"**E Isaías dice resueltamente**" (*Eisaias dè àpotolmâi kaì légei*). El vocablo "resueltamente" (*àpotolmâi*) sólo aparece aquí en todo el Nuevo Testamento. Tiene una fuerza perfectiva o enfática por el uso del prefijo *apo*. La idea es que Isaías fue "extremadamente osado" al decir lo que dijo.

"**Fui hallado de los que no me buscaban; me manifesté a los que no preguntaban por mí.**" La cita es tomada de Isaías 45:1a. Pablo aplica este versículo para manifestar el interés de Dios en la salvación de los gentiles.

Los gentiles que "no buscaban" (*mè dseitoûsin*) a Dios lo hallaron (*eùréthen*). Los gentiles que "no preguntaban" (*mè èperotôsin*) por Dios tuvieron la bendición de recibir la revelación de su gracia (*èmfanèis ègenómein*). Isaías tuvo que ser extremadamente osado para confrontar a sus compatriotas con esa verdad. Corría el riesgo de que lo acusaran de traidor y lo condenaran a muerte.

10:21

"**Pero acerca de Israel dice: Todo el día extendí mis manos a un pueblo rebelde y contradictor.**" Dios, a pesar de todo, no ha desechado a su pueblo Israel. Pablo cita Isaías 65:2 para poner de manifiesto la fidelidad de Dios tocante a la simiente de Abraham. La expresión "todo el día" (*hólen tèn hèiméran*) es una figura que habla de continuidad, sin interrupción.

"Extendí mis manos" (*èxepétasa tàs cheîrás mou*) es una cita del Salmo 143:6 y es una metáfora que expresa un gesto de gracia e invitación a entrar en comunión con Dios. Como un amigo que da la bienvenida a otro o como el novio que recibe a su amada. Israel es "pueblo rebelde y contradictor" (*laòn àpeithoûnta kaì àntilégonta*), es decir, un pueblo "desobediente" (*àpeithoûnta*), "que desobedece" y "contradictor" (*àntilégonta*). El término "contradictor" equivale a lo que en castellano se designa como *respondón*. Los dos participios presentes (*àpeithoûnta* y *àntilégonta*) sugieren una actitud continua de rebeldía, incredulidad y rechazo de la gracia de Dios. Sin embargo, la misericordia de Dios hacia Israel no ha cesado. El propósito eterno de Dios conforme a la elección permanece. Hoy Dios está salvando tanto a judíos como a gentiles. Viene el día cuando Dios, en cumplimiento del pacto abrahámico, salvará un remanente de la nación de Israel y en ese remanente cumplirá indefectiblemente las promesas de su pacto.

Resumiendo, en el capítulo 9 de Romanos, Pablo usa la nación de Israel para ilustrar cómo funciona la elección. En el capítulo 10 el apóstol explica la condición presente de Israel. La nación escogida está en incredulidad y rebeldía. Sigue buscando la justicia de Dios a través de las obras de la ley. Si reconociera que Jesús es Jehová serían salvos. Sin embargo, Dios ha revelado su gracia a muchos israelitas quienes, como individuos, han puesto su fe en el Mesías. También muchos gentiles han llegado a obtener la salvación por haberse identificado con Cristo. Dios continúa con brazos extendidos esperando que Israel acepte el regalo que le ofrece en Cristo.

El capítulo 11 expresa categóricamente que Dios no ha desechado a su pueblo, sino que hay una esperanza viva para la simiente de Abraham. La caída de Israel no es ni final ni total. La ceguera judicial de Israel ha servido para bendición a los gentiles.

11:1

"**Digo, pues**" (*légo oûn*). "Por lo tanto, digo" es una frase que Pablo repite en esta sección (véase 9:18-19; 11:11).

"**¿Ha desechado Dios a su pueblo? En ninguna manera.**" La forma verbal "ha desechado" (*apósato*) es el aoristo indicativo, voz media de *apothéo*, que significa "apartar", "repeler", "desechar", "repudiar". En el texto griego la pregunta requiere una respuesta negativa. Se diría así: "Dios no repudió a su pueblo, ¿verdad que no?" La repuesta que Pablo da a esa pregunta es un enfático **NO**. La expresión "en ninguna manera" (*mèi génoito*) es una locución que podría traducirse: "ni lo pienses", "que perezca ese pensamiento".

"**Porque también yo soy israelita, de la descendencia de Abraham, de la tribu de Benjamín.**" Una prueba de que Dios no ha desechado a su pueblo es que Dios salvó a Saulo de Tarso, el fariseo. Pablo se identifica como: (1) israelita, (2) simiente de Abraham, y (3) de la tribu de Benjamín (véase Fil. 3:4-6).

11:2a

"**No ha desechado Dios a su pueblo, al cual desde antes conoció.**" Esta es una declaración enfática. El texto dice: "No desechó Dios a su pueblo a quien preconoció". La expresión "a quien preconoció" puede estar en aposición con "su pueblo" o puede establecer los límites de "su pueblo". La oración podría tomarse de cualquiera de las dos maneras: (1) "Dios no desechó a su pueblo, [ellos son] a quienes El preconoció"; y (2) "Dios no desechó a su pueblo [aquellos] a quienes El preconoció." Es probable que la segunda oración sea la más correcta. La referencia podría ser al remanente que en Romanos 9:11 se le llama "la elección". Ese remanente será salvo en los postreros días (Ro. 9:27). La forma verbal "antes conoció" (*proégno*) es importante, ya que cuando Dios es el sujeto de dicho verbo, como lo es aquí, su significado es equivalente a *preordenar* o *elegir* (véase Am. 3:2; Os. 13:5; Ro. 8:29).

11:2b-3

"**¿O no sabéis qué dice de Elías la Escritura, cómo invoca a Dios contra Israel, diciendo: Señor, a tus profetas han dado muerte, y tus altares han derribado, y sólo yo he quedado y procuran matarme?**" El segundo argumento de Pablo para demostrar que Dios no ha rechazado a su pueblo es lo ocurrido en tiempos de Elías. Aquellos fueron años de flagrante rebeldía y apostasía de parte del pueblo de Israel, pero Dios no canceló su trato con Israel.

El versículo 2b en el texto griego dice: "¿O no sabéis que dice la Escritura por medio de Elías?" El profeta Elías no escribió ningún libro del Canon, pero las cosas que dijo fueron registradas por otros bajo la dirección del Espíritu Santo. De modo que en ese sentido la Escritura dice lo que Elías dijo.

El verbo traducido por "invoca" (*èntygchánei*), es el presente indicativo de *entygcháno*, que significa "interceder", "rogar", "acusar", "reunirse para conversar", "entrevistarse con". El texto griego sugiere que Elías se reunió con Dios para hablar contra (*katà*) Israel. El profeta Elías con toda valentía acusó a Israel delante de Dios y denunció la apostasía de la nación. Elías denuncia cuatro cosas:

1. Israel ha matado a los profetas de Dios.
2. Israel ha destruido los altares de Dios.
3. Sólo Elías ha quedado.
4. Elías estaba bajo amenaza de muerte.

La Reina-Valera 1960 repite la conjunción "y" en el versículo 3, pero en el texto griego sólo aparece en la última cláusula, "y procuran matarme" (*kaì dseitoûsin tèin psychén mou*), que literalmente significa "y persiguen mi alma" o, tal vez mejor sería, "y buscan mi vida".

11:4

"**La divina respuesta**" (*hò chereismatismós*). Este vocablo es un *hapaxlegomenon*, es decir, sólo se usa una vez en todo el Nuevo Testamento. La forma verbal de dicho sustantivo aparece en Mateo 2:12 y 22, donde se traduce "avisado por revelación" (véase también Lc. 2:26 y Hch. 10:22; dicho verbo se usa con un sentido distinto en Ro. 7:3). Aunque el vocablo *chrereismatismós* tiene una variedad de significados muy amplia, el uso aquí, sin duda, es el que aparece en la RV/60, es decir, el de "oráculo divino". Equivale a decir: "¿qué dice Dios?".

"**Siete mil hombres**" (*hèptakischilíous ándras*). Se refiere al remanente fiel a Dios en medio de la más terrible apostasía. Esos habían permanecido fieles y no habían doblado sus rodillas delante de Baal.

"**Baal**" (*têi Baal*), es decir, la imagen o el altar de Baal. Ese era el nombre del dios de los cananeos. Era considerado como el dios de la fertilidad, la lluvia y el trueno. Su consorte era la diosa Astarté, que simbolizaba la tierra. Según la mitología de los cananeos, cuando llovía el semen de Baal (la lluvia) fertilizaba el vientre de su consorte y el resultado era una buena cosecha.

11:5

"**Así también aun en este tiempo ha quedado un remanente escogido por gracia.**" La expresión "en este tiempo" (*tôi nûn kairôi*) significa "en el tiempo [de] ahora" o "en el tiempo presente". Pablo se refiere a lo que sucedía en su generación o en su día.

"Un remanente" (*leîmma*). Tal vez como ocurrió en tiempos de Elías también sucede en los tiempos de Pablo y en cada generación sucesiva. Dios ha dejado para sí un remanente en el cual cumple su promesa. "Escogido por gracia" (*kat' èklogèin cháritos gégonen*). Esta frase modifica al sustantivo "remanente". La idea es "un remanente según [la] elección de gracia ha surgido o ha llegado a existir." Una manera de traducir el versículo 5 sería: "Del mismo modo, por lo tanto, también ha surgido un remanente basado en la elección según gracia." La elección divina nunca se basa sobre méritos humanos, sino estrictamente sobre la gracia libre y soberana de Dios.

11:6

"**Y si por gracia, ya no es por obras**" (*eì dè cháriti, oùkéti èx ergón*). La gracia es el canal a través del cual Dios comunica su bondad al hombre. Las obras son los intentos de los hombres para conseguir el favor de Dios. Es por ello que la salvación sólo puede ser por gracia y "no por obras para que nadie se gloríe" (Ef. 2:9).

"**De otra manera la gracia ya no es gracia**" (*èpeì hè cháris oùkéti gínetai cháris*). El tema aquí sigue siendo la elección soberana de Dios para salvación. Esa elección es totalmente por gracia. De modo que la salvación es también por gracia: "Y si por gracia, ya no es por obras ya que [en ese caso] [es decir, si fuese por obras] la gracia ya no sería gracia." Si la gracia permitiese la existencia de obras a la par consigo misma o en su lugar dejaría de ser gracia.

11:7

"**¿Qué pues?**" (*tí oûn*). Esta expresión introduce una conclusión o resumen de lo que el escritor desea hacer.

"**Lo que buscaba Israel, no lo ha alcanzado**" (*hò èpidseteî Israeil, toûto oùk èpétychen*). "Lo que" es un pronombre relativo, complemento directo del verbo "buscar". El verbo "buscar" es enfático y está en presente indicativo, que sugiere una acción continua: "Lo que Israel buscaba afanosamente, eso concretamente no lo alcanzó o no lo obtuvo."

"**Pero los escogidos sí lo han alcanzado, y los demás fueron endurecidos.**" "Los escogidos" (*hèi èklogèi*) se refiere a aquellos que han sido escogidos, es decir, los que soberanamente han sido incluidos en el plan de Dios. "Los escogidos" (*hèi èklogèi*) del versículo 6 equivalen al "remanente" (*leîmma*) del versículo 5.

"Los demás" (*hoî loipoì*) se refiere al resto de los componentes de la nación de Israel. La forma verbal "fueron endurecidos" (*èpórotheisan*) es el aoristo indicativo, voz pasiva de *poróo*, que significa "endurecer", "endurecer mediante la formación de una callosidad". Es en ese sentido que "el resto" de los israelitas fueron endurecidos. Dicha nación experimenta una ceguera espiritual judicial por haber rechazado al Mesías.

11:8

Este versículo explica en que consiste la expresión "fueron endurecidos" que aparece en 11:7. Las Escrituras dicen (Dt. 29:4; Is. 29:10-12), que Dios les dio: (1) "**espíritu de estupor**"; (2) "**ojos con que no vean**"; y (3) "**oídos con que no oigan**". El vocablo "estupor" (*katanyxeos*) es un genitivo que expresa propósito o resultado. Dicho vocablo se deriva del verbo *katanysso*, que significa "golpear", "clavar con violencia", "pinchar". El término *katanypois* es bastante raro. Comporta la idea de "desconcierto", "letargo" e "insensibilidad". De modo que la frase "espíritu de estupor" denota un estado de insensibilidad espiritual. Del mismo modo, Dios les dio ojos tales para que no viesen y oídos para que no oyesen.

"**Hasta el día de hoy**" (*héos têis séimeron hèiméras*). Esta es una expresión enfática que significa "hasta este mismo día". Pablo señala que el estado de insensibilidad espiritual de Israel ha existido por un tiempo prolongado y estaba vigente aún en su generación. Lo que el apóstol no sugiere es que dicho estado continuará indefinidamente.

11:9-10

"**Y David dice.**" La cita es tomada del Salmo 69:22-23 que Pablo atribuye concretamente a David. Dicho Salmo pertenece a los llamados imprecatorios, en los que David pide a Dios la destrucción de sus enemigos. Muchos de esos salmos tienen una proyección mesiánica en la que se vislumbra la actitud de Israel hacia el Mesías.

"**Su convite**" (*hèi trápedsa*). Literalmente "su mesa". Aquí se usa una metonimia. Esta figura consiste en el cambio de un sustantivo por otro con el que guarda cierta relación. En este caso es una metonimia de sujeto, donde el contenedor (mesa) se cambia por el contenido (lo que está sobre la mesa).

"**En trampa y en red**" (*eis pagída kaì eis théiran*). Estos son instrumentos usados por cazadores para atrapar a sus presas. Lo que debió de ser de bendición a Israel ("su convite" o "su mesa") ha resultado en maldición. El rechazo de la gracia de Dios les ha resultado en ceguera judicial.

"**En tropezadero y en retribución**" (*eis skándalon kaì eis àntapódoma*). El Mesías fue enviado para bendición de Israel (y del mundo), pero se ha convertido en piedra de tropiezo para dicha nación (Ro. 9:33). El vocablo "retribución" (*àntapódoma*) es un doble compuesto (*anti* + *apo* + *didómi*) y significa "recompensa", "lo que se paga", "retribución". Dicho vocablo puede usarse tanto en sentido malo (Ro. 11:9) como bueno (Lc. 14:12). Pablo es enfático en señalar que la mesa de bendición, en cumplimiento al Salmo 69:22-23, se ha convertido en: (1) trampa, (2) red, (3) tropezadero, y (4) retribución para la nación de Israel.

"**Sean oscurecidos sus ojos**" (*skotisthéitosan hoì òfthalmoì aùtôn*). La forma verbal "sean oscurecidos" es el aoristo imperativo, voz pasiva de *skotídso*, que significa "oscurecer". Esta forma verbal sugiere urgencia en la acción. "**Para que no vean**" (*toû mèi blépein*). Esta forma, en la que el artículo determinado está en el caso genitivo y el verbo en el modo infinitivo, podría expresar propósito o resultado. Es decir, Dios les dio ojos tales para que no viesen.

"**Y agóbiales la espalda para siempre**" (*kaì tòn nôton aùtôn dià pantòs synkampson*). Aquí se describe el cuadro de esclavos con sus espaldas dobladas a causa de la dificultad de la tarea que realizan. La expresión "para siempre" (*dià pantòs*) debe traducirse "continuamente". Es decir, por la duración del juicio que la nación rebelde experimente, mientras ese juicio dura, el salmista pide a Dios que *continuamente* les cargue de tal manera que sus espalda sufran el peso y se doblen con angustia.

11:11

"**Digo, pues**" (*légo oûn*). Igual que en 11:1 donde, sobre la base de lo dicho antes, Pablo establece que Dios no ha desechado a su pueblo. Ahora, después de explicar la situación presente de Israel, el apóstol aclara que la caída de Israel no es total ni final.

"**¿Han tropezado los de Israel para que cayesen?**" (*mèi éptaisan hína pésosin*). Igual que en 11:1, aquí se espera una respuesta negativa. La traducción sería algo así: "No han tropezado [los de Israel] para que cayesen, ¿verdad que no?" La forma verbal "han tropezado" es el aoristo indicativo, voz activa de *ptáio*, que significa "tropezar". La frase "para que cayesen" (*hína pésosin*) sugiere resultado. Dicha frase contempla una caída completa e irrecuperable. El argumento del apóstol es negar rotundamente (*mèi génoito*), diciendo "en ninguna manera" que el tropiezo de Israel haya tenido como resultado una caída irremediable.

"**Pero por su transgresión vino la salvación a los gentiles, para provocarles a celos.**" "Pero" (*allà*) indica un contraste enfático. La expresión "por su transgresión" (*tôi aùtôn paraptómati*) es un dativo de instrumentalidad. La transgresión se refiere al tropiezo de Israel. Dios ha usado ese instrumento para ejecutar dos de sus propósitos: (1) proclamar la salvación entre los gentiles, y (2) provocar celos en Israel.

11:12

"Y si su transgresión es la riqueza del mundo, y si su defección la riqueza de los gentiles." La explicación que Pablo ofrece aquí es un misterio insondable. En el versículo 11, el apóstol ha dicho que la transgresión de Israel ha sido usada por Dios para que el mensaje del evangelio llegue a los gentiles. Ahora expresa que una bendición mayor será derramada cuando Israel sea restaurada.

El término "transgresión" (*paráptoma*) tiene el mismo sentido que en el versículo 11, y se refiere al tropiezo de Israel mencionado en 9:33 y 11:9. Sin duda, ese tropiezo tiene que ver con el rechazo que la nación como tal ha hecho de la persona del Mesías.

Los vocablos "mundo" (*kósmou*) y "gentiles" (*èthnôn*) son genitivos de objeto. Ambos sustantivos se refieren a la humanidad en general, es decir, al resto de las naciones de la tierra.

El término "defección" (*héitteima*) significa "derrota" o "pérdida" y es paralelo con "transgresión". Ambos vocablos contemplan la situación presente de Israel, en su estado de ceguera espiritual. Israel está sufriendo la pérdida de disfrutar de las bendiciones prometidas por Dios en el pacto abrahámico.

"¿Cuánto más su plena restauración?" (*pósoi mâllon tò pléiroma aùtôn*). Esta frase podría ser mejor traducida: "¿cuánto más [será la riqueza] de la plenitud de ellos?" La humanidad experimentará una riqueza espiritual mucho mayor cuando el remanente de Israel sea salvo en conexión con la segunda venida de Cristo (véase Ro. 11:26). En la era del reinado glorioso del Mesías, la nación de Israel será de bendición a todas las naciones de la tierra.

11:13

"Porque a vosotros hablo, gentiles. Por cuanto soy apóstol a los gentiles, honro mi ministerio." Una posible manera de expresar este versículo sería: "mas estoy hablando a vosotros, los gentiles" o "lo que estoy diciendo aquí va dirigido especialmente al grupo de gentiles que está entre vosotros". Pablo tenía autoridad para hablar así, porque fue designado especialmente como apóstol de los gentiles (Hch. 9:15). El apóstol tenía en muy alta estima el servicio que hacía entre los gentiles (*tèin diakonían mou doxádso*). Pablo no exalta su persona, sino que eleva el ministerio, considerándolo como algo muy especial.

11:14

"**Por si en alguna manera pueda provocar a celos a los de mi sangre, y pueda hacer salvos a algunos de ellos.**" La expresión "por si en alguna manera" expresa duda o vacilación, y va seguida de un verbo en el modo subjuntivo (véase v. 11).

"**Pueda provocar a celos a los de mi sangre.**" Es el deseo de Pablo tener la capacidad de provocar celos en los de su nación, de tal manera que llegasen a conocer la salvación que él ha conocido. La frase "los de mi sangre" (*mou tèn sárka*) literalmente significa "los de mi carne", y es una referencia a los judíos en general o a los propios parientes de Pablo.

11:15

"**Porque si su exclusión es la reconciliación del mundo, ¿qué será su admisión, sino vida de entre los muertos?**" El rechazo de Israel a causa de su rebeldía es denominado "exclusión" (*àpobolè*, de *apo* = fuera y *bállo* = tirar). La exclusión de Israel es temporal y es idéntica con el rechazo que dicho pueblo hizo del Mesías. El rechazo del Mesías de parte de Israel hizo que el evangelio se extendiese a todo el mundo. "La reconciliación del mundo" no significa la salvación de toda la humanidad, sino que la base para la restauración de la comunión entre Dios y el hombre ha sido establecida mediante la muerte de Cristo.

En el versículo 12, Pablo habla de "la riqueza del mundo" (*ploûtos kósmou*) y de "la riqueza de los gentiles" (*ploûtos èthnôn*) que han ocurrido como resultado de la "transgresión" (*paráptoma*) y la "defección" (*héitteima*) de Israel. Ahora, en el versículo 15, el apóstol se refiere a la "exclusión" (*àpobalè*) de los judíos. El vocablo "exclusión" se refiere al rechazo que la nación de Israel hizo al Mesías. Los judíos entregaron a Cristo a las autoridades romanas para que fuese crucificado, pero la muerte de Cristo es la base y el medio para la reconciliación del mundo (*katallagèi kósmou*) con Dios (véase Col. 1:20, 21).

"Su admisión" (*hèi prósleimpsis*) se refiere a la restauración futura de Israel cuando el remanente reconozca y acepte a Cristo como el Mesías prometido. Esa "admisión" será un milagro tal como el de la resurrección, es decir, "vida de entre los muertos" (*dsoèi èk nekrôn*). Habrá una gran resurrección para vida de la nación de Israel (véase Jn. 5:29; Ap. 20:4-6; Ez. 37:1-28; Dn. 12:2-3).

11:16

"**Si las primicias son santas, también lo es la masa restante; y si la raíz es santa, también lo son las ramas.**" Pablo utiliza dos ilustraciones para mostrar su convicción de que la caída de Israel no es ni final ni total. Recuérdese que en el versículo 13 dirige sus palabras a los gentiles, quienes podrían pensar que Dios ha desechado a Israel para siempre. Los sustantivos "primicias" (*hàparchè*) y "raíz" (*hrídsa*) se usan metafóricamente con referencia a Abraham o, tal vez, a los patriarcas, mientras que "masa" (*fúrama*) y "ramas" (*kládoi*) se refieren a la nación de Israel. Dios se comprometió con Abraham a que le daría una simiente que permanecería para siempre. Esa simiente vendría a través de Isaac y Jacob. En esa descendencia, Dios cumplirá su promesa cuando el Mesías establezca su reino de paz y justicia en la tierra.

11:17

"**Pues si algunas de las ramas fueron desgajadas.**" La forma verbal "fueron desgajadas" (*èxeklástheisan*) es el aoristo indicativo, voz pasiva de *ekkláo*, que significa "romper", "cortar", "quebrar". "Algunas de las ramas" se refiere a componentes de la nación de Israel.

"**Y tú, siendo olivo silvestre, has sido injertado en lugar de ellas, y han sido hecho participante de la raíz y de la rica savia del olivo.**" Con esta frase, Pablo describe lo que Dios ha hecho con los gentiles que han puesto su fe en Cristo. Los gentiles son "olivo silvestre" (*àriélaios*) que ha sido injertado (*ènekentrístheis*) no "en lugar de ellos" (eso requeriría el uso de la preposición *anti*), sino "en medio de" o "entre" (*èn aùtoîs*) ellas. La expresión "participantes de la raíz" (*synkoinonòs têis hrídseis*) se refiere a la co-participación de los gentiles que han sido injertados "en medio de las ramas" para que participen de las bendiciones del pacto abrahámico.

"**Y de la rica savia del olivo.**" El "olivo silvestre", es decir, los gentiles, ha sido hecho participante de dos cosas importantes: (1) de la raíz, y (2) de la rica savia del olivo. Estas figuras describen la magnitud de la riqueza que Dios ha derramado sobre quienes han acogido los beneficios de su gracia a través de Cristo en esta dispensación. A través del evangelio de salvación, los gentiles han sido hechos partícipes de las bendiciones del nuevo pacto.

11:18

"**No te jactes contra las ramas; y si te jactas, sabe que no sustentas tú a la raíz, sino la raíz a ti.**" "No te jactes" (*mèi katakauchô*) es el presente imperativo, voz media de *katakaucháomai*, precedido por una negación. Esta construcción gramatical significa "dejar de hacer algo que ya está en progreso" o no hacer de ello un hábito. Pablo dice al gentil "deja de jactarte contra las ramas". Probablemente, los cristianos gentiles en Roma practicaban la jactancia contra los judíos por el hecho de que Dios les había hecho partícipes de sus bendiciones. El apóstol reconoce que los gentiles practicaban la arrogancia contra los judíos ("las ramas") y les advierte de manera muy enfática el porqué deben de abandonar dicha actitud: "no sustentas tú a la raíz, sino la raíz a ti". El texto griego dice, literalmente: "No tú a la raíz sostienes, sino la raíz a ti". Los creyentes gentiles debían de estar agradecidos de que Dios los haya injertado en el tronco del olivo y en la raíz. La bendición va de la raíz a las ramas y no de las ramas a la raíz.

11:19

"Pues las ramas, dirás, fueron desgajadas para que yo fuese injertado." De esta manera se manifestaba la arrogancia de los gentiles. El texto griego dice: "Por lo tanto dirás, las ramas fueron rotas para que yo fuese injertada". "Para" (*hína*) sugiere propósito. Es decir, el gentil asumía que el propósito de romper o quebrar las ramas era *para* que él (olivo silvestre) fuese injertado en lugar de las ramas. Pablo refuta tal idea en los versículos siguientes.

11:20

"Bien" (*kalôs*) es un adverbio utilizado para aclarar la media verdad expresada por algún gentil tocante al obrar de Dios. En el versículo 11, Pablo ha expresado que la transgresión de los judíos ha producido dos cosas: (1) la salvación de los gentiles, y (2) celos en la nación de Israel.

Ahora Pablo establece que las ramas fueron rotas o desgajadas por su incredulidad (*têi àpistía*). La razón de por qué Israel está bajo juicio es a causa de su incredulidad. Los gentiles han sido injertados por medio de la fe (*têi pístei*). De modo que los gentiles no deben gloriarse ni ser arrogantes, puesto que las bendiciones de las que disfrutan son un regalo de la gracia de Dios que sólo se recibe por la fe. El texto dice: **"Y tú por la fe estás en pie"**. La forma verbal "estás en pie" (*hésteikas*) es el perfecto indicativo de *hísteimi*. El tiempo perfecto sugiere la idea de permanencia. La fe es el instrumento que hace que el creyente pueda permanecer en pie. La fe anula cualquier mérito personal al que se pretendiese apelar.

"No te ensoberbezcas, sino teme", "no seas altivo, sino teme" o "no pienses con altivez, sino al contrario, teme" (véase Ro. 12:16). Lo que Dios ha hecho tanto con Israel como con los gentiles debe producir temor en el corazón en lugar de arrogancia.

11:21

"Porque si Dios no perdonó a las ramas naturales, a ti tampoco te perdonará" (*ei gàr hò theòs tôn katà fysin kládon oùk efeísato oùdè soû feísetai*). Esta frase proporciona una explicación adicional de lo dicho en los versículos 11-20. La condicional aquí asume la realidad de lo que se dice. En lugar de "si" podría decirse "ya que". La forma verbal "perdonó" (*efeísato*) es el aoristo indicativo, voz media de *féidomai* que recibe diversas traducciones en la Reina-Valera 1960. Por ejemplo, en Hechos 20:29 "perdonar", en Romanos 8:32 "escatimar", en 1 Corintios 7:28 "evitar", en 2 Corintios 1:23 "ser indulgente". Pablo desea recordar a los gentiles que si Dios no pasó por alto la incredulidad de los judíos ("las ramas naturales") tampoco lo hará con la arrogancia de los gentiles.

"Las ramas naturales" (*katà fysin kládon*) significa "ramas según naturaleza", es decir, las ramas que naturalmente pertenecen al tronco, en contraste con las que han sido "injertadas" (v. 17) o las que son "contra naturaleza" (v. 24). La referencia aquí es al conjunto nacional y no a individuos. "Las ramas naturales" contempla a la nación de Israel como un todo.

11:22

"Mira, pues, la bondad y la severidad de Dios" (*íde oûn cheistóteita kaì àpotomían theoû*). La forma verbal "mira" (*íde*) es el aoristo imperativo de *horáo* y los sustantivos "bondad" y "severidad" son los complementos directos de dicho verbo. "Bondad" (*chreistóteita*) significa "el acto de dispensar favores". "Severidad" (*àpotomía*) es un vocablo compuesto de *apo* = afuera y *tome* = corte, que significa "rigor", "severidad", "dureza".

"La severidad ciertamente para con los que cayeron" (*èpì mèn toùs pesóntas àpotomía*). Esta frase es enfática y dice literalmente así: "Por un lado, sobre los que cayeron, severidad." "Los que cayeron" contempla lo dicho en el versículo 11. La referencia es, sin duda, al pueblo de Israel. Dicha expresión es sinónima con "transgresión" (v. 12), "exclusión" (v. 15), "ramas desgajadas" (v. 17). Dios no ha pasado por alto la incredulidad y rebeldía de la nación de Israel.

"Pero la bondad para contigo, si permaneces en esa bondad." El texto griego dice: "Pero por otro lado, sobre ti bondad de Dios, si permaneces en la bondad". El texto no sugiere en modo alguno la pérdida de la salvación, ni tampoco que la salvación dependa de algún esfuerzo humano, como por ejemplo el permanecer o perseverar. Pablo utiliza el singular ("contigo") para dirigirse a los gentiles como un todo. La idea es que si los gentiles como tales desprecian la bondad de Dios, también sufrirán la severidad de Dios. El argumento del apóstol es el siguiente: Israel, como nación, cayó en incredulidad, endureció su corazón, rechazó la oferta de salvación a través de Jesús el Mesías y por lo tanto ha tenido que experimentar la severidad de Dios.

La transgresión de Israel, patentizada en su rechazo del Mesías, ha sido usada para: (1) que el evangelio sea predicado a los gentiles, y (2) provocar a los judíos a celos. Si los gentiles desprecian la bondad de Dios y caen en una transgresión semejante a la de Israel, ellos también serán cortados. La expresión "**tú también serás cortado**" es enfática. La forma verbal "serás cortado" es el futuro indicativo, voz pasiva de *ekkópto*, que significa "cortar" (véase Mt. 3:10; 7:19; Ro. 11:24). Si los gentiles transgreden como lo hizo Israel, correrán la misma suerte (véase v. 17).

11:23

"**Y aún ellos**" (*kàkeînoi dé*) se refiere a judíos. "Y también estos", es decir, los componentes de la nación de Israel que ahora están en incredulidad.

"**Si no permanecieren en incredulidad**" (*eàn mèi èpiménosin têi àpistía*) "**serán injertados**" (*ènkentristhéisontai*). Esta es una condicional de futuro más probable, que sugiere cierta probabilidad de cumplimiento. Si el pueblo de Israel abandona su estado de incredulidad y pone su fe en Jesucristo, Dios le perdonará e injertará en el tronco del olivo. La idea es la que aparece en Romanos 10:9: "Que si confesares con tu boca que Jesús es el Señor [Jehová] y creyeres en tu corazón que Dios le levantó de los muertos, serás salvo."

"**Pues poderoso es Dios para volverlos a injertar**" (*dunatòs gár èstin hò theòs pálin ènkentrísai aùtoús*). La capacidad de Dios para reinjertar a los judíos es incuestionable. Pablo afirma que *Dios es poderoso*, es decir, tiene todo el poder que se requiere para hacerlo. Que se haga o no depende de la *voluntad de Dios*, no de su capacidad para ejecutarlo. Cuando el remanente de Israel alce sus ojos a Dios y ponga su fe en Jesús el Mesías, será salvo, es decir, reinjertado en el tronco del olivo. Nótese en este versículo los verbos "serán injertados" (*ènkentristhéisontai*) e "injertar" (*ènkentrísai*). El primero está en el futuro de indicativo que expresa realidad tan pronto como se cumpla la condición de abandonar la incredulidad. El segundo está en el aoristo del infinitivo y es epexegético o complementario de *dunatòs* ("poderoso"). De manera que, en su soberana voluntad y como un acto de su amor fiel, Dios restaurará a Israel el día en que la nación se vuelva al Mesías.

11:24

**"Porque si tú fuiste cortado del que por naturaleza es olivo silves-
tre, y contra naturaleza fuiste injertado en el buen olivo."** El "olivo
silvestre" representa a los gentiles. Las ramas del olivo silvestre representan a gentiles que por haber confiado en Cristo han sido hechos partícipes
de las bendiciones del pacto abrahámico. La expresión "contra naturaleza" (*katà fysin*) señala que Pablo entendía el proceso de injertar ramas.
Normalmente, no se injerta una rama silvestre en un árbol bueno. Eso es
contrario a la naturaleza. El argumento del apóstol es que del olivo silvestre (gentiles), se han cortado ramas (individuos gentiles) y, contrario a lo
que cualquiera esperaría, han sido injertados en el tronco del buen olivo.

Con esa ilustración, Pablo en modo alguno sugiere que Dios haya
reemplazado a Israel con la Iglesia. La Iglesia no es el Israel espiritual,
puesto que Pablo afirma que las ramas naturales (israelitas) que ahora
están bajo juicio a causa de su incredulidad, serán reinjertadas tan pronto
como pongan su fe en el Mesías.

**"¿Cuánto más estos, que son las ramas naturales, serán injertados
en su propio olivo?"** La expresión "cuánto más" (*pósoi mâllon*) es común
en el idioma griego y se usa de distintas maneras según el entorno del
pasaje. Aquí significa: "por cuánto más". Es decir, si Dios soberanamente
ha injertado a las ramas silvestres, "por cuánto más" puede El reinjertar a las
ramas naturales en el olivo al que pertenecen por naturaleza tan pronto
como abandonen su incredulidad y acepten el regalo de la gracia de Dios.
Obsérvese el pronombre demostrativo "estos" (*houtoi*) que es masculino
plural y se usa colectivamente con referencia a "las ramas naturales". A
través de este pasaje, Pablo ha usado la expresión "ramas naturales" metafóricamente para referirse a "los de Israel" (v. 11). En el versículo 14, el
apóstol usa la expresión "los de mi sangre", refiriéndose a sus compatriotas.
El contraste entre "ramas naturales" y "ramas silvestres" tiene que ver con
judíos y gentiles. Pablo destaca que Dios ha tenido misericordia de los
gentiles, haciéndoles partícipes de las bendiciones del pacto abrahámico.

Al mismo tiempo, resalta el hecho de que Dios no ha cancelado su
promesa para la simiente física de Abraham. La caída de Israel no es final
ni total. Dios volverá a tener misericordia de ellos y se acordará de su
promesa a Abraham (Gn. 15:18; 18:19) y las "ramas naturales" serán
reinjertadas en su propio olivo.

11:25

"Porque no quiero, hermanos, que ignoréis este misterio." El vocablo "misterio" (*mystéirion*) se refiere a una verdad que no ha sido previa-

mente revelada. Pablo desea que los "hermanos" (*àdelfoí*), particularmente los gentiles, estén bien informados acerca de la verdad que está a punto de expresar. La razón de por qué deben de conocer esa verdad es: "**para que no seáis arrogantes en cuanto a vosotros mismos**", es decir, "para que no seáis sabios [o listos] en vosotros mismos".

Seguidamente, Pablo pasa a explicar el significado del *misterio*: "**que ha acontecido a Israel endurecimiento en parte, hasta que haya entrado la plenitud de los gentiles**". Obsérvese que el endurecimiento de Israel es "en parte" (*apò mérous*) y tiene un límite: "hasta" (*áchris hou*) que la "plenitud", es decir, el número total de los escogidos de entre los gentiles, "haya entrado" o haya sido salvado. Debe notarse que Dios tiene un propósito concreto tanto para los judíos como para los gentiles. Hoy Dios está salvando de entre los gentiles un pueblo para sí (Hch. 15:14). Cuando Dios haya terminado, se habrá cumplido "la plenitud de los gentiles" (11:25). Luego Dios reanudará su trato con Israel y la *plenitud* de la simiente de Abraham será salvada (Ro. 11:12).

11:26

"**Y luego todo Israel será salvo, como está escrito: Vendrá de Sion el Libertador, que apartará de Jacob la impiedad.**" "Y luego" (*kaì hoútos*) es una expresión enfática que significa "y de esta manera" o, quizá, "y de esta única manera". Es decir, después de que el endurecimiento parcial de Israel haya terminado y de que la plenitud de los gentiles haya entrado, de esa única manera "todo Israel será salvo".

La expresión "todo Israel" ha sido interpretada de varias maneras:

1. Incluye a judíos y gentiles (Calvino). Esa postura debe ser rechazada en virtud de lo que dice el versículo 25.
2. Sólo los escogidos de la nación de Israel (Bengel).
3. La totalidad de la nación de Israel sin excluir a ninguno de sus integrantes (Aquino).
4. La nación de Israel como tal, pero sin necesariamente incluir la totalidad de sus integrantes (Zahn).

Las Escrituras enseñan que en los postreros tiempos la nación de Israel será sometida a un período de prueba, llamado la gran tribulación (Mt. 24:25; Jer. 30:7; Dn. 12:1). La tribulación de Israel será como consecuencia directa de la persecución que habrá de desencadenar el Anticristo (Ap. 12). Un número considerable de israelitas sucumbirá a la persecución y sólo quedará un remanente. Ese resto será "todo Israel" que será salvo o liberado por la venida en gloria del Mesías, llamado el Libertador *(hò hruómenos)* en Romanos 11:26. Aunque "el Libertador" gramaticalmente es un participio presente acompañado del artículo determinado, tiene la fuerza de un sustantivo.

El Libertador "vendrá" (Is. 59:20), tal como está escrito, a juzgar y a reinar con poder y gloria. "El apartará *(àpostrépsei)* la iniquidad *(àsebeías)* de Israel." Obsérvese que el Libertador viene a realizar primordialmente una liberación espiritual. El viene a libertar a su pueblo de la iniquidad. Israel esperaba a un libertador político que librase del yugo del Imperio Romano. Del mismo modo, en los postreros días, esperará quien le libre del Anticristo. El Mesías sojuzgará a todos los enemigos de Dios y vendrá a traer liberación espiritual. Por supuesto que el reino del Mesías también implica bendiciones políticas y materiales para todos los que entren por medio de la fe en Cristo.

11:27

"**Y este será mi pacto con ellos, cuando yo quite sus pecados.**" "Este" *(aútei)* es un pronombre demostrativo femenino usado en anticipación a "pacto" *(diathéke)* que es un vocablo femenino. La frase nominal en el griego dice: "Y este con ellos [es] de mi pacto". El orden sintáctico indica que el énfasis recae sobre el tema del pacto. La referencia es, sin duda, al nuevo pacto que, en su forma original, está registrado en Jeremías 31:31-40. En particular, el versículo 34 dice: "... porque perdonaré la maldad de ellos, y no me acordaré más de su pecado". El nuevo pacto fue oficialmente instituido por el Señor Jesucristo la noche antes de morir, cuando se reunió con sus discípulos en el aposento alto (véase Mt. 26:27-29). Una vez más, debe observarse el carácter espiritual de la liberación que el Mesías proporciona al pueblo de Israel: (1) apartará de Jacob la impiedad *(àsebeías)*, y (2) quitará *(àfélomai)* sus pecados *(tàs hàmartías aùtôn)*.

11:28

"**Así que en cuanto al evangelio, son enemigos por causa de vosotros; pero en cuanto a la elección, son amados por causa de los padres.**" El texto griego dice: "Por un lado, según el evangelio, [son] enemigos por vuestra causa; por el otro lado, según la elección, [son] amados debido a los padres". "El evangelio" *(tò eùangélion)* es la piedra de tropiezo de la nación de Israel. El pueblo judío rechaza la oferta de salvación que Dios le hace a través de Cristo (Ro. 10:9-10) y, por lo tanto, está en un estado de enemistad con Dios. Pero la fidelidad de Dios y su compromiso de cumplir su promesa a los patriarcas hace que la simiente de Abraham sea amada por el Señor.

11:29

"**Porque irrevocables son los dones y el llamamiento de Dios.**" Esta es una frase nominal. El vocablo "irrevocables" (*àmetaméleita*) significa irreversible tocante a algo que uno no quita o reclama. "Los dones" (*tà charísmata*) significa "los regalos de la gracia". "El llamamiento" (*hèi klêisis*) se refiere al llamado específico de Dios a Israel.

 De modo que Dios no da marcha atrás ni en los dones o regalos de su gracia ni en el llamamiento que ha hecho a la nación de Israel. Dios no reclama la devolución de lo que ha dado ni cancela el llamamiento eficaz que ha hecho.

11:30

"**Pues como vosotros también en otro tiempo érais desobedientes a Dios.**" Los gentiles que ahora han creído habían vivido en desobediencia tal como Israel ahora vive en desobediencia.

"**Pero ahora**" (*nûn dè*), es decir, "ahora mismo", con referencia al pasado inmediato en conjunción con el verbo en tiempo aoristo, "**habéis alcanzado misericordia**" (*èileéithete*). Los gentiles alcanzaron misericordia "**por la desobediencia de ellos**". Dios soberanamente usó la desobediencia de los judíos como instrumento para derramar su misericordia sobre los gentiles.

11:31

"**Así también estos ahora han sido desobedientes**" (*hoútos kaì oûtoi nûn èipeítheisan*). La expresión "así también" (*hoútos*) mira hacia atrás al "pues como" (*hósper*) del versículo 30. Pablo dice: "Pues como ... así también". Tal como los gentiles que ahora han creído fueron desobedientes a Dios, así también estos [judíos] han sido desobedientes.

"**Para que por la misericordia concedida a vosotros ellos también alcancen misericordia.**" El texto griego dice: "Para que ahora ellos también puedan recibir misericordia por medio de la misma misericordia mostrada a vosotros". La oración gramatical en el versículo 31 es de difícil construcción y su traducción es escabrosa. La verdad que sobresale, sin embargo, es que, a la postre, los judíos que han sido desobedientes, igual que los gentiles creyentes quienes también lo eran, han de recibir misericordia.

La frase "**para que estos también ahora puedan recibir misericordia**" sugiere propósito (*hína + eleeithósin*, aoristo subjuntivo). El propósito divino para con Israel permanece inalterable (11:29).

11:32

"**Porque Dios sujetó a todos en desobediencia, para tener miseri-cordia de todos**" (*synékleisen gàr theòs toùs pántas eìs àpeítheian hín toùs pántas èleéisei*). La forma verbal "sujetó" (*synékleisen*) es el aoristo indicativo de *synkleío* que significa "encerrar". Este versículo explica lo dicho en los versículos 30-31. En un acto soberano de su voluntad "Dios encerró a todos [judíos y gentiles] en desobediencia". Ese es el tema central de los versículos 30-31. Judíos y gentiles han sido desobedientes: "Mas la Escritura lo encerró todo bajo pecado, para que la promesa que es por la fe en Jesucristo fuese dada a los creyentes" (Gá. 3:22).

Obsérvese, sin embargo, que el propósito de Dios al encerrar a todos en desobediencia no es *para condenación*, sino "para tener misericordia de todos". El vocablo *hína* seguido de un verbo en el modo subjuntivo sugiere propósito. Dios ha tenido misericordia de los pecadores, incapaces de autosalvarse por sus propios méritos. Una vez más, la Biblia deja bien claro que la salvación es un acto divino que no depende de cualidades humanas. La salvación es un regalo de la gracia de Dios que sólo se recibe por la fe en la persona de Cristo.

11:33

"**¡Oh profundidad de las riquezas de la sabiduría y de la ciencia de Dios!**" Con esta exclamación Pablo expresa su reconocimiento de la ma-ravillosa soberanía de Dios. El apóstol utiliza tres genitivos, todos ellos relacionados con el vocablo "profundidad" (*báthos*). La idea es la siguien-te: "¡Oh profundidad de las riquezas, y [profundidad] de la sabiduría y [profundidad] del conocimiento de Dios". También podría expresarse así: "¡Oh profundidad de las riquezas tanto de la sabiduría como del conoci-miento de Dios!" En este último sentido, "sabiduría y conocimiento" son genitivos de contenido en función del vocablo "riquezas", expresando el significado de dichas riquezas.

"**Cuán insondables son sus juicios, e inescrutables sus caminos.**" Esta es la segunda exclamación utilizada en el versículo y es introducida por el vocablo "cuán" (*hòs*). Pablo queda totalmente deslumbrado por la grandeza del misterio de los juicios y de los caminos de Dios.

Los adjetivos "insondables" (*ànexeraúneita*) e "inescrutables" (*ànexi-chníastoi*) describen el carácter sublime de las acciones de Dios que son demasiado elevadas y profundas para el hombre. "Insondable" significa "imposible de examinar". "Inescrutable" significa "incapaz de seguirle la pista". Ambos adjetivos apuntan a la absoluta necesidad de que Dios revele sus verdades al hombre puesto que de otro modo el ser humano no podría conocerlas. La mente limitada y temporal del hombre no es capaz de comprender por sí misma las acciones del Dios soberano y eterno.

11:34

"Porque ¿quién entendió la mente del Señor? ¿O quién fue su consejero?" La forma verbal "entendió" (*égno*) es el aoristo indicativo, voz activa de *ginósko*, que significa "conocer". Tal vez la función de dicho verbo es la de un aoristo ingresivo: "¿quién ha llegado a conocer...?" La respuesta a ambas preguntas es que absolutamente *nadie*. Dios es autosuficiente y soberano. El no necesita consejos de nadie. Su mente es perfecta e infinitamente sabia (véase Is. 40:13; Job 41:11).

11:35-36

"¿O quién le dio a él primero, para que le fuese recompensado? Porque de él, y por él, y para él, son todas las cosas. A él sea la gloria por los siglos. Amén." "Le dio a él primero" (*proédoken*) es el aoristo indicativo de *prodídomi*. El prefijo *pro* significa "antes", "primero" y *dídomi* significa "dar": "¿quién le dio a Dios antes de que Dios le diese a él?" El hombre no ha dado nada suyo a Dios. Cualquier cosa que el ser humano dé a Dios es porque lo ha recibido de El. En el sentido final, el hombre no tiene nada que sea suyo. Dios es el dueño de todo y el dador de toda buena dádiva (Stg. 1:17).

La forma verbal "fuese recompensado" (*àntapodothéisetai*) es el futuro indicativo, voz pasiva de *antapodídomi*. Este verbo es un doble compuesto de *antí* + *apo* + *dídomi*, y significa "pagar", "devolver", "recompensar". La pregunta formulada por Pablo podría expresarse así: "¿Quién le dio primero a Dios y entonces, como resultado, Dios le ha dado a él?"

La explicación de todo eso es dada en el versículo 36. "Porque" (*hóti*) explica los versículos 34-35. "De él" (*èx aûtoû*) como causa primera y única de todas las cosas. "Por él" (*di' aùtoû*) señala que Dios es el agente directo que ejecuta todas las cosas. "Para él" (*eis aùtôn*), apunta al hecho de que El es la meta de todas las cosas (véase Col. 1:16). Dios es el diseñador, el creador y sustentador de todas las cosas. De modo que El y sólo El es digno de recibir gloria y honor por los siglos de los siglos.

RESUMEN Y CONCLUSIÓN

Los capítulos 10 y 11 de Romanos exponen la condición presente y la esperanza futura de Israel. Los israelitas equivocaron el propósito divino de la ley. Dios no dio la ley como un camino de salvación. El siempre ha declarado justo al pecador que ha creído en su revelación. Pablo expresa de manera terminante que "el fin de la ley es Cristo, para justicia a todo aquel que cree" (10:4).

Israel como nación, ha rechazado a Jesucristo el Mesías y, por lo tanto, ha perdido el camino hacia Dios. Cristo es para ellos "piedra de tropiezo y roca de caída" (9:33). Dios, sin embargo, no ha apartado su misericordia de ellos. La caída de Israel no es total ni final. Ahora la nación está bajo ceguera judicial porque Dios está completando el número de los gentiles. Pablo desea que los gentiles comprendan esa verdad y no sean soberbios hacia Israel.

Cuando la plenitud de los gentiles haya entrado, Dios reanudará su trato con Israel. El apóstol dice: "Y luego todo Israel será salvo, como está escrito: Vendrá de Sion el libertador, que apartará de Jacob la impiedad" (11:26). Dios ha sido misericordioso tanto con los judíos como con los gentiles y Pablo expresa su alabanza y reconocimiento a Dios por la grandeza de su gracia (11:33-36).

HOJA DE TRABAJO #21 (10:1-21)

1. "... tienen celo de Dios, pero no conforme a ciencia" (10:2). _____

_Pg. 208_

2. "... ignorando la justicia de Dios y procurando establecer la suya propia..." (10:3). _____

_Pg. 208_

3. "... el fin de la ley es Cristo, para justicia..." (10:4). _____

_Pg. 209_

4. "... si confesares con tu boca que Jesús es el Señor..." (10:9).

_Pg. 210_

5. "... Todo aquel que en El creyere, no será avergonzado" (10:11).

_Pg. 212_

6. "Porque no hay diferencia entre judío y griego..." (10:12).

_Pg. 212_

7. "¿Y cómo predicarán si no fueren enviados?" (10:15).

_Pg. 213_

8. "Yo os provocaré a celos con un pueblo que no es pueblo" (10:19). _

Pg. 216

9. "Todo el día extendí mis manos a un pueblo rebelde y contradictor" (10:21). _

Pg. 217

HOJA DE TRABAJO #22 (11:1-15)

1. "... ¿Ha desechado Dios a su pueblo?"... (11:1). _

Pg. 217

2. "... un remanente escogido por gracia" (11:5). _

Pg. 219

3. "... pero los escogidos sí lo han alcanzado y los demás fueron endurecidos" (11:7). _

Pg. 220

4. "Dios les dio espíritu de estupor" (11:8). _ Pg. 221

5. "... por su transgresión vino la salvación a los gentiles..." (11:11). _

Pg. 223

6. "Y si su transgresión es la riqueza del mundo, y su defección la riqueza de los gentiles, ¿cuánto más su plena restauración?" (11:12).

_____ Pg. 223 _____

7. "... provocar a celos a los de mi sangre, y hacer salvos a algunos de ellos" (11:14). _____ Pg. 224 _____

8. "... ¿qué será su admisión sino vida de entre los muertos?" (11:15). _ _____ Pg. 224 _____

HOJA DE TRABAJO #23 (11:16-36)

1. "Si las primicias son santas, también lo es la masa restante..." (11:16).

_____ Pg. 225 _____

2. "... has sido hecho participante de la raíz y de la rica savia del olivo" (11:17). _____ Pg. 225 _____

3. "No te jactes contra las ramas" (11:18). _____ Pg. 226 _____

4. "... si Dios no perdonó a las ramas naturales, a ti tampoco te perdonará" (11:21). _____ Pg. 227 _____

5. "... de otra manera tú también serás cortado" (11:22). _____

Pg. 228

6. "... si no permanecieran en incredulidad, serán injertados..." (11:23).

Pg. 228

7. "... hasta que haya entrado la plenitud de los gentiles" (11:25). _____

Pg. 230

8. "... todo Israel será salvo..." (11:26). _____ *Pg. 230*

9. "Porque irrevocables son los dones y el llamamiento de Dios" (11:29).

Pg. 232

10. "... Dios sujetó a todos en desobediencia, para tener misericordia de todos" (11:32). _____

Pg. 233

PREGUNTAS DE REPASO

1. ¿Cuál era la oración de Pablo tocante a Israel? _____

2. ¿Cuál era el error del celo de Israel? (Explique.) _____

3. ¿Por qué no se sometió Israel a la justicia de Dios? _____
    _____
    _____
    _____

4. ¿Qué acción describe "la justicia que es por la ley"? _____
    _____
    _____
    _____

5. ¿Qué acción describe "la justicia que es por la fe"? _____
    _____
    _____
    _____

6. ¿Qué significa "confesar con la boca" y "creer en el corazón"? (10:9-10). _____
    _____
    _____
    _____

7. ¿Qué es imprescindible creer para ser salvo según Romanos 10:9?
    _____
    _____
    _____

8. Compare Romanos 10:9 con Mateo 10:32-33 y diga qué relación guardan ambos textos. _____
    _____
    _____
    _____

9. ¿Existe alguna diferencia entre judío y gentil delante de Dios? (Cite el pasaje bíblico). _____
    _____
    _____
    _____

10. Mencione seis circunstancias que, a nivel humano, preparan el camino a la salvación según Romanos 10:13-16. _____

_____

_____

_____

_____

11. ¿Cómo se obtiene la fe (según Ro. 10:17)? _____

_____

_____

_____

_____

12. ¿Cuántas citas del Antiguo Testamento aparecen en los capítulos 9, 10 y 11 de Romanos? _____

_____

_____

_____

_____

13. ¿Qué dos cosas demuestran que Dios no ha desechado a Israel permanentemente? _____

_____

_____

_____

_____

14. ¿Qué significa la frase "un remanente escogido por gracia" en 11:5?

_____

_____

_____

_____

15. ¿Qué triple predicción hizo Isaías tocante a la condición espiritual de Israel? (Ro. 11:8). _____

_____

_____

_____

_____

16. Mencione un resultado de la caída de Israel. _____

_____

_____

_____

_____

17. ¿Qué vocablos utiliza el autor de Romanos para describir la rebelión de Israel en Romanos 11:11-12? _____

_____

_____

_____

18. ¿Qué significa la frase "su plena restauración" en 11:12? _____

_____

_____

_____

19. Explique el significado de Romanos 11:15. _____

_____

_____

_____

20. ¿Cuál era la posición oficial de Pablo? _____

_____

_____

_____

21. Explique el significado de las frases "las primicias" y "la masa" según 11:16. _____

_____

_____

_____

22. Explique el significado de las frases "la raíz" y "las ramas" en 11:16.

_____

_____

_____

23. ¿Qué significa la expresión "olivo silvestre" en 11:17? _____

_____

_____

_____

_____

24. Mencione tres expresiones del capítulo 11 que hablan de la caída de Israel. _____

_____

_____

_____

25. ¿Cuál es el "misterio" mencionado en 11:25? _____

_____

_____

_____

26. ¿Cuándo se consumará la plenitud de Israel? _____

_____

_____

27. ¿Qué significa "la plenitud de los gentiles"? _____

_____

_____

_____

28. Explique la expresión "todo Israel será salvo". _____

_____

_____

_____

29. ¿Cuándo es que "todo Israel será salvo"? _____

_____

_____

_____

30. ¿De dónde vendrá el libertador? _____

_____

_____

_____

31. ¿Cuál pacto se menciona en 11:27? _____

_____

_____

_____

32. ¿Qué significa la frase "en cuanto al evangelio, son enemigos"?

_____

_____

_____

33. ¿Por qué "son amados" los israelitas? _____

_____

_____

_____

34. ¿Cómo puede Israel alcanzar misericordia ahora? _____

_____

_____

_____

35. Explique Romanos 11:29. _____

_____

_____

_____

36. ¿Qué características de Dios destaca el autor de Romanos en 11:33-36? _____

_____

_____

_____

_____

11

El cristiano y su conducta (12:1-21)

Propósito: motivar al estudiante a vivir una vida ejemplar tanto dentro como fuera de la iglesia.

Objetivos de la lección

1. Que el estudiante discierna que la práctica de la santidad cristiana debe afectar todas las relaciones de la vida.
2. Que el estudiante crezca en su aprecio de la unidad del cuerpo de Cristo.
3. Que el estudiante sea capaz de armonizar y aplicar la doctrina y la práctica.

Tarea a realizar

1. Lea por lo menos tres veces Romanos 12:1-21.
2. Lea el comentario de Newell (pp. 359 a 384).
3. Complete las hojas de trabajo #24 y #25.
4. Conteste las preguntas de repaso.
5. Reflexione sobre el contenido del capítulo 12 y aplique sus enseñanzas de manera concreta tanto a su vida personal como a la iglesia local.

Resultados esperados

Al concluir la lección 11, el estudiante debe ser capaz de:

1. Sentirse motivado a dedicar su vida a Dios y estar dispuesto a hacer su voluntad.
2. Resumir el propósito y finalidad de los dones espirituales.
3. Sentirse motivado a examinar su conducta con el fin de corregir todo lo que no armonice con las Escrituras.

Idea central: la práctica de una conducta genuinamente cristiana se demuestra mediante la humildad y el amor.

BOSQUEJO

Introducción:

La Iglesia de Cristo está formada por personas que proceden de trasfondos distintos y de niveles culturales y sociales diferentes. Esa diversidad enriquece al cuerpo de Cristo. Sin embargo es importante que cada miembro esté consciente de su función y use su don o dones para bendición de los demás.

I. La práctica de una conducta genuinamente cristiana se demuestra mediante la humildad (12:1-8).
   1. La práctica de una conducta genuinamente cristiana se demuestra mediante una humilde presentación de la vida a Dios (12:1).
   2. La práctica de una conducta genuinamente cristiana demuestra la práctica de la santidad (12:2).
   3. La práctica de una conducta genuinamente cristiana se demuestra mediante la humildad (12:3-8).

II. La práctica de una conducta genuinamente cristiana se demuestra mediante el amor (12:9-21).
   1. La práctica de una conducta genuinamente cristiana se demuestra mediante el amor hacia los creyentes (12:9-16).
   2. La práctica de una conducta genuinamente cristiana se demuestra mediante el amor hacia los no creyentes (12:17-21).

Conclusión:

La obediencia a Dios y a su Palabra es el requisito indispensable para que el cristiano disfrute plenamente de las bendiciones de Dios.

Dios ha dado dones a cada cristiano para que le sirva y para que el cuerpo de Cristo sea edificado. El ejercicio de esos dones debe realizarse mediante la práctica de un amor genuino. Ese amor debe practicarse tanto hacia los creyentes como hacia los no creyentes para que Dios sea glorificado.

NOTAS EXEGÉTICAS Y COMENTARIOS

12:1

"**Así que**" (*oûn*). Mejor sería "por lo tanto". Dicha expresión señala el resultado del argumento presentado en los capítulos anteriores.

"**Os ruego**" (*parakalô*). Expresa una apelación o exhortación a actuar. Este verbo era usado en el vocabulario militar para exhortar a los soldados que estaban a punto de entrar en combate.

"**Por las misericordias de Dios**" (*oìktirmôn toû theoû*). La compasión y piedad que Dios ha demostrado al proveer todo lo que el hombre necesita para la salvación. La preposición "por" es *dià*, usada con el genitivo y sugiere agente mediante el cual algo se realiza. La implicación es que "las misericordias de Dios" constituyen el poder a través del cual la exhortación hecha debe afectar a la vida del creyente.

"**Que presentéis vuestros cuerpos.**" La forma verbal "presentéis" (*parastêisai*) es el aoristo infinitivo de *parísteimi*, que significa "presentar". Dicho vocablo se usaba para expresar la presentación de los sacrificios en el templo. Es el mismo vocablo usado en Lucas 2:22 con referencia a la presentación de Jesús por sus padres en el templo de Jerusalén.

El vocablo "cuerpo" (*tà sómata*) se usa simbólicamente para referirse a la totalidad de la persona. El creyente no sólo debe presentar su cuerpo, sino todo su ser delante de Dios.

"**Sacrificio vivo, santo, agradable a Dios.**" La expresión "sacrificio vivo" (*thysían dsôsan*) significa "ofrenda viviente". En contraste con los sacrificios y ofrendas de animales muertos que los creyentes del Antiguo Testamento presentaban en el templo, el creyente del Nuevo Testamento debe presentar su propia vida como un sacrificio viviente delante de Dios. Ese sacrificio debe ser "santo" (*hàgían*), es decir, separado o apartado para Dios y también "agradable" (*eùáreston*) a El (véase Ro. 14:18; 2 Co. 5:9; Fil. 4:18; Col. 3:20).

"**Vuestro culto racional**" (*tèin logikèin latreían hùmôn*), es decir "vuestra adoración espiritual". La idea del versículo es que la presentación de la vida del creyente ante Dios como un sacrificio viviente, santo, agradable a El es la adoración espiritual que debe ofrecerse al Señor.

12:2

"**No os conforméis a este siglo**" (*kaì mèi syscheimatídsesthe tôi aiôni* *toútoi*). Obsérvese que la RV/60 omite inexplicablemente la conjunción "y". Dicha conjunción denota la progresión de la idea: "y no os conforméis...". La forma verbal "conforméis" (*syscheimatídsesthe*) es el presente imperativo, voz pasiva de *syscheimatídsomai*: la idea de dicha forma verbal es pedir que se deje de hacer lo que ya se está haciendo. El verbo *syscheimatídsomai* comporta la idea de una transformación externa y superficial. La forma compuesta de dicho verbo sugiere la idea de "moldearse según un patrón". La objeción que el apóstol hace es que el molde es el mundo en lugar de Cristo. La voz pasiva podría señalar la influencia que "este siglo", es decir, la moda o las actividades del mundo ejercen sobre los creyentes.

   "**Sino transformaos**" (*àllà metamorfoûsthe*). Esta frase sugiere un contraste enfático. El verbo compuesto (*meta* + *morféo*) implica un cambio interior.

   "**Por medio de la renovación de vuestro entendimiento.**" La transformación que el apóstol pide se consigue mediante la "renovación" (*ànakainósei*) de la capacidad de pensar (*noós*). Esa obra la realiza el Espíritu Santo en la vida del creyente (véase Ef. 4:23; Tit. 3:5).

   "**Para que comprobéis**" (*eìs tò dokimádsein hùmâs*). La forma verbal "comprobéis" (*dokimádsein*) es el presente infinitivo de *dokimádso*, que significa "someter algo a prueba", "examinar", "aprobar", "tomar una decisión después de haber examinado algo". Ese vocablo se usa en Romanos 1:28 tocante al hecho de que los hombres "probaron" a Dios y decidieron apartarse de El. Pablo usa dicha frase aquí con el fin de indicar *propósito*. La renovación de la mente del creyente es con el propósito de que compruebe que la voluntad de Dios es "**buena**" intrínsecamente (*àgathòn*), "**agradable**" (*eùáreston*) y "**perfecta**" (*téleion*), es decir, realiza su propósito de manera completa y final.

12:3

   "**Por la gracia que me ha sido dada**" (*dià têis cháritos têis dotheíseis*). Pablo escribe con su autoridad apostólica. El fue comisionado como apóstol por el Señor. Dios salva por su gracia y también otorga dones a quienes ha salvado.

   "**A cada cual que está entre vosotros.**" La exhortación que el apóstol desea dar va dirigida a toda la congregación. Allí habían judíos y gentiles quienes podrían haber estado en pugna unos contra otros. Pablo les exhorta a la práctica de la humildad cristiana.

   "**Que no tenga más alto concepto de sí que el que debe tener.**" Literalmente, "no pensar o estimarse por encima de lo que es necesario pensar". Debe notarse que la expresión "de sí" no aparece en el original y quizá sería mejor omitirla. Es posible que lo que estaba ocurriendo entre los creyentes en Roma, particularmente entre los gentiles, era una cuestión general de discriminación contra los judíos (véase Ro. 11:25).

"**Sino que piense con cordura**" (*àllà froneîn eis tò sofroneîn*), es decir, hay una exhortación a pensar de uno mismo de manera sabia y sobria. El llamado es a que el creyente observe la propia moderación, discreción y autocontrol al pensar de sí mismo. Siempre existe el peligro de que alguien se crea supraespiritual y pretenda colocarse por encima de otros. "**Conforme a la medida de fe que Dios repartió a cada uno.**" Mejor sería "tal como Dios ha medido a cada uno una medida de fe" (véase idea paralela en 1 Co. 12:7). El texto parece sugerir una distribución de diferentes medidas. La fe (*písteos*) referida aquí no se refiere al acto de creer para salvación, sino a la que se relaciona con el servicio cristiano y el ejercicio de los dones espirituales.

12:4-5

"**Porque de la manera que en un cuerpo tenemos muchos miembros, pero no todos los miembros tienen la misma función, así nosotros, siendo muchos, somos un cuerpo en Cristo, y todos miembros los unos de los otros.**" En estos versículos Pablo usa la analogía del cuerpo humano para ilustrar la existencia de unidad y diversidad. Lo mismo que ocurre dentro de un cuerpo material (muchas partes con diferentes funciones), también ocurre dentro del cuerpo espiritual, es decir, la Iglesia. Los creyentes que componen la Iglesia han sido dotados por Dios con capacidades para el ejercicio de funciones que contribuyen al crecimiento y bienestar del cuerpo. La idea es que cada creyente, como parte del cuerpo, es individualmente miembro de otro creyente que también forma parte del cuerpo.

12:6

"**De manera que, teniendo diferentes dones, según la gracia que nos es dada.**" Mejor sería "y teniendo dones que difieren según la gracia que nos ha sido dada". Dios revela su gracia de manera diferente a diferentes individuos, repartiéndoles diferentes dones. El vocablo "diferentes" (*diáfora*) significa "que difieren". Todos los dones pertenecen a la misma clase, es decir son *charísmata* o "regalos de la gracia", pero cada uno difiere del otro en su función.

"Si el de profecía" (*eíte profeiteían*). El don de profecía es mencionado primero aquí (Ro. 12), mientras que en 1 Corintios 12 el de apóstol es mencionado en primer término. Sin duda, el don de profecía ocupaba un lugar prominente entre los dones espirituales (1 Co. 14:1, 39). El profeta recibía su mensaje directamente del Espíritu Santo y lo transmitía a la comunidad de creyentes. La misión primordial de profeta en el Nuevo Testamento era exhortar a la congregación. A veces lo hacía mediante la predicción de algún acontecimiento (Hch. 11:27), pero generalmente su ministerio era el de transmitir a la Iglesia alguna enseñanza recibida directamente de Dios.

La enseñanza del profeta era en conformidad con "**la medida de la fe**". Es decir, el profeta tenía sus limitaciones. La labor de profeta tenía que estar en perfecta armonía con la *analogía de la fe*. El profeta no debía expresar nada que fuese incompatible con la fe cristiana. El don de profeta, tal como se describe en el Nuevo Testamento, evidentemente cesó al final de la era apostólica. Hoy no hay profetas genuinos como los que hubo en la era apostólica.

12:7

"**De servicio, en servir**" (*diakonían èn têi diakoníai*). El "servicio" mencionado aquí es un don del Espíritu Santo. El vocablo *diakonian* se usa tanto en un sentido amplio como en un sentido limitado en los escritos de Pablo (véase 1 Co. 12:4-5 y Ef. 4:12 como ejemplos de uso general y Ro. 11:13; 2 Co. 3:8-9 y Col. 4:17 como ejemplos de uso específico).

"**El que enseña, en la enseñanza.**" El enseñador (*hò didáskon*) era la persona que instruía a la iglesia en las Escrituras del Antiguo Testamento y en la doctrina de los apóstoles (Hch. 2:42). El don de la enseñanza era de suma importancia (y lo sigue siendo) en la vida de la iglesia. El enseñador tiene una gran responsabilidad dentro de la asamblea. El apóstol Santiago reconoció esa responsabilidad en Santiago 3:1. Quienes utilizan 1 Juan 2:27 para decir que no se necesitan maestros porque tienen al Espíritu Santo están totalmente errados, puesto que Dios ha dado a la Iglesia el don de la enseñanza y ha preparado a enseñadores para que la ejecuten. Todo cristiano debe estar profundamente agradecido a Dios por los enseñadores que el Espíritu Santo ha dado para la edificación de la Iglesia.

12:8

"**El que exhorta en la exhortación**" (*ho parakalôn èn têi parakléisei*). La exhortación podría referirse a la capacidad de dar ánimo al que está desanimado o de consolar al que está triste. El verbo "exhortar" (*paraka-*

léo) se traduce de varias manera en el Nuevo Testamento. Entre ellas están: "rogar" (Ro. 12:1), "alentar" (1 Ts. 4:18), "consolar" (2 Co. 1:4). La diferencia entre "profetizar" y "exhortar" es mínima, pero sin duda ambos ministerios son de incalculable utilidad en la asamblea.

"El que reparte con liberalidad" (*hò metadidoùs èn hàplóteiti*). Mejor sería, "el que comparte con alguien [hágalo] con generosidad." Este don requiere tanto abrir la mano como el corazón. El compartir en este caso se refiere a bienes materiales. El creyente debe estar dispuesto a compartir sus bienes materiales con hermanos necesitados (véase Stg. 2:15-16; 1 Jn. 3:17).

"El que preside, con solicitud" (*hò proïstámenos èn spoudêi*). La expresión "el que preside" (*ho proïstámenos*) es el participio presente, voz pasiva de *proïsteimi*, que significa "colocar delante". En la voz pasiva, generalmente significa "colocar encima" o "poner a la cabeza". El participio articulado usado aquí posiblemente significa "el que gobierna", aunque también podría significar "el que protege". "Con solicitud" significa "con celo", "con entusiasmo", "con gusto". Es decir, el que preside la congregación o algún aspecto del trabajo de la asamblea debe hacerlo, no como una obligación, sino como un ministerio y un servicio al Señor.

"El que hace misericordia, con alegría." En los escritos de Pablo, la forma verbal "hacer misericordia" (*eleéo*) siempre se usa respecto de Dios. La única excepción es esta de Romanos 12:8. La exhortación, sin duda, se refiere al cuidado de los pobres, viudas, huérfanos, desvalidos y desamparados en general (véase Stg. 1:27).

12:9

"El amor sea sin fingimiento. Aborreced lo malo, seguid lo bueno." Es decir, "que el amor sea sincero" o "que el amor sea sin hipocresía". La expresión "aborreced" (*àpostugoûntes*) es el participio presente de *apostugéo*, que significa "repudiar", "odiar con fuerzas". Este verbo es un vocablo compuesto en el que el prefijo *apo* sugiere "separación" y *stugéo*, que significa "odiar", "detestar". Este verbo es enfático tanto por su uso como por la estructura del verbo en sí. "Lo malo" (*tò poneirón*) es la única vez que se usa en Romanos. Es un vocablo más fuerte que *kakós*, que también significa "malo".

La frase "seguid lo bueno", significa literalmente "adheridos a lo bueno". La voz "seguid" (*kollómenoi*) es el participio presente, voz media de *kolláomai*, que significa "adherir", "pegar fuertemente". La idea de las tres frases de este versículo es enfática. En la vida cristiana en general y en el ejercicio de los dones en particular: (1) el amor debe ser sincero; (2)

el mal debe ser repudiado; y (3) lo bueno debe estar "fuertemente pegado" a la vida del creyente.

12:10

"**Amaos los unos a los otros con amor fraternal**" (*têi filadelfía eis àlléilous filóstorgoi*). Literalmente, "en amor fraternal mostrando afecto familiar unos a otros". Los vocablos *filadelfía* ("amor fraternal") y *filóstorgoi* (traducido en la RV/60 "amaos"), denotan el amor perteneciente al ramo de lo familiar.

"**En cuanto a la honra, prefiriéndoos los unos a los otros**" (*têi timêi àlléilous proeigoúmenoi*) el vocablo "prefiriéndoos" (*proeigoúmenoi*) es el participio presente, voz media de *proeigéomai*, que significa "ir delante y mostrar el camino", "considerar", "estimar". La idea de la frase parece ser que, sobre la base del amor fraternal, el creyente debe esforzarse hasta lo sumo con el fin de mostrar su estimación, respeto y honra a los demás en lugar de procurar la suya propia.

12:11

"**En lo que requiere diligencia, no perezosos**" (*têi spoudêi mèi òkneiroí*). Esta frase expresa una exhortación a no ser negligentes al hacer frente a las cosas que requieren una solución urgente. El término "perezosos" (*òkneiroí*) describe a personas vacilantes y tímidas a la hora de actuar.

"**Fervientes en espíritu**" (*tôi pneúmati dséontes*). El término "fervientes" (*dséontes*) es el participio presente de *dséo* que significa "hervir". El presente sugiere una acción continua y el participio señala a un hecho que no toma en consideración el tiempo ni la duración del suceso. La expresión "en espíritu" podría referirse al Espíritu Santo, pero lo más probable y natural en el texto es que se refiere al espíritu del creyente.

"**Sirviendo al Señor**" (*tôi kyríoi douleúontes*). El participio presente *douleúontes* es del verbo *douleúo*, que significa "servir como esclavo". Pablo usa el sustantivo *doulos* para referirse a sí mismo como alguien que servía al Señor voluntariamente. Servir al Señor requiere abnegación, sacrificio y muchas veces sufrimientos. Pablo sabía bien las demandas del servicio al Señor (véase Fil. 1:12-18).

12:12

"**Gozosos en la esperanza**" (*têi èlpídi chaírontes*). La esperanza aludida aquí no es un simple "esperar", sino una confianza segura que descansa sobre la fidelidad de quien ha prometido. La esperanza del cristiano descansa en la promesa de Dios (véase Ro. 5:4-5).

"**Sufridos en la tribulación**" (*têi thlípsei hypoménontes*). El participio "sufridos" (*hypoménontes*) se deriva del verbo *hypoméno*, que significa "resistir la prueba", "aguantar la carga", "soportar con paciencia". El cristiano se enfrenta a tribulaciones de la vida diaria (véase Jn. 15:18, 16:33; Hch. 14:22).

"**Constantes en la oración**" (*têi proseuchêi proskarteroûntes*). La expresión "constantes" (*proskarteroûntes*) es el participio presente de *proskarteréo*, que significa "agarrar con firmeza", "perseverar", "dar atención", "persistir". Este vocablo comporta la idea de ocuparse fielmente en algo (se usa tocante a la oración en Hch. 1:14; 2:42; Col. 4:2).

12:13

"**Compartiendo para las necesidades de los santos**" (*taîs chréiais tôn hàgíon koinonoûntes*). Esta exhortación, aunque podría ser general, al parecer es una apelación específica. El vocablo "compartiendo" (*koinonoûntes*) es el participio presente de *koinonéo*, que significa "participar de", "tener comunión con", "tener parte en". El objeto de este verbo siempre está en el caso genitivo. De modo que Pablo exhorta a los creyentes en Roma a que contribuyan para las necesidades de los santos quienes probablemente atravesaban por una situación difícil de escasez. El participio usado aquí tiene la fuerza de un imperativo, es decir, "compartid" o "contribuid" (el participio con función de imperativo es frecuente en el Nuevo Testamento, véase Mt. 28:19; Mr. 5:23; Ro. 12:16; 1 P. 2:18).

"**Practicando la hospitalidad**" (*tèin filoxenían diókontes*). El participio presente "practicando" (*diókontes*), proviene del verbo *dióko*, que significa "perseguir", "aspirar a", "esforzarse por". La hospitalidad era una práctica fundamental en el Antiguo Testamento (véase Lv. 19:34; Dt. 10:19). En el Nuevo Testamento, el obispo debe ser hospedador (1 Ti. 3:2; Tit. 1:8; véase también Neh. 13:2).

12:14

"**Bendecid a los que os persiguen; bendecid y no maldigáis**" (*eùlogeîte toùs diókontas, eùlegeîte kaì mèi katarâsthe*). Con este versículo comienza un cambio gramatical en este capítulo. Hasta el versículo 13, Pablo ha usado participios con función de imperativos, pero a partir del versículo 14 usa verbos en el modo imperativo. "Bendecid" (*eùlogeite*) es el presente imperativo de *eulogéo*, que significa "hablar bien", "alabar". La idea de "bendecir" procede más bien del Antiguo Testamento (véase Nm. 6:24-25).

254   *Romanos*

"Maldigáis" (*katarâsthe*) es el presente imperativo, voz media de *kataráomai*, que significa "maldecir", "invocar una maldición". La fe cristiana tiene como distintivo de sus enseñanzas el pagar el mal con el bien y devolver bendición en lugar de maldición (véase Mt. 5:44).

12:15

"**Gozaos con los que se gozan; llorad con los que lloran.**" Los verbos "gozaos" y "llorad" están en el modo infinitivo, aunque ambos tienen función de imperativos. Tal uso no es raro en el idioma griego (véase Fil. 3:16 y *Gramática Griega del Nuevo Testamento*, por Dana y Mantey, pp. 208-209). La exhortación del texto parece ir más allá de la relación entre cristianos. El creyente debe solidarizarse con las necesidades incluso de los no creyentes.

12:16

"**Unánimes entre vosotros**" (*tò autò eìs àlléilous fronoûntes*). Literalmente, "la misma cosa unos con otros pensad". Tal vez lo destacable de esta frase es que los creyentes deben vivir en armonía unos con otros.

"**No altivos, sino asociándoos con los humildes**" (*mèi tà hypseilá fronoûntes àllà toîs tapeinoîs synapagómenoi*). Mejor sería, "no penséis altivamente sino asociaos con los humildes". La expresión "asociándoos" (*synapagómenoi*) es el participio presente, voz media de *synapágomai*, que significa "dejarse llevar con", "ser arrastrado con" (véase Gá. 2:15; 2 P. 3:17). Esta frase armoniza perfectamente con las enseñanzas de Mateo 5:3-5; 11:29; 18:4 y 23:12.

"**No seáis sabios en vuestra propia opinión**" (*mèi gínesthe frónimoi par' hèautoîs*). La expresión "no seáis" (*mèi gínesthe*) es el presente imperativo, voz media de *gínomai*. Esta forma verbal se usa para mandar a que se deje de hacer algo que se ha estado practicando. El mandato es parecido al que Pablo usa en 11:25 (véase también Pr. 3:7). El creyente no debe hacer alarde de su propia sabiduría, sino que debe actuar con humildad y gracia.

12:17

"**No paguéis a nadie mal por mal**" (*meidenì kakón àntì kakoû àpodidóntes*). De nuevo Pablo utiliza el participio presente con función de imperativo. La frase literalmente dice: "A nadie mal por mal paguéis". *Apodidóntes* es el participio presente de *apodídomi* que significa "devolver", "pagar". Esta es una prohibición a usar la *lex talionis* (véase Pr. 20:22; 24:29; Jer. 18:20).

"Procurad lo bueno delante de todos los hombres." El vocablo "procurad" (*pronooúmenoi*) es el participio presente, voz media de *pronoéo*, que significa "pensar antes", "preocuparse por", "tomar en consideración". Lo que esta frase destaca es el hecho de que el creyente debe tomar en cuenta y tener como meta presentar delante de todos los hombres las cosas buenas, ya sea que los hombres las reconozcan como buenas o no (véase Mt. 5:16; 1 Ti. 5:14).

12:18

"Si es posible, en cuanto dependa de vosotros, estad en paz con todos los hombres." La frase sustantiva "si es posible" (*eì dynatón*) es explicada por la cláusula siguiente: "en cuanto dependa de vosotros" (*tò èx hùmôn*). La expresión "estad en paz" (*eìreneúontes*) es el participio presente de *eireineúo*, que significa "practicar la paz", "vivir en paz". El cristiano debe hacer todo lo que esté de su parte para "vivir en paz" con todos los hombres. Pablo reconoce, sin embargo, que existe la posibilidad de que un creyente no pueda vivir en paz con otros hombres. Esa posibilidad se debe al hecho de que los hombres, por naturaleza, repudian el evangelio y las demandas que la Biblia hace tocante a la conducta humana.

12:19

"No os venguéis vosotros mismos." Esta es una enseñanza enfatizada en el Antiguo Testamento (véase Lv. 19:18; Pr. 20:22; 24:29). En lugar de practicar la venganza, el cristiano debe dar "lugar a la ira de Dios", es decir, reconocer que sólo Dios es el juez de los hombres en el sentido final de la palabra. Pablo cita el sentido de Deuteronomio 32:35, tocante al hecho de que la venganza es del Señor y no de los hombres. El cristiano debe "ceder el paso" a la ira de Dios en lugar de aplicar la suya propia.

12:20

"Así que, si tu enemigo tuviere hambre, dale de comer." La expresión "así que" (*àllà*) indica un contraste. El mundo acostumbra a tratar mal al enemigo (*hò èchthrós*). La Biblia dice que si "tuviere hambre" (*peinâi*) se le debe dar de comer, y "si tuviere sed" (*eàn dipsâi*) se le debe dar de beber, Esa es una gran diferencia entre la ética bíblica y la del mundo.

"Pues haciendo esto, ascuas de fuego amontonarás sobre su cabeza." El entorno del pasaje sugiere que esta frase no se refiere a un acto malo, sino a una acción beneficiosa. La idea es hacer bien al enemigo con el fin de que se sienta avergonzado y deje de ser enemigo. No debe entenderse que las "ascuas de fuego" (*ánthrakas puròs*) tenga algo que ver algo con el infierno, sino más bien con proveer un calor confortable a un enemigo que está pasando frío.

12:21

"**No seas vencido de lo malo, sino vence con el bien el mal.**" La forma verbal "seas vencido" (*nikô*) es el presente imperativo, voz media o pasiva, segunda persona singular de *nikáo*, que significa "conquistar", "vencer". "Vence" (*níka*) es el presente imperativo, voz activa del mismo verbo. Hay un contraste entre "lo malo" (*tò kakou*) o "lo que es malo" y "el bien" (*tôi àgathôi*) o "lo que es bueno". El cristiano vence lo malo cuando rehusa devolver mal con mal. La victoria está en saber devolver el mal con un bien.

RESUMEN Y CONCLUSIÓN

Romanos 12 inicia una sección muy práctica de la epístola. Pablo comienza con una exhortación a efectuar una dedicación de la vida a Dios (12:1-2). Seguidamente, destaca el aspecto de la unidad y la diversidad existente en la Iglesia. La unidad se debe al hecho de que es un solo cuerpo y la diversidad a que el Espíritu Santo ha repartido dones que enriquecen y edifican el cuerpo de Cristo. El capítulo termina con un llamado a practicar una ética consecuente con la realidad cristiana.

Hoja de trabajo #24 (12:1-8)

1. "... que presentéis vuestros cuerpos..." (12:1). _Pg. 247_

2. "No os conforméis a este siglo..." (12:2). _Pg. 248_

3. "... por medio de la renovación de vuestro entendimiento..." (12:2). _Pg. 248_

4. "... que no tenga más alto concepto de sí que el que debe tener..." (12:3). _Pg. 248_

5. "... no todos los miembros tienen la misma función" (12:4). _Pg. 249_

6. "... nosotros, siendo muchos, somos un cuerpo en Cristo..." (12:5). _Pg. 249_

7. "... teniendo diferentes dones, según la gracia que nos es dada..." (12:6). _Pg. 249_

8. "... el que preside, con solicitud..." (12:8). _____

     _Pg. 251_

Hoja de Trabajo #25 (12:9-21)

1. "El amor sea sin fingimiento" (12:9). _____

     _Pg. 251_

2. "... en cuanto a la honra, prefiriéndoos los unos a los otros" (12:10). _

     _Pg. 252_

3. "En lo que requiere diligencia, no perezosos" (12:11). _____

     _Pg. 252_

4. "No seáis sabios en vuestra propia opinión" (12:16). _____

     _Pg. 254_

5. "... en cuanto dependa de vosotros, estad en paz con todos los hombres" (12:18). _____

     _Pg. 255_

6. "No os venguéis vosotros mismos..." (12:19). _____

     _Pg. 255_

7. "Mía es la venganza, yo pagaré, dice el Señor" (12:19). _____

Pg. 255

8. "... ascuas de fuego amontonarás sobre su cabeza..." (12:20). _____

Pg. 255

9. "... vence con el bien el mal" (12:21). _____

Pg. 256

PREGUNTAS DE REPASO

1. ¿Qué significa "las misericordias de Dios" en Romanos 12:1? _____

2. ¿De qué tres maneras describe Pablo la presentación del cuerpo? ___

3. ¿Cuáles palabras describen la voluntad de Dios? _____

4. ¿Cuál es el culto racional del creyente? _____

5. Mencione cuatro requisitos indispensables para el servicio cristiano.

    _____

    _____

    _____

    _____

6. ¿A qué asemeja el capítulo 12 a los cristianos? _____

    _____

    _____

    _____

7. ¿De qué somos miembros según el capítulo 12? _____

    _____

    _____

    _____

8. ¿Cuáles dones se mencionan en Romanos 12? _____

    _____

    _____

    _____

9. ¿Cómo deben amar los cristianos según Romanos 12:9? _____

    _____

    _____

    _____

10. ¿Cuál debe ser la actitud del creyente hacia lo malo y lo bueno? ____

    _____

    _____

    _____

11. ¿Qué significa la frase "prefiriéndoos unos a otros"? _____

    _____

    _____

    _____

12. ¿Con qué actitud se debe servir al Señor según Romanos 12:11? ____

    _____

    _____

    _____

13. Explique la frase "gozosos en la esperanza" en 12:12. _____

_____
_____
_____

14. ¿Cuál debe ser la actitud del creyente ante las tribulaciones y pruebas de la vida? _____

_____
_____
_____

15. Explique de manera muy concreta la frase "compartiendo las necesidades de los santos" en 12:13. _____

_____
_____
_____

16. Haga una lista de las frases en el capítulo 12 que hablen de la humildad. _____

_____
_____
_____

17. En u breve párrafo, explique lo que un creyente debe hacer para llevarse bien con los demás. _____

_____
_____
_____

18. ¿Debe un cristiano ser vengativo? (Explique.) _____

_____
_____
_____

19. ¿Qué significa la frase "ascuas de fuego amontonarás sobre su cabeza" en 12:20? _____

_____
_____
_____

20. ¿Cuál es la mejor manera de derrotar el mal? _____

_____

_____

_____

_____

12

La responsabilidad civil del cristiano (13:1-14)

Propósito: estimular al estudiante a ser obediente y respetuoso de las leyes y las autoridades con el fin de dar un buen testimonio para la gloria de Dios.

Objetivos de la lección

1. Que el estudiante sea capaz de comprender su responsabilidad dentro de la sociedad en que vive.
2. Que el estudiante discierna que incluso las autoridades civiles forman parte del gobierno de Dios sobre sus criaturas.
3. Que el estudiante se comprometa a ser un buen ciudadano con el fin de agradar a Dios.

Tarea a realizar

1. Lea Romanos 13:1-14 en tres versiones distintas.
2. Lea el comentario de Newell (pp. 385 a 399).
3. Complete la hoja de trabajo #26.
4. Conteste las preguntas de repaso.
5. Escriba una lista de las características que debe exhibir un buen ciudadano.

Resultados esperados

Después de completar la lección 12, el estudiante debe ser capaz de:

1. Definir la responsabilidad del gobierno civil.
2. Describir el papel del cristiano dentro de la sociedad.
3. Describir la relación entre el gobierno civil y la autoridad divina en la tierra.

Idea central: el gobierno civil debe ser obedecido porque ha sido puesto por Dios para el bien del hombre hasta que Dios establezca un orden perfecto en el mundo.

BOSQUEJO

Introducción:

Dios quiere que haya orden en la sociedad humana y ha delegado en el hombre la ejecución de leyes para el bienestar del hombre. Si bien es cierto que existen muchas injusticias en los sistemas políticos de las naciones, también es cierto que sin las leyes habría caos en el mundo. Todos los hombres son responsables de obedecer el sistema legal bajo el cual viven. El cristiano que conoce las Sagradas Escrituras tiene la solemne responsabilidad de someterse a las leyes de los hombres y a las autoridades. Sólo en aquellas cosas cuando las leyes o los gobiernos se opongan a los mandatos explícitos de las Escrituras, puede un cristiano rehusar obedecer la ley. Aun así, el cristiano debe estar dispuesto a pagar el precio impuesto por su fidelidad a Dios.

I. **El gobierno civil debe ser obedecido porque ha sido instituido por Dios (13:1-2).**
    1. El gobierno civil debe ser obedecido porque forma parte del diseño de autoridad establecido por Dios (13:1).
    2. El gobierno civil debe ser obedecido porque representa la autoridad de Dios en la tierra (13:2).

II. **El gobierno civil debe ser obedecido porque existe para el bienestar del hombre (13:3-17).**
    1. El gobierno civil debe ser obedecido porque controla el mal entre los hombres (13:3-5).
    2. El gobierno civil tiene autoridad para imponer gravamen a los ciudadanos (13:6-7).

III. El gobierno civil debe ser obedecido hasta que Dios establezca un orden perfecto en el mundo (13:8-14).

1. El gobierno civil debe ser obedecido sobre la base de la revelación que Dios ha dado ya al cristiano (13:8-10).
2. El gobierno civil debe ser obedecido hasta que el Mesías establezca su reino (13:11-14).

Conclusión:

Dios ha establecido un orden en el universo. Ese orden incluye el establecimiento de la sociedad humana y el gobierno humano. El cristiano tiene el deber de someterse a todas las ordenanzas humanas con la excepción de aquellas que directamente se opongan a los mandatos específicos de la Palabra de Dios. El cristiano debe ser un ciudadano obediente a las leyes para que Dios sea glorificado.

Debe recordarse los ejemplos de hombres como José, quien vivió en Egipto (Gn. 37:1—50:26) bajo un gobierno totalitario. Sin embargo, como hombre de fe supo dar testimonio de la gracia de Dios. Algo semejante ocurrió con Daniel y sus tres compañeros durante el cautiverio en Babilonia. El rey de Babilonia tenía patria potestad sobre sus súbditos. Sus deseos y caprichos eran irresistibles, pero Daniel, Sadrac, Mesac y Abednego demostraron que un creyente puede y debe ser una luz en medio de las tinieblas. Aquellos cuatro jóvenes sirvieron a Dios bajo gobiernos paganos. Cuando fue necesario arriesgar sus vidas para no comprometer su fe lo hicieron con valentía y firmeza. Dios los remuneró por su fidelidad. No debe olvidarse que Pablo y su equipo vivieron bajo la autoridad de uno de los regímenes más crueles que se registra en la historia. Nerón fue cruel y despiadado aún con sus familiares. Es precisamente Pablo quien con mayor ahínco exhorta a los creyentes a obedecer las leyes civiles y a orar por las autoridades (1 Ti. 2:1-4).

NOTAS EXEGÉTICAS Y COMENTARIOS

13:1

"**Sométase**" (*hypotasséstho*) es el presente imperativo, voz pasiva de *hypotásso*, que significa "colocarse debajo", "sujetarse a alguien".

"**Las autoridades superiores**" (*èxousíais hyperechoúsais*). El vocablo "superiores" (*hyperechoúsais*) es el participio presente femenino plural de *hyperécho*, usado aquí con función de adjetivo. La idea sobresaliente es que el plan de Dios exige que toda persona sea obediente a las autoridades que gobiernan la sociedad humana.

"No hay autoridad sino de parte de Dios" (*où gàr éstin èxousía eì mèi hypò theoû*), es decir, "no hay autoridad que no haya sido dada por Dios".

"Y las que hay, por Dios han sido establecidas." La expresión "han sido establecidas" (*tetagménai*) es el participio perfecto, voz pasiva de *tásso*, que significa "establecer un orden", "asignar", "designar ordenadamente". O sea, que las autoridades humanas o gobiernos civiles representan la autoridad de Dios en la tierra. Dios ha ordenado los gobiernos de las naciones y exige que se les obedezca. La desobediencia civil es válida sólo cuando el gobierno obliga al creyente a actuar en contra de los mandamientos de Dios (véase Daniel 3).

13:2

"De modo que" (*hóste*). Esta conjunción sugiere resultado.

"Quien se opone a la autoridad" (*hò àntitassómenos têi èxousíai*). El participio presente articulado (*hò antitassómenos*) sugiere una acción continua en la que el sujeto participa de la acción (voz media). La idea es: "quien de sí mismo resiste a la autoridad".

"A lo establecido por Dios resiste" (*têi toû theoû diatagêi ànthésteiken*). La forma verbal "resiste" (*ànthésteiken*) es el perfecto indicativo de *anthísteimi*, que significa "oponerse", "resistir", "tomar postura en contra". El texto dice: "Así que, quien se opone a la autoridad ha resistido la ordenanza de Dios." Quien rehusa obedecer a las leyes civiles es culpable de rebelión contra Dios.

"Y los que resisten, acarrean condenación para sí mismos" (*hoì dè ànthesteikótes hèautoîs kríma léimpsontai*). El vocablo "resisten" (*ànthesteikótes*) es el participio presente, voz activa de *antheísteimi* y la forma verbal "acarrean" (*léimpsontai*) es el futuro indicativo, voz media de *lambáno*. Una traducción más literal sería: "Y quienes han resistido recibirán juicio para sí mismos." Quienes se rebelan contra el orden establecido por Dios serán juzgados por el mismo Dios.

13:3

"Los magistrados" (*hoì árchontes*) es un participo presente con función de sustantivo, y significa "los gobernantes".

"Al que hace el bien" (*tôi àgathôi érgoi*). En el texto griego esta frase es una metonimia de efecto. El texto dice literalmente "la buena obra", pero el significado funcional es "quien hace lo bueno".

"Sino al malo" (*àllà tôi kakôi*). Es una construcción semejante a la anterior (metonimia de efecto). La idea de la frase es "quien hace lo malo".

"¿Quieres, pues, no temer la autoridad?" La forma verbal "quieres" (*théleis*) expresa "deseo". Tal vez mejor sería: "¿Deseas, pues, no temer...?"

"**Haz lo bueno**" (*tò àgathón poíei*). La forma verbal "haz" (*poíei*) es el presente imperativo, voz activa de *poiéo*, que significa "hacer". El presente sugiere acción continua, es decir, "de continuo haz lo bueno".

"**Y tendrás alabanza de ella.**" El pronombre "ella" se refiere a "la autoridad" (*tèin èxousían*). El vocablo "alabanza" (*épainon*) comporta la idea de reconocimiento público.

13:4

"**Porque es servidor de Dios para tu bien**" (*theoû gàr diákonós èstin soì eis tò àgathón*). La expresión "de Dios" encabeza esta oración en el texto griego y, por lo tanto, es enfática.

"**Servidor**" (*diákonós*) es un predicado nominativo, usado con el verbo "ser" (*èstin*). El gobernante civil es un *servidor de Dios* y, como tal, voluntariamente o no, cumple los propósitos del Soberano. Los dos propósitos mencionados en este versículo tocante a la función del gobierno civil son: (1) motivar a hacer el bien, y (2) castigar al que hace lo malo.

El gobierno civil sirve de motivación al cristiano a hacer lo bueno (*tò àgathón*) y al mismo tiempo le advierte de las consecuencias de hacer lo malo (*tò kakòn*), porque el gobernante lleva "la espada" (*tèin máchairan*). La espada era el símbolo de la jurisdicción criminal y ejecutiva del gobernante. La idea es que el gobernante tiene autoridad para juzgar y castigar al que ha cometido un delito.

13:5

"**Por lo cual es necesario estarle sujetos**" (*diò ànágkei hypotásesthai*). El verbo ser es suplido y en el original sólo dice: "Por lo cual necesidad [hay] de estar sujetos". La necesidad puede referirse a una condición externa o a una fuerza legal.

"**No solamente por razón del castigo, sino también por causa de la conciencia.**" Esta frase expresa dos razones dadas por Pablo de por qué el cristiano debe someterse a la autoridad civil: (1) para evitar castigo; y (2) para mantener la conciencia limpia.

13:6

"**Por esto**" (*dià toûto*), es decir, "por esta razón".

"**Pagáis**" (*teleîte*) es el presente indicativo, voz activa de *teléo*, que significa "cumplir", "pagar".

"**Tributos**" (*fórous*), es decir "impuestos". Evidentemente, Pablo reco-

nocía la responsabilidad de todo ciudadano a pagar los impuestos deman-
dados por el gobierno civil.

"Porque son servidores de Dios que atienden continuamente a esto mismo" (*leitourgoì gàr theoû eìsin aùtò toûto proskarteroûntes*). El vocablo "servidores" (*leitourgoì*) se usa muchas veces tocante al servicio reli-
gioso, aunque lo más probable es que aquí simplemente significa el servicio
público dado a la comunidad. No obstante, Pablo destaca que los gobernantes son puestos por Dios para realizar ese servicio.

La forma verbal "atienden continuamente" (*proskarteroûntes*) es en
realidad el participio presente de *proskarteréo*, que significa "ocuparse
incansablemente". La expresión "a esto mismo" (*autó touto*) es enfática y
señala a la actividad concreta efectuada por el gobierno civil. Uno de los
aspectos de la manifestación presente del reino de Dios es, sin duda, el
gobierno civil y su función en la sociedad humana.

13:7

"**Pagad**" (*àpódote*), es el aoristo imperativo de *apodídomi*, que significa "devolver", "pagar". El gobierno civil realiza un servicio (v. 6) a Dios
y a nosotros. En respuesta a ello, les pagamos con nuestros impuestos y
contribuciones.

"**A todos**" (*pâsin*) está en el caso dativo y realiza la función de complemento indirecto.

"**Lo que debéis**" (*tàs òfeilás*), es decir, "las obligaciones" o "las deudas". Pablo clasifica esas "deudas" de la manera siguiente: (1) tributo
(*fóron*); (2) impuesto (*télos*); y (3) respeto (*fóbon*, "temor"); y (4) honra
(*timèin*). El ciudadano tiene la responsabilidad de cumplir todas esas obligaciones hacia el gobierno civil.

13:8

"**No debáis a nadie nada**" (*meidenì meidèn òfeílete*). Obsérvese el uso
de la doble negación por razón de énfasis. El texto dice literalmente: "A
nadie nada debáis". La forma verbal "debáis" (*òfeílete*) es el presente
imperativo de *ofeílo*, que significa "deber". Sin duda, la referencia es a las
cosas mencionadas en el versículo 7. Pablo parece estar diciendo: "Tenéis
varias obligaciones. No olvidéis pagarlas. Ya sea tributo o impuestos o
respeto u honra. Hay una sola excepción y es la obligación de amaros
unos a otros. Esa obligación jamás seréis capaces de pagarla del todo."

"**Porque el que ama al prójimo ha cumplido la ley.**" La expresión
"al prójimo" (*tòn héteron*) significa "al otro" y es el complemento directo
del participio "el que ama" (*hò àgapón*). "La ley" (*nómon*) no lleva artícu-

lo determinado en el texto griego. Sin duda es una referencia a la ley de Moisés. La ausencia del artículo destaca la esencia misma de la ley. La forma verbal "ha cumplido" (*pepléiroken*) es el perfecto indicativo de *pleiróo*. El tiempo perfecto sugiere una acción completada cuyos resultados perduran.

13:9

La traducción castellana en la Reina-Valera 1960 omite un artículo que aparece al principio de la oración en el texto griego y que no debió ser omitido, puesto que da mayor énfasis a la frase. El texto dice así: "**Porque el no adulterarás, [el] no matarás, [el] no hurtarás, [el] no dirás falso testimonio, [el] no codiciarás, y cualquier otro mandamiento, en esta palabra se resume: en el amarás a tu prójimo como a ti mismo.**" El uso de los artículos determinados "el" y "en el" indican que el escritor desea aislar una cita tomada de otro libro por razones de énfasis y para la mejor comprensión del lector.

13:10

"**El amor no hace mal al prójimo**" (*hèi àgápei tôi pleisíon kakòn ouk ergádsetai*). El texto griego es enfático: "el amor al prójimo mal no obra."

"**Así que el cumplimiento de la ley es el amor**" (*pléiroma oûn nómou hèi àgápei*). Esta es una frase sustantiva enfática en la que Pablo resume todo lo dicho en los versículos anteriores (vv. 8-9). El pleno cumplimiento de la ley es demostrado mediante la práctica del amor hacia el prójimo.

13:11

"**Y esto**" (*kaì toûto*). Se refiere a lo que Pablo ha estado diciendo. Tal vez haya que suplir algún verbo para completar la idea en castellano: "y esto [haced]" o "y esto [observad]".

"**Conociendo el tiempo**" (*eidótes tòn kairón*). "Y esto [haced] conociendo el tiempo." Esta frase es seguida por la conjunción *hóti*, que introduce una oración subordinada.

"Y esto [haced] conociendo el tiempo de que ya es la hora de levantarnos del sueño."

"**Porque ahora está más cerca nuestra salvación que cuando creímos.**" La expresión "porque" (*gàr*) presenta la razón del porqué de la declaración anterior.

"Más cerca" (*èngyteron*) es el comparativo de *eggús* ("cerca"). Es el acusativo neutro usado con función adverbial ("más cerca"). La salvación (*hèi soteiría*) referida aquí es la salvación escatológica cuando el creyente será librado para siempre de la presencia del pecado. "Cuando creímos" (*hóte èpisteúsamen*) apunta al momento pasado cuando la persona pone su fe en Cristo.

13:12

"**La noche está avanzada y se acerca el día**" (*hèi nùx proékopsen hèi dè hèiméra éiggiken*). Los sustantivos "noche" y "día" se usan metafóricamente al igual que "tinieblas" y "luz" en este mismo versículo.

"La noche" se refiere a esta era presente y "el día" se refiere al mundo venidero. La forma verbal "está avanzada" (*proékopsen*) es el aoristo indicativo de *prokópto*. La función del aoristo aquí permite la traducción "está muy avanzada". La forma verbal "se acerca" (*éiggiken*) es el perfecto indicativo de *eggídso*, que significa "acercarse", es decir, "el día se ha acercado". Esta frase se podría parafrasear así: "la noche casi ha pasado, el día está a punto de llegar."

"**Desechemos ... vistámonos**" (*àpothómeta ... èndusómetha*). Ambos verbos son subjuntivos exhortatorios en los que el autor exhorta a sus lectores a participar con él en las acciones de dichos verbos.

"**Obras de las tinieblas**" (*tà érga toû skótous*). Se refiere a las obras pertenecientes a "la noche", es decir, a la era presente con sus características contrarias a Dios.

"**Las armas de la luz**" (*tà hópla toû fotós*). El cristiano debe estar revestido de la armadura de la luz (Ef. 6:11) para enfrentarse a los ataques de los hijos de las tinieblas.

13:13

"**Andemos como de día, honestamente**" (*hòs èn hèiméra eùsecheimónos peripatéisomen*). La forma verbal "andemos" es exhortatorio. La expresión "como de día" (*hòs èn hèiméra*) significa "como en el día". La idea es la siguiente: el *día* es una referencia a la era venidera que Pablo menciona en el versículo 11. El apóstol exhorta al creyente a vivir como si ya estuviese disfrutando de esa edad dorada. La expresión "honestamente" (*eùscheimónos*) significa "ordenadamente" o "decentemente".

"**No en glotonerías y borracheras, no en lujurias y lascivias, no en contiendas y envidias.**" Todas esas prácticas pertenecen al reino de las tinieblas y, por tanto, no deben formar parte de la vida del creyente.

13:14

"**Sino vestíos del Señor Jesucristo, y no proveáis para los deseos de la carne.**" "Sino" (*àllà*) señala hacia un contraste enfático. "Vestíos" (*endúsasthe*) es el aoristo imperativo, voz media de *endúno*. "Vestíos del Señor Jesucristo" debe guardar una relación estrecha con "vistámonos las armas de la luz" en el versículo 12. El creyente se viste del Señor Jesucristo en el sentido de reconocer que está vitalmente unido al Señor y que fuera de Él no puede hacer nada (Jn. 15:1-6).

"Y no proveáis para los deseos de la carne." "La carne" (*têis sarkòs*) se refiere a la naturaleza pecaminosa (véase Ro. 7:18, 8:3-9). Las obras de la carne son contrarias al fruto del Espíritu (véase Gá. 5:19-22). Una mejor lectura del texto sería: "Y no hagáis provisión para la carne con miras a satisfacer sus deseos."

RESUMEN Y CONCLUSIÓN

El creyente en Cristo está sujeto a las leyes humanas como cualquier ciudadano y tiene la obligación de someterse al gobierno de la nación donde vive. Si bien es cierto que muchas veces los gobernantes imponen leyes injustas, el cristiano debe practicar la justicia para que su testimonio tenga efecto en la sociedad.

La desobediencia civil solo está justificada cuando las leyes promulgadas sean contrarias a la ley de Dios y a los principios fundamentales de la fe cristiana. Aun así, el cristiano debe estar dispuesto a pagar el precio o a sufrir las consecuencias que acarrea el no obedecer alguna ley civil (véase Hch. 4:18-19; 5:27-29; Dn. 3). El cristiano sabe que vive en una sociedad que desafía las leyes y la ética de Dios. Es importante que la luz del evangelio brille a través de la vida del creyente con seriedad y eficacia. Esta era presente es semejante a una noche oscura, caracterizada por densas tinieblas de maldad. Pero hay la esperanza de un nuevo día cuando la luz de la presencia del Mesías brillará en el mundo. Mientras ese día llega, la luz del testimonio de la vida del creyente debe resplandecer en el mundo presente (Mt. 5:14-16).

HOJA DE TRABAJO #26 (13:1-14)

1. "Sométase toda persona a las autoridades superiores" (13:1). _____

    Pg. 265

2. "... quien se opone a la autoridad, a lo establecido por Dios resiste..." (13:2). _____

    Pg. 266

3. "... los magistrados no están para infundir temor al que hace el bien, sino al malo...." (13:3). _____ *Pg. 266*

4. "... no en vano lleva la espada..." (13:4). _____ *Pg. 267*

5. "Pagad a todos lo que debéis..." (13:7). _____ *Pg. 268*

6. "No debáis a nadie nada..." (13:8). _____ *Pg. 268*

7. "El amor no hace mal al prójimo..." (13:10). _____ *Pg. 269*

8. "... ahora está más cerca de vosotros vuestra salvación que cuando creímos" (13:11). _Pg. 269_

9. "La noche está avanzada, y se acerca el día" (13:12). _Pg. 270_

10. "... vestíos del Señor Jesucristo..." (13:14). _Pg. 271_

PREGUNTAS DE REPASO

1. ¿Es el gobierno humano de Dios? (Cite el pasaje.) _____

2. ¿Tienen los gobernantes el derecho bíblico de castigar? (Cite el pasaje.) _____

3. ¿Debe el cristiano pagar impuestos? (Cite el pasaje.) _____

4. ¿Debe el cristiano obedecer a los gobernantes? (Cite el pasaje.) ____

5. ¿Qué nos debemos unos a otros? (Cite el pasaje.) _____

_____

_____

_____

6. Explique con claridad el significado de Romanos 13:9. _____

_____

_____

_____

7. ¿Cómo se cumple la ley? (Cite el pasaje.) _____

_____

_____

_____

8. Explique la frase "ahora está más cerca de nosotros nuestra salvación que cuando creímos" en 13:11. _____

_____

_____

_____

9. ¿Cuál día "se acerca"? _____

_____

_____

_____

10. ¿Qué cosas debe hacer un creyente a la luz del hecho de que "el día se acerca"? _____

_____

_____

_____

11. ¿En qué cosas *no* debe ocuparse el creyente a la luz de la venida de "el día"? _____

_____

_____

_____

13

Los fuertes y los débiles en la fe (14:1—15:6)

Propósito: estimular al estudiante a mostrar amor y comprensión hacia creyentes débiles en la fe.

Objetivos de la lección

1. Que el estudiante sea capaz de mostrar comprensión hacia otros creyentes.
2. Que el estudiante sea capaz de practicar al amor hacia aquellos que difieren de él.
3. Que el estudiante se sienta motivado a contribuir a la edificación de sus hermanos en la fe.

Tarea a realizar

1. Lea Romanos 14:1—15:6 en tres versiones distintas.
2. Lea el comentario de Newell (pp. 400 a 420).
3. Complete la hoja de trabajo #27.
4. Conteste las preguntas de repaso.
5. Escriba una lista de 10 sugerencias tocante a cómo ayudar a los débiles en la fe.

Resultados esperados

Al completar la lección 13, el estudiante debe ser capaz de explicar:

1. Qué debe hacerse con el débil en la fe.
2. Qué significa la libertad cristiana.
3. Qué cosas caracterizan al reino de Dios.
4. Qué es el "tribunal de Cristo".

Idea central: el creyente fuerte debe manifestar una actitud comprensiva y amorosa hacia el hermano débil para edificarle en la fe.

BOSQUEJO

Introducción:

Es cierto que la Biblia habla de manera clara y convincente tocante a muchos temas de doctrina y práctica. El creyente tiene la obligación de someterse indefectiblemente a la Palabra de Dios. Hay cuestiones, sin embargo, que son secundarias para la vida cristiana y no determinan la ortodoxia (o falta de ella) en ningún creyente. Esas cuestiones secundarias muchas veces causan fricción entre creyentes y han llegado a dividir congregaciones e instituciones cristianas. El pasaje bajo consideración (Ro. 14:1—15:6), enseña cuál debe ser la actitud del creyente frente a esas cuestiones inconsecuentes.

I.   El creyente fuerte debe manifestar una actitud comprensiva y amorosa hacia el hermano débil (14:1-18).
1. Tocante a cuestiones dietéticas (14:1-3).
2. Tocante a la observación de días (14:4-6).
3. Tocante al vivir o morir (14:7-9).
4. Tocante al juicio del tribunal de Cristo (14:10-12).
5. Tocante a la libertad personal de cada uno (14:13-18).

II. El creyente fuerte debe contribuir a la edificación espiritual del hermano débil (14:19—15:6).
1. El creyente fuerte debe contribuir a la edificación espiritual del hermano débil no haciéndole tropezar (14:19-23).
2. El creyente fuerte debe contribuir a la edificación espiritual del hermano débil imitando el ejemplo de Cristo (15:1-6).

Conclusión:

El cristiano sabio e instruido en la Palabra debe saber cómo actuar cuando se enfrenta con situaciones dudosas o difíciles. Es cierto que el cristiano tiene libertad para hacer lo que la Biblia no prohibe, pero el cristiano maduro debe ejercitar su libertad de igual manera para dejar de hacer cualquier cosa que le conduzca a ofender al hermano débil. He aquí los criterios bíblicos que deben seguirse: (1) comprensión y compasión hacia el hermano débil en la fe; (2) no juzgar al hermano sino procurar edificarle; (3) mantener una relación clara entre cuestiones primarias y secundarias; (4) hacer todo con el fin de glorificar a Dios; y (5) practicar siempre el principio del amor.

NOTAS EXEGÉTICAS Y COMENTARIOS

14:1

"**Recibid al débil en la fe.**" Una vez más la RV/60 omite la conjunción *dè* que aparece en el texto griego. La fuerza de dicha conjunción debe retenerse ya que el apóstol desea expresar una continuidad de pensamiento a pesar de que se adentra en algo diferente. La conjunción *dè* podría traducirse como "mas". El texto dice: "Mas al débil en la fe dad la bienvenida."

La expresión "débil en la fe" podría referirse a: (1) un creyente inmaduro en la fe; (2) un cristiano que ha recibido poca instrucción y, por lo tanto, tiene muchas dudas tocante a la fe que profesa; y (3) un cristiano que no ha confiado plenamente en Dios, es decir, que no ha aprendido a depender sólo de Dios.

"**No para contender sobre opiniones**" (*mèi eis diakríseis dialogismôn*). Es decir, el débil en la fe debe ser recibido no con el propósito de involucrarlo en discusiones tocantes a opiniones. El vocablo "contender" (*diakríseis*) significa "hacer distinciones", "hacer juicio", "disputar". La palabra "opiniones" (*dialogismôn*) significa "pensamientos", "razonamientos", "opiniones", "dudas". La idea parece girar alrededor del concepto de que "el débil en la fe" debe ser recibido sin necesidad de someterlo a un examen riguroso tocante a sus dudas o sus escrúpulos.

14:2

"**Porque uno cree que se ha de comer de todo**" (*hòs mèn pisteúei fageîn pánta*), es decir, "alguno tiene fe para comer todo." La referencia es a alguien de fe robusta que tiene la confianza de que puede "comer de todo".

"**Otro, que es débil, come legumbres**" (*hò dè àsthenôn láchana èsthíei*). El débil en la fe sólo come vegetales. El trasfondo del pasaje parece señalar a la situación existente entre creyentes judíos quienes tradicionalmente guardaban una dieta a base de vegetales. Había, sin embargo, algunos judíos que al convertirse al evangelio habían abandonado tales restricciones.

14:3

"**No menosprecie**" (*mèi èxoultheneíto*) es el presente imperativo de *exouthenéo*. La negación delante de este verbo sugiere un mandato a abandonar una práctica o a dejar de hacer algo que se estaba haciendo. "**No juzgue**" (*mèi kriméto*), también es presente imperativo de *kríno*. Evidentemente existía una práctica entre algunos creyentes en Roma relacionada con la cuestión de qué se debe comer y qué no. Había algunos de fe robusta que comían de todo y menospreciaban a quienes sólo comían vegetales. Por otra parte, había quienes sólo comían vegetales y juzgaban en el sentido de *condenar* a quienes sentían la libertad de comer de todo.

"**Porque Dios le ha recibido**" (*hò theòs gàr aùtôn proselábeto*). La forma verbal "ha recibido" (*proselábeto*) es el aoristo indicativo, voz media de *proslambáno*. Es el mismo verbo que aparece en el versículo 1, donde Pablo exhorta a recibir al débil en la fe. El apóstol afirma que Dios ya le recibió y, por lo tanto, los creyentes no deben descalificarse mutuamente. Probablemente, el recibir aquí tiene que ver con comunión y no con salvación.

14:4

"**Tú**" (*sù*) es enfático: "Tú, ¿quién eres tú...?"
"**Señor**" (*kyrios*), es decir, "amo" o "dueño".
"**Estará firme**" (*sthathéisetai*) es el futuro pasivo de *histeime*. Este es un verbo transitivo y la voz pasiva tiene una fuerza causal: "su señor le hará permanecer en pie". El vocablo "poderoso" (*dynateî*) es el presente indicativo de *dynamai*. Dicho verbo denota aquí un poder legal al que acompaña el poder dinámico para sostener firme al siervo. El hermano débil será "hecho estar firme" no como una obligación, sino como una *capacitación*.

14:5

"**Uno hace diferencia entre día y día; otro juzga iguales todos los días.**" O sea, "uno juzga un día mejor que otro día; otro juzga todos los días [iguales]."
"**Cada uno esté plenamente convencido en su propia mente**" (*hékastos èn tôi idíoi noì pleiroforeístho*). La exhortación es para todos los miembros de la asamblea cristiana. Tanto el robusto en la fe como el débil deben de actuar con el pleno convencimiento y la responsabilidad de un razonamiento válido y una fe congruente con la Palabra de Dios.

14:6

"**El que hace caso del día, lo hace para el Señor**" (*hò fronôn tèin hèiméran kiríoi froneî*). La forma verbal "hace caso" (*fronôn*) es el participio presente de *froneo*. Generalmente este verbo significa "pensar", "estimar", "considerar". Sin embargo, aquí parece tener un significado más enfático. Tal vez aquí se podría traducir: "mantener una opinión", "fijar el pensamiento en" o "centrar la atención en".

"Para el Señor" (*kyríoi*) está en al caso dativo. Quizá un dativo ético o de ventaja-desventaja. La idea de la frase es que el creyente que mantiene una opinión u observa el día lo hace con la finalidad de servir al Señor.

"**El que come, para el Señor come, porque da gracias a Dios.**" El cristiano maduro en la fe come de todo y lo hace con la finalidad de honrar a Dios. Por eso da gracias a Dios. Su fe en el Señor y su conciencia le permiten comer cualquier alimento.

El creyente de fe débil no come ciertos alimentos y de igual manera lo hace para el Señor. Este hermano desea glorificar a Dios mediante su abstinencia y lo demuestra dando gracias al Señor.

14:7

"**Porque ninguno de nosotros vive para sí, y ninguno muere para sí.**" La conjunción "porque" (*gàr*) aparece en los dos versículos siguientes (vv. 8 y 9) y explica la razón de por qué algunos cristianos comen de todo y otros se abstienen de algunas cosas. La expresión "ninguno de vosotros" (*oùdeis hèimôn*) se refiere a los cristianos y, por supuesto, Pablo se incluye en ellos. "Para sí" (*èautôi*) está en caso dativo de ventaja o desventaja y es enfático, puesto que aparece delante de la frase ("para sí vive"). La forma verbal "vive" (*dsêi*) es el presente indicativo, voz activa de *dsáo*, que significa "vivir". El énfasis de esta frase es que el cristiano no vive egoístamente. Tanto él fuerte como el débil hacen lo que hacen con el fin de glorificar a Dios. Tanto el vivir como el morir del cristiano es para que el Señor sea honrado.

14:8

Los tiempos "**vivimos**" y "**morimos**" son presentes del modo subjuntivo. Este modo expresa probabilidad. El "vivir" o "morir" no depende del creyente, sino de la voluntad soberana de Dios. La expresión "**para el Señor**" (*tôi kyríoi*) es un dativo de ventaja o desventaja que expresa una relación personal cercana.

"**Del Señor somos**" (*toû kyríou èsmén*). "Del Señor" es un genitivo de posesión y es enfático. "Somos" (*èsmén*) es el presente indicativo del verbo ser. Esta frase expresa la razón de porqué vivimos o morimos para el Señor. Somos de El y El tiene soberanía sobre nuestra vida.

14:9

"Porque Cristo para esto murió y resucitó, y volvió a vivir." La expresión "porque" (*eis toûto*) literalmente significa "con este fin", "por esta razón", y sugiere propósito. Los tiempos "murió" y "resucitó" son aoristos ingresivos. En el caso de "murió" (*apéthanen*) la idea del aoristo ingresivo podría traducirse como "entró en el estado de muerte". En el caso de "resucitó" (*édseisen*) se destaca un estado de existencia y significa, más bien, "volvió a la vida". El aoristo ingresivo sugiere *entrada* en un estado o el *comienzo* de una acción.

"Para ser Señor así de los muertos como de los que viven" (*hína kaì nekrôn kaì dsónton kyrieúsei*). Esta frase indica el propósito por el cual Cristo murió y resucitó. Obsérvese que la muerte y la resurrección de Cristo están íntimamente ligadas al propósito de su señorío. El señorío de Cristo sobre vivos y muertos depende tanto de su muerte como de su resurrección.

14:10

"Tú" (*sù*) es enfático (véase el versículo 4, donde aparece *sù tís*, aquí usa *sù tí*). En el versículo 4 la pregunta es: "¿tú quién eres?" Aquí la pregunta es: "¿por qué juzgas?"

"O también" (*hèi kaì*) equivale a decir "o sea" o "dicho de otra manera". Pablo afirma que juzgar al hermano en el sentido de condenarlo es equivalente a *menospreciarlo*.

"Todos compareceremos ante el tribunal de Cristo." La forma verbal "compareceremos" (*parasteisómetha*) es el futuro indicativo, voz media de *parístemi*, que significa "comparecer", "presentarse delante". La voz media sugiere que el sujeto realiza y al mismo tiempo participa de la acción: "nos presentaremos", "nosotros mismos nos presentaremos".

"El tribunal de Cristo." El texto crítico dice: "el tribunal de Dios" (*tôi béimati toû theoû*). El tribunal de Dios o de Cristo es el sitio donde las obras de los creyentes serán juzgadas (véase 1 Co. 3:11-15). El creyente no será juzgado, pero sus obras sí. El tribunal de Cristo no es un sitio de condenación sino de entrega de galardones.

14:11

"Escrito está" (*gégraptai*) es el tiempo perfecto, modo indicativo, voz pasiva de *gráfo*. Esta es la fórmula usada por los escritores del Nuevo Testamento para afirmar la autoridad del Antiguo Testamento.

"Vivo yo" (*dsô ègó*) es una forma de expresar un juramento o una aseveración solemne. Equivale a decir: "tan cierto como que yo vivo, así de cierto tal cosa ha de suceder." Los dos tiempos, "doblará" (*kámpsei*) y "confesará" (*èxomologéisetai*) son futuros de indicativo y señalan la certeza del acontecimiento escatológico cuando todo ser viviente reconocerá la soberanía de Dios (véase Is. 45:23).

14:12

"**De manera que**" (*ára oûn*). Esta frase introduce una conclusión exhortativa basada en la cita de Isaías 45:23.

"**Cada uno de nosotros**" (*hèkastos hèimôn*) sugiere que el juicio será algo individual. Cada uno tiene que responder por sí mismo.

"**Dará ... cuenta de sí**" (*perì hèautoû lógon dósei*), es decir, "respecto de sí mismo dará cuenta."

"**A Dios**" (*tôi theôi*) es el complemento indirecto del verbo "dar". Dios es el juez a quien el hombre tiene que rendir cuenta en última instancia.

14:13

"**Ya no nos juzguemos más los unos a los otros**" (*meikéti ... àlléilous krínomen*). La forma verbal "juzguemos" (*krínomen*) es un subjuntivo exhortatorio.

"**Decidid**" (*krínate*). Aunque es el mismo verbo "juzgar", el significado es distinto en este caso. Aquí significa "determinar" (véase 1 Co. 2:2; 7:37 y 2 Co. 2:1).

"**No poner**" (*tò mèi tithénai*). Literalmente "el no poner". Es el presente infinitivo, voz activa de *titheimi*.

"**Tropiezo u ocasión de caer**" (*próskomma ... skándalon*). Ambos son complementos directos de "no poner" y "al hermano" (*tôi àdelfôi*) y están en el caso dativo de ventaja o desventaja. Pablo exhorta a sus lectores a desistir de la actitud de condenarse unos a otros y a dejar de ser obstáculo en el crecimiento espiritual de otros.

14:14

"**Yo sé, y confío en el Señor Jesús**" (*oîda kaì pépeismai èn kyríoi Ieisoû*). Mejor sería: "sé y estoy convencido en el Señor Jesús." Esta frase es muy enfática por lo siguiente: (1) Pablo categóricamente afirma que *sabe*; (2) "confío" (*pépeismai*) es el perfecto indicativo, voz pasiva de *peitho*, y significa "he sido convencido", "estoy persuadido"; y (3) tanto el conocimiento como el convencimiento de Pablo son "en el Señor".

"**En sí mismo**" (*di' hèautoû*). Pablo se refiere a los alimentos y dice que los tales "en sí mismos" no son inmundos (*koinón*) o comunes. La obra de Cristo ha puesto fin a las limitaciones ceremoniales de la ley.

Obsérvese el uso de la preposición *dià*, probablemente en el caso ablativo de instrumentalidad.

"Para el que piensa" (*tôi logidsoménoi*) es el participio presente, voz media de *logídsomai*, que significa "considerar", "suponer". La excepción queda en los creyentes débiles en la fe, quienes piensan que algunos alimentos son inmundos. Pablo dice que para "ese" (*ekeínoi*) que así piensa, y sólo para él, hay alimentos no aptos para ser comidos. Los creyentes de fe robusta tienen la libertad de comer cualquier alimento que su conciencia y su fe les permita.

14:15

"Por causa de la comida" (*dià brôma*) está en el caso acusativo, con la preposición *dià* (véase Jn. 2:24 y 3:29 para el uso de *dià* con el acusativo).

"Es contristado" (*lypeîtai*) es el presente indicativo, voz pasiva de *lypéo*, que significa "entristecer", "causar dolor".

"Ya no andas conforme al amor" (*oùkéti katà àgápein peripateîs*). La libertad de comer cualquier alimento debe tener en cuenta el amor hacia el hermano débil en la fe. Pablo advierte al creyente maduro que su libertad tiene un límite.

"Por la comida" (*tôi brómatí*) es el caso dativo de instrumentalidad y significa "por o con la comida".

"Se pierda" (*àpóllue*) es el presente imperativo, voz activa de *apollumi*, que significa "arruinar", "destruir". Aquí no se refiere a perder la salvación, sino al daño espiritual que un creyente puede causar a otro con su actitud egoísta.

"Por quien Cristo murió" (*hypèr hoû Christòs àpéthanen*). Cristo murió tanto por el de fe robusta como por el de fe débil. Por lo tanto, el creyente maduro no debe hacer nada que dañe la fe del hermano débil. Si Cristo le amó hasta el punto de morir por él, dicho hermano no debe ser rechazado en manera alguna, sino que debe ser ayudado en su desarrollo espiritual.

14:16

"No sea, pues, vituperado vuestro bien" (*mèi blasfeimeístho oûn hùmôn tó àgathón*). Mejor sería: "por lo tanto, no permitas que sea blasfemado vuestro bien." Sustancialmente, el texto significa: "al hacer lo que es bueno, hazlo de tal manera que nadie pueda criticarlo o hallar falta en lo que haces."

14:17

"**Porque el reino de Dios no es comida ni bebida.**" La expresión "el reino de Dios" habla de la autoridad de Dios. Si bien es cierto que Dios gobierna todo el universo, la referencia aquí tiene que ver con el aspecto espiritual del reino de Dios. La entrada en el reino de Dios se efectúa a través del nuevo nacimiento (Jn. 3:3, 5). Es por ello que, esencialmente, el reino de Dios no puede consistir de comer y beber. Los vocablos "comida" (*brôsis*) y "bebida" (*pósis*) se refieren más bien al acto de "comer" y "beber" y no a lo que se come o se bebe.

"**Sino justicia, paz y gozo en el Espíritu Santo**" (*àllà dikaiosynei kaì eìréinei kaì charà èn pneúmati hàgíoi*). El vocablo "justicia" (*dikaiosynei*) es usado por Pablo en Romanos en el sentido forense e incluye tanto justificación como santificación y la liberación de la culpa, el poder y la presencia del pecado.

"Paz y gozo" son frutos del Espíritu (Gá. 5:22). La exhibición de estas cualidades revela la obra del Espíritu en la vida del creyente. La expresión "en el Espíritu Santo" (*èn pneúmati hàgíoi*) probablemente señala agencia o instrumentalidad y deba traducirse "por el Espíritu Santo".

14:18

"**Porque el que en esto sirve a Cristo**" (*hò gàr èn toútoi douleúon tôi Christôi*). Esta frase está íntimamente ligada al versículo 17. La expresión "en esto" (*èn toútoi*), aunque singular, se refiere a "justicia, paz y gozo" del versículo 17. El singular es usado porque contempla los tres vocablos como un todo. "Sirve a Cristo" (*doulénon tôi Christôi*) significa servir a Cristo de la misma manera como un esclavo sirve a su amo.

"**Agrada a Dios**" (*eùárestos tôi theôi*). Dios es agradado cuando alguien sirve a Cristo y pone de manifiesto el fruto del Espíritu (véase Ro. 12:1; 2 Co. 5:9).

"**Y es aprobado por los hombres**" (*kaì dókimos toîs ànthrópois*). En contraste con el versículo 16, donde Pablo exhorta al creyente a actuar de manera que "vuestro bien no sea vituperado". Esta frase señala a la justificación en su aspecto horizontal, es decir, delante de los hombres. El buen testimonio delante de los hombres contribuye al progreso del evangelio (véase Stg. 2:21-24).

14:19

"**Así que, sigamos lo que contribuye a la paz y a la mutua edificación.**" "Así que" (*ára oûn*) es una combinación peculiar de Pablo que indica una conclusión o el resumen de una exposición (véase Ro. 5:18;

7:3, 25; 8:12; 9:16, 18; 14:12, 19; Gá. 6:10; Ef. 2:19; 1 Ts. 5:6; 2 Ts. 2:15).

"Sigamos" (*diókomen*) es el presente subjuntivo de *dióko*, que significa "perseguir" y aquí es exhortatorio. "Lo que contribuye a la paz" (*tà têis eiréineis*), es decir, "las cosas relacionadas o conectadas con la paz", "las cosas que hacen la paz". "Y a la mutua edificación" (*kaì tà têis oikodomêis têis eìs àlléilous*), o sea, "las cosas que producen o traen edificación unos a otros".

14:20

"No destruyas la obra de Dios por causa de la comida." La forma verbal "destruyas" (*katálue*) es el presente imperativo de *katalúo*, que significa "demoler", "derribar", y es lo opuesto de la "edificación" mencionada en el versículo 19. El presente imperativo precedido de la negación es un mandato a dejar de hacer algo que ya se está haciendo.

"La obra de Dios" (*tò érgon toû theoû*) en el contexto del pasaje debe referirse a la vida espiritual del hermano débil por quien Cristo murió (v. 15).

"Todas las cosas a la verdad son limpias" (*pànta mèn kathará*). En el versículo 14 dice que "nada es inmundo en sí mismo". Aquí expresa la misma verdad de manera positiva y enfática.

"Pero es malo que el hombre haga tropezar a otros con lo que come." El término "malo" aparece 15 veces en la Epístola a los Romanos. El el Nuevo Testamento se usa unas 50 veces y tiene el significado de "malo", "malvado", "destructivo", "dañino" e "injusto".

"Haga tropezar" (*dià proskómmatos*). Literalmente "a través del tropiezo". Esta frase tiene función activa (causando tropiezo) y no pasiva (siendo hecho tropezar). Al parecer, Pablo no se refiere a alguien que es desviado y entonces come, sino que se trata del que come y entonces desvía.

14:21

"No comer" (*tò mèi fageîn*) es un infinitivo con artículo que actúa como sujeto del verbo "ser" que, aunque no aparece en el texto griego, debe ser añadido para dar sentido a la oración.

"Carne" (*kréa*) es un vocablo más específico que "comida" (*brôma*). Evidentemente, gran parte del problema tenía que ver con el comer o no ciertas carnes. Pablo dice que es una cosa excelente que un creyente, con el fin de no ofender a otro hermano en la fe, se abstenga de comer carne o de beber vino. La edificación espiritual del creyente es un objetivo que debe procurarse con ahínco.

14:22

"**Tú**" (*sù*) es enfático. El texto griego dice: "Tú, la fe que tienes, según tú mismo, tenla delante de Dios."

"**El que no se condena a sí mismo**" (*hò mèi krínon hèautòn*). Es necesario ser cuidadosos no sea que al juzgar a otros nos estemos condenando a nosotros mismos.

14:23

"**Pero el que duda sobre lo que come, es condenado**" (*hò dè dikakrinómenos eàn fágei katakékritai*). Mejor sería: "pero el que duda es condenado si come." La forma verbal "es condenado" es el perfecto indicativo, voz pasiva de *katakríno*. La fuerza del tiempo perfecto podría traducirse así: "es condenado y permanece así."

Es importante recordar que en estos versículos Pablo discute cosas que en sí no son malas (v. 14) y que el juicio que menciona es el de aquellos que hacen esas cosas. El tema bajo discusión no es el pecado, sino los escrúpulos personales.

"**Todo lo que no proviene de fe, es pecado.**" El texto griego dice "todo (*pân*) aquello (*hò*)", como aparece en la RV/60. Hay aquí una especie de silogismo: todo lo que no es de fe es pecado; comer algo dudando no es de fe; por lo tanto, es un pecado que implica condenación. Obsérvese el uso de la preposición *ek* (proviene de). Esta sugiere que la fe debe ser la fuente de donde brotan las acciones cristianas y la base de la relación con otros creyentes.

15:1

"**Así que**" (*dè*). En el texto griego es una conjunción que debe traducirse "mas" o "pero".

"**Los que somos fuertes**" (*hèimeîs hoì dynatoì*). Es una expresión enfática: "nosotros los fuertes". "Los fuertes" (*hoì dynatoì*) tiene la fuerza de un adjetivo sustantivado. La referencia es a los creyentes robustos en la fe.

"**Debemos soportar las flaquezas de los débiles.**" "Debemos soportar" (*ofeílomen ... bastádsein*) comporta la idea de una obligación moral. "Las flaquezas" (*tà àsthenéimata*) es el complemento directo del verbo "soportar". "De los débiles" (*tôn àdynáton*) es un adjetivo con función de sustantivo en el caso genitivo de posesión. Los fuertes en la fe tienen la obligación de ayudar a los débiles a llevar sus flaquezas y debilidades espirituales.

15:2

"**De nosotros**" (*hèimôn*), genitivo partitivo.

"**Agrade a su prójimo**" (*tôi pleisíon àrésketo*). La forma verbal "agrade" (*àrésketo*) es el presente imperativo de *arésko*. En el Antiguo Testamento hay numerosas referencias tocantes al trato que debe darse al prójimo. Pablo califica la frase anterior diciendo: "en lo que es bueno, para edificación". "Agradar" aquí no tiene que ver con vanos halagos, sino con lo que tiene por finalidad la edificación del creyente.

5:3

"**Porque ni aún Cristo se agradó a sí mismo.**" Pablo apela al ejemplo de Cristo para desafiar a los creyentes a no autoagradarse (véase también 2 Co. 8:9; Fil. 2:5-8). En el texto griego "Cristo" va acompañado del artículo determinado "el" (*hò*). Lo más probable es que la presencia del artículo tenga la finalidad de darle al sustantivo "Cristo" la función de título y no de un simple nombre, él es *el Cristo*.

"**Los vituperios de los que te vituperaban cayeron sobre mí.**" Es una cita tomada del Salmo 69:9, en la que se destaca el sufrimiento de Cristo y hasta qué extremo el Señor se humilló para llevar "los vituperios" (*hoì òneidsmoì*) que correspondían al hombre pecador. De ese modo, el creyente fuerte debe estar dispuesto a no agradarse a sí mismo.

15:4

"**Las cosas que se escribieron antes**" (*hósa gàr proegráfei*). Esta frase justifica la aplicación cristológica del Salmo 69:9. La frase "escribieron antes" (*proegráfei*) se encuentra en el aoristo indicativo, voz pasiva de *prográfo*. Es una referencia a las Escrituras del Antiguo Testamento y apunta a la realidad objetiva y autoritativa de la palabra escrita bajo la dirección del Espíritu Santo.

"**Para nuestra enseñanza se escribieron.**" Mejor sería, "para nuestra instrucción". Debe observarse que los verbos *proegráfei* y *ègráfei* están en la tercera persona singular, puesto que el sujeto, *hósa*, en el texto griego es singular.

"**A fin de que por la paciencia y la consolación de las Escrituras, tengamos esperanza.**" "A fin de que" (*hína*) indica propósito y podría traducirse simplemente "para que". "Paciencia y consolación" (*hypomonêis ... parakléseos*) están en el caso genitivo de descripción. La instrucción de las Escrituras produce en el creyente la capacidad de resistir la prueba y de experimentar la consolación.

"**Tengamos esperanza**" (*tèin èlpída échomen*). La verdad revelada en las Escrituras constituye una fuente inagotable de esperanza para el cristiano. Una esperanza cierta que descansa sobre las promesas de Dios (véase Ro. 4:18; 5:2, 4, 5).

15:5

Este versículo parece ser más bien una oración que expresa el deseo de Pablo por sus lectores. "**Pero**" (*dè*) podría traducirse por la simple conjunción "y".

"**Paciencia y consolación**" son genitivos descriptivos de los atributos de Dios (véase 2 Co. 1:3; también Ro. 15:13, 33).

"**Dé**" (*dóiei*) es el aoristo optativo, voz activa, que expresa un deseo alcanzable. "**Os**" (*hùmîn*) marca un cambio de la primera persona plural a la segunda persona plural.

"**Un mismo sentir según Cristo Jesús**" (*tò aùtò froneîn... katà Christòn Ieisoûn*). Esta frase es el complemento directo del tiempo "dé". Pablo desea que haya unidad y concordia entre los creyentes en Roma. Esa unidad será posible en la medida que los creyentes actúen en conformidad (*katà*) con Cristo Jesús (véase Fil. 2:3-5).

15:6

"**Para que unánimes**" (*hína hòmothymadòn*). La cláusula comienza con *hína* ("para") y el verbo en el modo subjuntivo, expresando propósito o meta deseada. El vocablo "unánimes" (*hòmothymadòn*) comporta la idea de una "armonía interior" (véase Hch. 1:14; 2:46; 4:24; 5:12; 7:57; 8:6; 12:20; 15:25; 18:12 y 19:29).

"**A una voz**" (*èn hènì stómati*) está en el caso instrumental y literalmente significa "por una boca" o "con una boca". La armonía interior se expresa de manera objetiva "con una boca".

"**Dios y Padre de nuestro Señor Jesucristo**" es "el Dios de la paciencia y de la consolación" (v. 5). Es el único Dios vivo y verdadero de quien Cristo dijo: "Yo y el Padre uno somos" (Jn. 10:30).

RESUMEN Y CONCLUSIÓN

La lección que aparece en el pasaje de Romanos 14:1—15:6 tiene que ver con la relación entre los creyentes. El énfasis del pasaje radica en exhortar a los cristianos a no permitir que cuestiones secundarias interfieran con la manifestación del amor fraternal.

Cuestiones que tienen que ver con comida o bebida, días especiales o temas tocante a los que la Biblia no se pronuncia de manera definitiva deben manejarse sobre la base de la consideración personal. Todo cristiano debe preocuparse por la edificación del cuerpo de Cristo. Esto se realiza mediante el ejercicio de los dones del Espíritu. El creyente puede hacer uso de la libertad que tiene en Cristo en aquellas cosas en las que la Palabra de Dios no prohibe definidamente. Pero debe hacer uso de esa libertad para no hacer o participar de cosas que causen tropiezo a otro creyente. Pablo hace referencia al hecho de que "ni aún Cristo se agradó a sí mismo" (15:3). El Señor llevó los vituperios de los pecadores. El creyente debe estar dispuesto a renunciar al agrado personal con el fin de edificar a su hermano en la fe.

HOJA DE TRABAJO #27 (14:1-23)

1. "Recibid al débil en la fe..." (14:1). _____ _Pg. 277_
_____
_____
_____

2. "¿Tú quién eres, que juzgas al criado ajeno?" (14:4). _____ _Pg. 278_
_____
_____

3. "Uno hace diferencia entre día y día..." (14:5). _____ _Pg. 278_
_____

4. "Cada uno esté plenamente convencido en su propia mente" (14:5). _ _Pg. 278_
_____

5. "... Porque todos compareceremos ante el tribunal de Cristo" (14:10). _Pg. 280_
_____

6. "... decidid no poner tropiezo u ocasión de caer al hermano" (14:13). _Pg. 281_
_____

7. "... si por causa de la comida tu hermano es contristado, ya no andas conforme al amor...." (14:15). _____ _Pg. 282_
_____
_____

8. "No hagas que por la comida tuya se pierda aquel por quien Cristo murió" (14:15). _____

pg. 282

9. "Porque el reino de Dios no es comida ni bebida..." (14:17). _____

pg. 283

10. "Pero el que duda sobre lo que come, es condenado..." (14:23). ____

pg. 285

PREGUNTAS DE REPASO

1. ¿Qué debe hacerse con el "débil en la fe"? _____

2. ¿Qué caracteriza al débil en la fe? _____

3. ¿Qué actitud errónea practica el débil en la fe? _____

4. ¿Qué actitud errónea practica el robusto en la fe? _____

5. ¿Qué problemas eran comunes en la iglesia primitiva? _____
    _____
    _____
    _____
    _____

6. Explique el significado de Romanos 14:9. _____
    _____
    _____
    _____
    _____

7. ¿Quiénes comparecerán ante el tribunal de Cristo? _____
    _____
    _____
    _____

8. ¿Qué enseña Romanos 14:13-16 tocante a la libertad cristiana? ____
    _____
    _____
    _____
    _____

9. ¿Qué tres cosas caracterizan al reino de Dios? _____
    _____
    _____
    _____

10. ¿Qué cosas debe seguir (perseguir) el cristiano? _____
    _____
    _____
    _____

11. ¿Cómo se define el pecado en Romanos 14? _____
    _____
    _____

12. ¿Cuál debe ser la actitud del cristiano fuerte según Romanos 15:1-2?
    _____
    _____
    _____

13. ¿Quién es el gran ejemplo del cristiano? _____

_____

_____

_____

_____

14. Explique la importancia de Romanos 15:4. _____

_____

_____

_____

_____

15. ¿Cómo consuela Dios a su pueblo? _____

_____

_____

_____

_____

14

Servir a otros para la gloria de Dios (15:7-33)

Propósito: motivar al estudiante a servir al Señor y al prójimo con humildad y abnegación.

Objetivos de la lección

1. Que el estudiante sea capaz de imitar al Señor en una vida de servicio que glorifique a Dios.
2. Que el estudiante se sienta motivado a servir con abnegación en la iglesia local y en la obra.
3. Que el estudiante sea capaz de relacionarse correctamente con otros creyentes y procurar su crecimiento espiritual.

Tarea a realizar

1. Lea Romanos 15:7-33 en tres versiones distintas.
2. Lea el comentario de Newell (pp. 420 a 438).
3. Complete la hoja de trabajo #28.
4. Conteste las preguntas de repaso.

Resultados esperados

Al concluir la lección 14, el estudiante debe ser capaz de:

1. Establecer una base bíblica que le guíe a soportar a los creyentes débiles.

2. Establecer una base bíblica para la predicación del evangelio a los perdidos.
3. Establecer una base bíblica para relacionarse con creyentes que padecen necesidades materiales o espirituales.

Idea central: el siervo de Dios eficaz toma su ejemplo de Cristo, reconoce las capacidades de otros y se preocupa por las necesidades del prójimo.

BOSQUEJO

Introducción:

Uno de los grandes privilegios de todo cristiano es el de servir a Dios. Cristo dijo que no vino para ser servido sino para servir (Mr. 10:45). El cristiano no debe buscar reconocimiento ni honores humanos por su servicio, sino hacerlo todo para la gloria de Dios y la edificación de la Iglesia. Nuestro servicio a Dios debe tomar como ejemplo a Cristo y estar basado en las enseñanzas de la Palabra de Dios.

I. El siervo de Dios eficaz toma su ejemplo de Cristo (15:7-13).
1. El siervo de Dios eficaz imita a Cristo en su trato a otros creyentes (15:7).
2. El siervo de Dios eficaz imita a Cristo al no hacer acepción de personas (15:8-12).
3. El siervo de Dios eficaz imita a Cristo al obrar en el poder del Espíritu Santo (15:13).

II. El siervo de Dios eficaz reconoce las capacidades de otros creyentes (15:14-21).
1. El siervo de Dios eficaz reconoce que Dios ha capacitado también a otros (15:14).
2. El siervo de Dios eficaz reconoce el lugar y propósito de Dios para su ministerio (15:15-21).

III. El siervo de Dios eficaz se preocupa por las necesidades de otros creyentes (15:22-23).
1. El siervo de Dios eficaz se preocupa por las necesidades materiales de otros creyentes (15:22-27).
2. El siervo de Dios eficaz se preocupa por las necesidades espirituales de otros creyentes (15:28-33).

Conclusión:

Jesús dijo que no había venido para ser servido sino para servir (Mr.

10:45). Repetidas veces Pablo se presenta a sí mismo como siervo de Cristo. La vida de servicio se basa sobre el amor (Gá. 5:13). Es posible servir sin amar, pero el que ama no puede dejar de servir. La lección que hemos estudiado nos exhorta a practicar el servicio cristiano como una expresión de nuestro amor a Dios y como un acto de obediencia al mandado expreso del Señor (Jn. 12:26; Ef. 4:32).

NOTAS EXEGÉTICAS Y COMENTARIOS

15:7

"**Por tanto**" (*diò*) señala a una conclusión de lo que se ha estado diciendo.

"**Recibíos los unos a los otros**" (*proslambánesthe àlléilous*). Es el mismo mandamiento de 14:1. El mandamiento va dirigido a la asamblea. Los creyentes de fe robusta en la asamblea deben recibir a los de fe débil.

"**Como también Cristo nos recibió.**" "Como" (*kathòs*), es decir, "tal como" o "de la misma manera". La forma verbal "recibió" (*proselábeto*) es el mismo utilizado en 14:3, donde dice: "porque Dios le ha recibido." El aoristo indicativo sugiere una realidad histórica sobre la cual se basa la exhortación; Dios le recibió, Cristo nos recibió, por lo tanto recibíos los unos a los otros.

"**Para gloria de Dios**" (*eìs dóxan 'toû theoû*) sugiere el objeto culminante de por qué los creyentes de fe fuerte deben recibir o dar la bienvenida a los de fe débil. La gloria de Dios debe ser la meta suprema de todo creyente.

15:8

"**Pues os digo**" (*légo gàr*). Mejor sería, "porque declaro".

"**Cristo Jesús.**" En el texto griego sólo aparece "Cristo" (*Christòn*) que, aunque en el caso acusativo, es el sujeto de "**vino a ser**" (*gegenêisthai*) que es el perfecto infinitivo de *gínomai*. El énfasis de este verbo es que no sólo "vino a ser" y permanece siendo "**siervo**" (*diákonon*) "**de la circuncisión**" (*peritomêis*). Al igual que en 3:20 y 4:12, el vocablo "circuncisión" parece referirse al pueblo judío. De modo que Pablo afirma que Cristo ha sido hecho y permanece siendo siervo del pueblo judío.

Pablo da dos razones de por qué Cristo fue hecho y permanece siendo siervo del pueblo judío: (1) "**para mostrar la verdad de Dios**" (*hypèr àleitheías theoû*), es decir, en beneficio de la verdad de Dios o por causa de la verdad de Dios. El vocablo "verdad" podría referirse a la fidelidad de Dios en el cumplimiento de su pacto. (2) "**Para confirmar las promesas hechas a los padres**" (*eìs tò bebaiôsai tàs èpangelías tôn patéron*), es decir, para que Cristo cumpla las promesas hechas por Dios a los patriarcas. El versículo parece referirse a la encarnación de Cristo. En su encarnación, él se hizo el "siervo de Jehová" y, como tal, vino a cumplir todas las promesas hechas por Dios en el Antiguo Testamento.

15:9

"Y para que los gentiles glorifiquen a Dios por su misericordia." Esta cláusula está subordinada al verbo principal "digo" o "declaro" (*légo*) con el que comienza el versículo 8. Los gentiles han sido hecho partícipes del pacto abrahámico a través de la muerte y resurrección de Jesucristo. Los gentiles han sido hechos objeto de la misericordia de Dios puesto que han oído y recibido el mensaje del evangelio (Ro. 11:30-32).

"Por tanto, yo te confesaré entre los gentiles, y cantaré a tu nombre." Esta cita es tomada de la Septuaginta del Salmo 18:49 y de 2 Samuel 22:50. Es la primera de cuatro referencias extraídas del Antiguo Testamento, usadas para demostrar que también los gentiles están incluidos en el plan salvífico de Dios. Los gentiles forman parte de la Iglesia y del reino glorioso del Mesías.

15:10

La segunda cita, **"alegraos gentiles, con su pueblo"**, es tomada de Deuteronomio 32:43. Dicha frase es una cita parcial pero exacta extraída de la Septuaginta. En ella hay un llamado a las naciones a regocijarse junto con el pueblo de Dios por el hecho de que Dios ha derrotado a sus enemigos. Pablo la aplica al hecho de que judíos y gentiles juntos alabarán el nombre de Dios.

15:11

"Todos los gentiles" (*pánta tà éthenei*). Aunque esta frase está en el caso nominativo, hace la función de vocativo. Hay una exhortación a todos los gentiles a expresar alabanza a Dios.

"Señor" (*kyrion*) es el Soberano delante de quien toda rodilla se doblará (Fil. 2:10-11). Obsérvese que el Antiguo Testamento (Sal. 117:1) anticipa el hecho de que los gentiles se unirán con el pueblo judío para dar alabanza a Dios.

15:12

"Y otra vez dice Isaías." Esta es la cuarta cita del Antiguo Testamento utilizada por Pablo para apoyar su exhortación de los versículos 7 y 8. Obsérvese que el apóstol apela a las tres divisiones del canon de las Escrituras (la ley, los libros de sabiduría y los profetas).

"**Estará**" (*éstai*), futuro indicativo de *eimi*.

"**La raíz de Isaí**" es una referencia al Mesías (véase Is. 11:1, 10; Ap. 5:5). "**El que se levantará a regir los gentiles**" (*hò ànistámenos árchein èthnôn*). La expresión "el que se levantará" (*hò anistámenos*) es el participio presente, voz activa de *anisteimi*, que significa "levantarse". De modo que literalmente el texto dice: "El que se levanta a gobernar los gentiles." La referencia podría relacionarse con la resurrección de Cristo, puesto que es a raíz de su resurrección que el Señor se relaciona con los gentiles. También podría referirse a su segunda venida en gloria (véase Ap. 2:26-27; 12:5 y Sal. 2:8-9).

15:13

"**Y el Dios de esperanza**" (*hò dè theòs têis èlpídos*). "De esperanza" (*têis èlpídos*) es un genitivo descriptivo. En el versículo 5, Pablo describe a Dios como "el Dios de la paciencia y de la consolación" y en el versículo 33 como "el Dios de paz".

"**Os llene de todo gozo y paz en el creer**." "Llene" (*pleirósai*) es el aoristo optativo de deseo alcanzable: "quiera Dios llenaros...". "Gozo" (*charâs*) y "paz" (*eìréineis*) son fruto del Espíritu (Gá. 5:22). "En el creer" (*èn tôi pisteúein*) está en el caso dativo con el artículo determinado y el verbo en el modo infinitivo. Una mejor traducción sería: "en el acto de creer".

"**Para que abundéis en esperanza**" (*eìs tó perisseúein hùmâs èn têi èlpídi*). Esta frase sugiere propósito o quizá la meta deseada al estar llenos de gozo y paz. Obsérvese la doble referencia a la *esperanza* en el mismo versículo. La fe cristiana es la única que es rica en esperanza en contraste con las demás religiones que no ofrecen ninguna.

"**Por el poder del Espíritu Santo**" (*èn dynámei pneúmatos hàgíou*) es una frase instrumental. El Espíritu Santo es el instrumento divino que produce en el creyente la existencia de la esperanza en la que el hijo de Dios puede abundar.

15:14

"**Estoy seguro**" (*pépeismai*) es el perfecto indicativo, voz pasiva de *peítho*, que significa "persuadir". El perfecto sugiere una acción completada y el modo indicativo señala la realidad de dicha acción. Pablo dice: "He sido persuadido y permanezco persuadido." En el texto griego aparece la frase muy enfática *kaì aùtós ego* que significa "yo mismo también", que enfatiza la certeza personal de Pablo tocante a los creyentes en Roma.

"**De que vosotros mismos estáis llenos de bondad**" (*hóti aùtoì mestoí èste àgathosyneis*). Esta frase también es enfática y sugiere el convencimiento de Pablo respecto de la madurez espiritual de los hermanos en Roma.

"Llenos de todo conocimiento" (*pepleiroménoi páseis têis gnóseos*). "Llenos" (*pepleiroménoi*) es el participio perfecto de *pleróo*, usado aquí con función adjetiva. El sustantivo "conocimiento" (*gnóseos*) está en el caso genitivo de contenido. La frase probablemente sea una hipérbole usada por Pablo para destacar el nivel espiritual de los creyentes romanos.

"De tal manera que podéis amonestaros los unos a los otros." El vocablo "podéis" (*dynámenoi*) es el participio presente de *dynaméo*. "Amonestaos" (*noutheteîn*) es el infinitivo del verbo *nouthetéo*. La acción de este verbo implica estimular a corregir lo incorrecto y exhortar a la práctica del bien (véase Hch. 20:31; 1 Co. 4:14; 1 Ts. 5:12, 14).

15:15

"Mas os he escrito, hermanos, en parte con atrevimiento", es decir, "parte de mi razón para escribiros es...."

"Como para haceros recordar." La expresión "haceros recordar" (*èpenamimnéiskon*) es un participio circunstancial de propósito. La idea del versículo podría expresarse así: "Parte de mi razón para escribiros [es] recordaros." Los creyentes en Roma, a pesar de ser maduros en la fe, tenían necesidad de ser exhortados a recordar las verdades que ya sabían. Esa necesidad existe hoy día en el pueblo de Dios. De ahí que el ministerio expositivo de las Escrituras sea tan necesario.

"Por la gracia que de Dios me es dada", o mejor sería "por la gracia que me ha sido dada por Dios". La autoridad de Pablo para escribir y exhortar a los creyentes tiene como base la comisión especial que Dios le dio. Su autoridad apostólica y su ministerio entre los gentiles les fueron dados directamente por Dios. El Espíritu Santo es el agente santificador del creyente. Sólo Dios puede santificar o separar para su uso exclusivo. Los gentiles que han puesto su fe en Cristo han sido santificados por Dios mediante la instrumentalidad del Espíritu Santo. Las tres personas de la Trinidad participan en la santificación del creyente.

15:17

"Tengo, pues, de qué gloriarme en Cristo Jesús en lo que a Dios se refiere" (*écho oûn tèin kaúcheisin èn Christôi Ieisoû tà pròs tòn theón*). Tal vez sería mejor: "Este gloriarme, pues, tengo en Cristo Jesús en las cosas que tienen que ver con Dios." Aquí Pablo intenta explicar lo que ha dicho en el versículo 16 tocante al ministerio entre los gentiles.

15:18

"**Porque no osaría hablar sino lo que Cristo ha hecho por medio de mí.**" Pablo no presume haber trabajado en su propio poder o sabiduría personal, sino que declara que su ministerio se debe al poder de Cristo en su vida. Cristo obraba (*kateirgásato*) "a través de" (*di'*) Pablo, es decir, el apóstol era el agente utilizado por el Señor con miras a (*eis*) que los gentiles escuchasen el mensaje del evangelio y obedeciesen el llamado a creer en Cristo.

"**Con la palabra y con las obras**" (*lógoi kaì érgoi*). En el texto griego no hay artículo determinado delante de las vocablos "palabra" y "obras". Ambos están en el caso dativo de esfera. La idea de la frase podría expresarse así: "... para la obediencia de los gentiles en palabra y obras".

15:19

"**Con potencia de señales y prodigios**" (*èn dynámei seimeíon kaì teráton*). Esta frase preposicional modifica al verbo *kateirgásato* ("ha hecho") del versículo 18. La preposición *èn* expresa aquí *medio* o *esfera* y podría traducirse "por poder de señales y prodigios" o "en poder, señales y prodigios".

Los términos "señales" (*seimeíon*) y "prodigios" (*teráton*) están en el caso genitivo de descripción. Ambos describen la clase de poder utilizado por el Señor. Pablo y otros apóstoles hicieron señales para confirmar el mensaje del evangelio (2 Co. 12:12). Esas señales no son necesarias hoy día. El mensaje del evangelio ya ha sido confirmado. Las supuestas señales que alguno pretende haber realizado en tiempos presentes sólo han sido, en su mayoría, causa de confusión y decepción.

"**En el poder del Espíritu de Dios.**" Esta frase presenta diferentes lecturas según el texto crítico. En algunos manuscritos aparece "el Espíritu Santo"; en otros "el Espíritu Santo de Dios". Incluso en otros sólo aparece "en el poder del Espíritu". Tal vez esta última lectura sea la correcta. De cualquier manera ninguna de ellas empaña el significado del versículo.

"**De manera que desde Jerusalén, y por todos los alrededores hasta Ilírico, todo lo he llenado del evangelio de Cristo.**" La expresión "de manera que" (*hóste*) introduce una cláusula subordinada y debe traducirse "así que". Este vocablo puede ir seguido de un verbo finito o de un infinitivo. En este caso va seguido de un infinitivo. "He llenado" (*pepleirokénai*) está en el tiempo perfecto del infinitivo. "Del evangelio" (*tò eùangélion*) es el complemento directo del verbo *pepleirokénai*. Pablo dice: "Así que he cumplido (es decir, he predicado plenamente) el evangelio de Cristo." Pablo ha proclamado las buenas nuevas acerca de la persona y la obra de Cristo a través de un vasto territorio y a un número considerable de personas. El apóstol sentía la responsabilidad de realizar obra pionera, es decir, llevar el evangelio y plantar nuevas congregaciones en lugares donde aún no existían. La obra misionera ocupaba un lugar singular en el corazón y en la mente del apóstol.

15:20

"**Y de esta manera me esforcé a predicar el evangelio.**" Pablo explica la manera cómo ha llevado a cabo su misión. El vocablo "esforcé" (*filotimoúmenon*) aparece en 2 Corintios 5:9 y 1 Tesalonicenses 4:11, donde es traducido "procuramos". Este vocablo denota la idea de "tener un objetivo" o "establecer una meta". El propósito concreto de Pablo era predicar el evangelio en los territorios donde nadie lo había hecho aún, no por razón de orgullo, sino porque consideraba que la obra pionera era un aspecto esencial de su ministerio.

"**Para no edificar sobre fundamento ajeno.**" Esta frase explica la primera parte del versículo. Pablo consideraba su ministerio como el de un "perito arquitecto" que pone el fundamento de un edificio para que otros continúen edificando sobre dicho fundamento (véase 1 Co. 3:10).

15:21

"**Como está escrito**" (*kathós gégraptai*). Esta fórmula es usada a través del Nuevo Testamento para citar algún pasaje del Antiguo Testamento. Dicha fórmula implica el reconocimiento de la autoridad y permanencia del Antiguo Testamento. El pasaje citado es Isaías 52:15. Pablo aplica dicho texto a la proclamación del evangelio de la gracia de Dios a través de Cristo a las naciones gentiles que aún no han oído. Una vez más, Pablo explica su función como apóstol comisionado a los gentiles.

15:22

"**Por esta causa**" (*diò*). Pablo se refiere a la actividad misionera que ha desarrollado y que describe en el versículo 19. Esa era la causa que la había impedido viajar a Roma.

"**Me he visto impedido**" (*ènekoptómein*) es el imperfecto, voz pasiva de *egkópto*, que significa "impedir". La acción continua del imperfecto indica que por un tiempo prolongado Pablo había sido impedido de ir a Roma. La expresión "**muchas veces**" (*tà pollà*) es un acusativo adverbial y es enfático, pudiendo traducirse "todas estas veces" o "estas tantas veces". "**De ir a vosotros**" (*toû èltheîn pròs hùmâs*). El infinitivo va precedido de un artículo en el caso genitivo que podría considerarse como un genitivo de separación. La ocupación en la obra pionera había impedido a Pablo realizar su deseado viaje a la capital imperial.

15:23

"**No teniendo más campo en estas regiones**" (*meikéti tópon échon en toîs klímasi*). "Teniendo" (*échon*) es un participio circunstancial de causa: "puesto que no tengo". El trabajo de Pablo era primordialmente pionero. Es en ese sentido que su presencia no era necesaria. Pablo había abierto la brecha y otros podían entrar y continuar la labor de evangelización.

"**Y deseando desde hace mucho tiempo ir a vosotros**" (*èpipothían dè échon toû èltheîn pròs hùmâs àpò hìkanôn ètôn*). La lectura en el griego es: "Y teniendo deseo de venir a vosotros desde hace algunos años". Las ocupaciones de Pablo le habían impedido realizar su deseado viaje a Roma. El apóstol consideraba en aquel momento que su misión pionera había sido cumplida y, por lo tanto, el viaje a Roma estaba en orden.

15:24

"**Cuando vaya a España**" (*hòs àn poreúomai eìs tèin Spanían*). El "cuando" (*hòs àn*) significa "cuando quiera que". La voz *àn* otorga un sentido indefinido a la expresión. "Vaya" (*poreúomai*) es el presente subjuntivo de *poreúomai* y destaca aún más el carácter indefinido de la frase. No existe evidencia histórica de una visita de Pablo a España.

"**Espero veros al pasar**" (*èlpídso gàr diaporeuómenos theásasthai hùmâs*). El participio *diaporeuómenos* es circunstancial y temporal: "mientras estoy de paso, espero veros."

"**Y ser encaminado allá por vosotros**" (*kaì hyp' hùmôn propemfthêinai èkeî*). La forma verbal "ser encaminado" (*propemfthêinai*) es el aoristo, infinitivo, voz pasiva de *propémpo*. "Allá" (*èkeî*) se refiere a España. "Por vosotros" (*hyp' hùmôn*) es la manera normal de expresar agencia después de un verbo en la voz pasiva.

"**Una vez que haya gozado con vosotros**" (*èàn hùmôn prôton àpò mérous èmpleischô*). En el texto griego esta frase es una locución que literalmente significa: "una vez que primero, hasta cierto punto, me haya llenado de vosotros". Esta frase no tiene sentido negativo alguno. Es como si dijese: "después de ponernos al día en nuestros asuntos".

15:25

"**Mas ahora voy a Jerusalén para ministrar a los santos**" (*nunì dè*

poreúomai eìs Ierousaleim diakonôn toîs hàgíois). "Mas ahora" (*nunì dè*)
sugiere que el viaje a Jerusalén estaba a punto de realizarse. "Voy" (*poreúomai*) es el presente indicativo, casi que podría traducirse "estoy salien-
do". "Para ministrar" (*diakonôn*) es un participio circunstancial de propósito.
"A los santos" (*toîs hàgíois*) es un dativo ético y se refiere a los creyentes
que vivían en Jerusalén.

15:26

"**Porque Macedonia y Acaya tuvieron a bien hacer una ofrenda
para los pobres que hay entre los santos que están en Jerusalén.**" Los
sustantivos "Macedonia y Acaya" son los sujetos de la forma verbal
"tuvieron a bien". Pablo utiliza la figura de metonimia ya que dichos
sustantivos representan a personas residentes en dichas ciudades.

"Hacer una ofrenda" (*koinonían tinà poieísasthai*). El vocablo "ofrenda"
(*koinonían*) es usado para expresar la comunión fraternal mediante una
ofrenda material. La forma verbal "tuvieron a bien" (*eiùdókeisan*) sugiere el
carácter voluntario de dicha ofrenda. La contribución iba destinada estrictamente "para los pobres que hay entre los santos que están en Jerusalén".

15:27

"**Pues les pareció bueno, y son deudores a ellos**" (*eiùdókeisan gár,
kaì òfeilétai eìsìn aùtôn*). La repetición del verbo *eiùdókeisan* es importante. La RV/60 traduce dicho verbo en el versículo 26 "tuvieron a bien" y
en el versículo 27 "les pareció bueno". Dicho vocablo denota la idea de
una decisión voluntaria. Esa verdad es reforzada por la frase "y son deudores a ellos". Pablo consideraba que las iglesias gentiles tenían una
obligación moral de ayudar a los creyentes pobres en Jerusalén.

"**Bienes espirituales**" (*pneumatikoîs*), es decir, "cosas espirituales" es
un dativo de esfera después de la forma verbal "han sido hechos participantes" (*èkoinóneisan*) o "han obtenido una participación en". Este verbo
mira atrás al sustantivo *koinonían* del versículo 26. Ambos vocablos podrían referirse a dar una parte de las bendiciones materiales que uno posee
a otro (v. 26) o el recibir una parte de las bendiciones de otro, como en el
caso del versículo 27.

"**Deben también ministrarles los materiales.**" "Deben" (*òfeílousin*)
es el presente indicativo de *ofeílo*. "Ministrarles" (*leitourgêisai*) es el
aoristo infinitivo de *leitourgéo* (véase 15:16). Este vocablo se usa generalmente para indicar un servicio espiritual. "De los materiales" (*èn toîs
sarkikoîs*), literalmente, "en las cosas concernientes a la carne", o sea, los
recursos materiales que se requieren para el bienestar del cuerpo.

15:28

"**Así que**" (*oûn*) introduce el resumen de los planes de Pablo. "**Cuando haya concluido esto**" (*toûto* ... *èpitelésas*) o "cuando haya cumplido esto". El participio "haya concluido" (*èpitelésas*) es el aoristo de *epiteléo*. Aquí es un participio circunstancial de tiempo. "Esto" (*toûto*) se refiere al ministerio en Jerusalén que ha sido descrito en los versículos 25 al 27.

"**Y les haya entregado este fruto**" (*kaì sfregisámenos aùtoîs tòn karpón toûton*). "Haya entregado" (*sfragisámenos*) es un participio circunstancial de tiempo. "Fruto" (*karpòn*) se refiere a la ofrenda que Pablo portaba para los santos pobres de Jerusalén.

"**Pasaré entre vosotros rumbo a España**" (*àpeleúsomai di' hùmôn eìs Spanían*). La expresión "entre vosotros" (*di' hùmôn*) puede significar agencia ("por medio de vosotros" o "con vuestra ayuda") o también podría tener un sentido local como el que aparece en la RV/60. "Rumbo a España" (*eìs Spanían*), sugiere que la meta de Pablo era llegar a España.

15:29

"**Y sé que cuando venga a vosotros.**" Pablo tenía la convicción de que su proyectado viaje a Roma se realizaría. "Sé" (*oîda*) se refiere a conocimiento intuitivo. "Cuando vaya" (*èrchómenos*) es un participio circunstancial de tiempo.

"**Llegaré con abundancia de la bendición del evangelio de Cristo**" (*èn pleirómati eùlogías Christoû èleúsomai*). El texto crítico apoyado en los manuscritos más confiables omite la expresión "del evangelio" y simplemente dice: "con plenitud de la bendición de Cristo vendré". "Con plenitud" (*èn pleirómati*) es un dativo de compañía: "vendré *con* plenitud de bendición". "Vendré" (*èleúsomai*) es el futuro indicativo de *érchomai*. El modo indicativo sugiere el convencimiento de Pablo de que sería portador de bendiciones abundantes en su viaje a Roma. "Bendición" (*eùlogías*) es un genitivo de posesión o tal vez de fuente. Las bendiciones que Pablo traía a los creyente en Roma *pertenecían* a Cristo o *procedían* de Cristo.

15:30

"**Os ruego, hermanos**" (*parakalô dè hùmâs, àdelfoí*). Esta frase es similar a la que aparece en 12:1. Pablo se dispone a hacer una exhortación a los creyentes romanos.

"**Por nuestro Señor Jesucristo y por el amor del Espíritu**" (*dià toû kyríou hèimôn Ieisoû Christoû kaì dià têis àgápeis toû pneúmatos*). "Por" (*dià*) con el caso genitivo indica agencia. Pablo apela a Jesucristo como autoridad suprema a través de la cual realiza su exhortación. "El amor del Espíritu" (*têis àgápeis toû pneúmatos*) se refiere al amor que el Espíritu produce. El Espíritu Santo ha derramado el amor de Dios en el corazón del creyente (Ro. 5:5).

"**Que me ayudéis orando por mí a Dios**" (*synagonísasthaí moi èn taîs proseuchaîs hypér èmoû pròs tòn theón*). La forma verbal "ayudéis" (*synagonísasthaí*) sólo aparece en este versículo en todo el Nuevo Testamento. La forma simple de dicho verbo aparece en Colosenses 4:12 y en otros pasajes. Pablo usa ese vocablo para pedir que los creyentes se unan a él en oración sincera y constante delante de Dios. El prefijo *syn* ("con") sugiere que Pablo no sólo pide que los creyentes oren "por" él, sino que lo hagan "junto con él".

15:31

"**Para que sea librado de los rebeldes que están en Judea**" (*hína hrustô àpó tôn àpeithóunton èn têi Ioudaía*). El término "para" (*hína*) apunta al motivo por el cual Pablo pide oración. "Sea librado" (*hrusthô*) es el aoristo subjuntivo, voz pasiva de *hruomai*, que significa "librar". Pablo estaba informado de la presencia en Jerusalén de judíos incrédulos a quienes él denomina "rebeldes" o mejor "desobedientes" (*tôn àpeithoúnton*) (véase también Ro. 10:16, 21; 11:30).

"**Y que la ofrenda de mi servicio a los santos en Jerusalén sea aceptada.**" El texto griego tiene una lectura algo diferente, puesto que omite el vocablo "ofrenda". El texto dice: "Y el servicio mío a los santos en Jerusalén sea agradablemente recibido". Pablo, evidentemente, temía que aquellos a quienes llama "rebeldes" o "incrédulos" le causasen problemas a su llegada a Jerusalén y pide a los hermanos en Roma que oren pidiendo que tal cosa no acontezca.

15:32

"**Para que con gozo llegue a vosotros por la voluntad de Dios.**" Al igual que en el versículo anterior, Pablo introduce esta cláusula con la palabra *hína* ("para") que indica propósito. El apóstol desea llegar a Roma "con gozo" (*èn charâi*) y "por la voluntad de Dios" (*dià theleímatos theoû*).

"**Y que sea recreado juntamente con vosotros**" (*synakapaúsomai hùmîn*). Pablo desea no sólo llegar a Roma con gozo y en la voluntad de Dios, sino también que su estancia entre los creyentes sea mutuamente disfrutada.

15:33

"**Y el Dios de paz sea con todos vosotros. Amen**" (*hò dè theòs têis eìréineis metà pánton hùmôn. Amen*). Pablo termina este párrafo con una breve oración (véase 16:20; 2 Co. 13:11; Fil. 4:9). "El Dios de paz" (*hò dè theòs têis eìréineis*) es el dador de "toda buena dádiva" (Stg. 1:17) y el que santifica "por completo" (1 Ts. 5:23).

RESUMEN Y CONCLUSIÓN

La primera parte de este capítulo contiene una cariñosa exhortación de Pablo a los creyente en Roma tocante al trato mutuo. Recuérdese que en las congregaciones en Roma habían judíos y gentiles. Evidentemente entre ambos grupos existían problemas de convivencia que podían obstaculizar el crecimiento de la obra. El apóstol admite que los cristianos en Roma sabían que debían amarse unos a otros pero tiene a bien recordarles dicha práctica.

La segunda parte de esta lección trata de los planes misioneros de Pablo. La meta del apóstol era viajar a España para predicar el evangelio. De paso, haría escala en Roma para compartir las bendiciones con los hermanos romanos. La labor evangelística y misionera consumía el interés y las fuerzas de Pablo. El estaba consciente de su llamado a la obra pionera y no perdía ninguna oportunidad para realizarla. Quiera Dios que el celo de Pablo sea el nuestro en estos tiempos tan críticos como los que vivimos.

HOJA DE TRABAJO #28 (15:1-33)

1. "... debemos soportar las flaquezas de los débiles..." (15:1). _____

Pg. 285

2. ... ni aún Cristo se agradó a sí mismo..." (15:3). Pg. 286

3. "... las cosas que se escribieron antes, para nuestra enseñanza se escribieron..." (15:4). Pg. 286

4. "... Cristo Jesús vino a ser siervo de la circuncisión para mostrar la verdad de Dios..." (15:8). Pg. 295

5. "... todo lo he llenado del evangelio de Cristo" (15:19). Pg. 299

6. "... me esforcé a predicar el evangelio, no donde Cristo ya hubiese sido nombrado..." (15:20). Pg. 300

7. "... porque si los gentiles han sido hechos participantes de sus bienes espirituales, deben también ellos ministrarles de los materiales" (15:27). Pg. 302

8. "Para que sea librado de los rebeldes que están en Judea..." (15:31). _

Pg. 304

PREGUNTAS DE REPASO

1. Explique la frase "Cristo Jesús vino a ser siervo de la circuncisión" en Romanos 15:8. _____

2. ¿Cuál fue el doble ministerio de Cristo según Romanos 15:8-12? ___

3. ¿De qué deseaba Pablo que Dios llenase a los creyentes? _____

4. Cite los versículos del capítulo 15 donde se destaquen cada una de las personas de la Trinidad. _____

5. ¿Qué extensión geográfica había abarcado el ministerio de Pablo? __

6. ¿Cuál era la ambición de Pablo según Romanos 15:20? _____

7. ¿Qué había impedido el viaje de Pablo a Roma? _____

_____

_____

_____

8. ¿A dónde planeaba ir Pablo después de visitar Roma? _____

_____

_____

_____

9. ¿Por qué iba Pablo a Jerusalén? _____

_____

_____

_____

10. ¿Qué sugiere Romanos 15:26? _____

_____

_____

_____

11. ¿Cuál es la diferencia entre "bienes espirituales" y "bienes materia-
    les" en Romanos 15:27? _____

_____

_____

12. ¿Qué esperaba Pablo llevar a los creyentes en Roma? _____

_____

_____

_____

13. ¿Por cuáles tres cosas pide Pablo que los creyentes en Roma oren
    según Romanos 15:30-32? _____

_____

_____

_____

14. ¿Qué tres nombres da Pablo a Dios en Romanos 15? _____

_____

_____

_____

15

La práctica de la amistad cristiana (16:1-27)

Propósito: estimular al estudiante a practicar la amistad y la relación estrecha con otros creyentes y líderes de la iglesia tanto en otras comunidades como en la suya propia.

Objetivos de la lección

1. Que el estudiante sea capaz de valorar los beneficios de la amistad cristiana.
2. Que el estudiante discierna las implicaciones de promover buenos lazos de amistad con otros creyentes, incluso los que pertenecen a otras congregaciones.
3. Que el estudiante sea capaz de discernir cuáles son los obstáculos que impiden el desarrollo de una buena amistad.

Tarea a realizar

1. Lea Romanos 16:1-27.
2. Lea el comentario de Newell (pp. 439 a 459).
3. Conteste las preguntas de repaso.
4. Escriba una reflexión personal tocante a los beneficios de la buena amistad cristiana.

Resultados esperados

1. Recordar los nombres de 10 creyentes mencionados en el capítulo 16 de Romanos.
2. Recordar cinco elogios utilizados por Pablo para referirse a creyentes en el capítulo 16.
3. Establecer criterios bíblicos para cultivar la amistad cristiana.

Idea central: la amistad cristiana es un privilegio que debe reconocerse y protegerse.

BOSQUEJO

Introducción:

Tener buenos amigos es sin duda una de las más grandes bendiciones que un ser humano puede recibir. En la Biblia se destaca la amistad entre David y Jonatán, Rut y Noemí, Pablo y Filemón. Una verdadera joya del significado de la amistad es el capítulo 16 de Romanos. Pablo menciona 35 nombres de personas de los que 26 eran residentes en Roma y con quienes tenía un grado estrecho de amistad. Como creyentes, debemos aprender a cultivar la amistad cristiana. Eso se realiza mediante el amor, la oración y el contacto frecuente con esos hermanos de cuya amistad disfrutamos.

I. La amistad cristiana es un privilegio que debe reconocerse (16:1-16).
1. Haciendo patente el servicio que otros realizan (16:1-2).
2. Haciendo recuerdo del servicio pasado y las cualidades personales de los creyentes (16:3-16).

II. La amistad cristiana es un privilegio que debe protegerse (16:17-27).
1. Debe protegerse de falsos hermanos (16:17-18).
2. Debe protegerse del orgullo personal (16:19).
3. Debe protegerse de los ataques de Satanás (16:20*a*).
4. Debe protegerse mediante el ministerio de hombres sanos (16:20*b*-24).
5. Debe protegerse mediante el ministerio de la exposición de la Palabra de Dios.

Conclusión:

Uno de los grandes privilegios que cualquier persona puede tener, es el de la buena amistad. Tener un buen amigo es una bendición incalculable

(Lc. 11:5-8). Jesús tuvo una estrecha amistad con Lázaro, María y Marta. Pablo, evidentemente, tuvo muchos amigos como se demuestra en la lección bajo consideración. La Biblia sólo condena que el cristiano establezca una relación de amistad con el mundo (Stg. 4:4). El cristiano no debe ser influido por el mundo, sino que él debe ser una influencia decisiva en el mundo. Sin duda, la amistad cristiana y el amor cristiano constituyen esa influencia positiva que el mundo necesita (Jn. 13:34-35).

NOTAS EXEGÉTICAS Y COMENTARIOS

16:1

"**Además**" (*dè*) es una conjunción que relaciona el capítulo 16 con lo dicho anteriormente.

"**Os encomiendo**" (*synísteimi hùmîn*). Es una manera común de recomendar una persona delante de otra. La persona encomendada es "**Febe**", descrita como "nuestra hermana" (*tèin àdelfèin hèimôn*), es decir, una creyente en Cristo. "**La cual es diaconisa de la iglesia en Cencrea.**" La expresión "la cual es" (*hoûsan*) es el participio presente de *eimí* ("ser"). Dicha expresión sugiere que Febe era una persona no sólo en plena comunión, sino activa en la asamblea. El texto no implica necesariamente que Febe ocupase el cargo de diaconisa en la iglesia en Cencrea, pero sí sugiere que era una persona activa en la congregación.

16:2

"**Que la recibáis en el Señor**" (*hína prosdéxeisthe aùtèin èn kiríoi*). Esta frase sugiere propósito. La recomendación de Pablo era para que los creyentes en Roma diesen la bienvenida a Febe quien, evidentemente, viajaría a la capital imperial.

"**Como es digno de sus santos**" (*àxíos tôn hàgíon*) se usa epexegéticamente para ampliar el significado de la expresión "en el Señor" usada anteriormente.

"**Y que la ayudéis...**" (*kaì parastêite aùtêi*). "Ayudéis" (*parastêite*) significa "permanecer al lado", "ayudar", "asistir". Quizá Febe haya ido a Roma a resolver algún asunto legal. Pablo pide a los hermanos romanos que le presten asistencia en todo lo que necesite, puesto que Febe "**ha ayudado**" a muchos hermanos, incluyendo al mismo apóstol Pablo.

16:3

"**Aquila y Priscila**" son los primeros de una larga lista de personas a quienes Pablo saluda. Sus nombres siempre se mencionan juntos (véase Hch. 18:2, 18, 26; 1 Co. 16:19; 2 Ti. 4:19). Aquila era judío y, probablemente, también lo era Priscila. Fueron ellos quienes instruyeron a Apolos (Hch. 18:26) "más exactamente el camino de Dios". Pablo describe a Aquila y Priscila como "mis colaboradores en Cristo Jesús". El vocablo "colaboradores" (*synergoús*) sugiere la idea de actividad física y responsabilidad. Lo más probable es que Pablo se refiera al hecho de que Aquila y Priscila trabajaron junto con él en la obra misionera.

16:4

"**Que expusieron su vida por mí.**" Tal vez se refiera a lo ocurrido en Efeso (Hch. 19), cuando la vida de Pablo estuvo en serio peligro. El vocablo "que" (*hoítines*) es un pronombre cualitativo que significa "como personas quienes", "quienes, como tales". El texto griego dice, literalmente: "Quienes, como tales, en beneficio de mi vida pusieron (bajo el hacha ejecutora) sus propios cuellos." ¡No debe extrañar, pues, que Pablo los mencione al principio de la lista!

16:5

"... **la iglesia de su casa**" (*tèin kat' oîkon aùtôn èkkleisían*). Esta expresión podría significar que Aquila y Priscila conjuntamente con sus familiares y empleados constituían una asamblea de creyentes. Más probablemente, significa que en la casa de la mencionada pareja se reunía un grupo de creyentes de manera regular, de manera que constituían una iglesia local (véase 1 Co. 16:19).

"**Epeneto, ... el primer fruto de Acaya para Cristo.**" Una manera de expresar que Epeneto fue el primer convertido al evangelio en Acaya. Los mejores manuscritos dicen que Epeneto era de Asia y no de Acaya.

16:6

"**Saludad a María.**" El nombre María era muy común tanto en el Antiguo Testamento como en el Nuevo. El equivalente hebreo es Miriam, como el de la hermana de Moisés. La identificación de la "María" mencionada en este versículo es desconocida. Esta mujer, sin embargo, era una *trabajadora* constante por la causa de Cristo. La forma verbal "ha trabajado" (*èkopíasen*) significa "trabajar hasta el agotamiento".

16:7

"... **mis parientes y mis compañeros de prisiones.**" El vocablo "parientes" (*syngeneîs*) probablemente se refiere a compatriotas judíos y no a familiares en la carne. La expresión "compañeros de prisión" (*synaichma-lótous*) debe tomarse literalmente. No sólo Pablo había sufrido encarcelamiento por el evangelio, sino también otros creyentes tales como Andrónico y Junias.

16:13

"Escogido en el Señor" (*tòn èklektòn èn kyríoi*). Esta expresión podría significar el hecho de que Rufo había llegado a ser una persona distinguida entre los líderes de la iglesia.

"Su madre y la mía" podría ser una manera de reconocer el trato maternal que la madre de Rufo había mostrado a Pablo.

16:17

"Mas os ruego" (*parakalô dè hùmâs*). Después de terminar con sus saludos personales, Pablo hace un ruego concreto a los hermanos en Roma.

"Que os fijéis en los que causan divisiones y tropiezos en contra de la doctrina que vosotros habéis aprendido." El verbo traducido por "fijéis" (*skopeîn*) es el presente infinitivo de *skopeo* que significa "observar", "marcar" (con el fin de evadir). El vocablo "divisiones" (*dichostasías*) en el texto griego va precedido del artículo determinado. Es decir, Pablo se refiere a "las divisiones" de manera concreta. De manea que el apóstol se refiere a una situación concreta que ya estaba ocurriendo. Lo mismo sucede con "tropiezos". El texto griego dice "los tropiezos" (*tà skándala*). Parece ser que había algunos en la congregación que estaban causando tropiezo en las vidas de otros creyentes. La cuestión era seria, porque "las divisiones" y "los tropiezos" tenían que ver con cuestiones doctrinales.

"Y que os apartéis de ellos" (*kaì èkklínete àp' aùtón*). Esta frase constituye el segundo aspecto del ruego hecho por el apóstol. *Primero* les ruega que *marquen* a los que causan las divisiones y los tropiezos y *en segundo lugar* les manda a que se *separen* de ellos. Tal vez la manera de *marcar* a los que causaban los mencionados problemas es apartándose de dichos hermanos, es decir, dejándolos solos hasta que cambien sus comportamientos.

16:18

"Porque tales personas" (*hoì gàr toioûtoi*), es decir, los que causan las divisiones y los tropiezos.

"No sirven a nuestro Señor Jesucristo" (*tôi kyríoi hèimôn Christôi où douleùousin*). Literalmente quiere decir: "a nuestro Señor Jesucristo no están sirviendo". Es decir, no era la actividad cotidiana de esas personas dar servicio al Señor.

"Sino a sus propios vientres" (*àllà têi hèautôn koilíai*). Al igual que los mencionados en Filipenses 3:19, estos centraban su interés en satisfacer sus propios deseos. Eran personas egoístas que perseguían fines materiales. **"Y con suaves palabras y lisonjas engañan los corazones de los ingenuos."** El texto griego dice "y por medio de" (*kaì dià*), es decir "las palabras suaves" (*chreistologías*) y "las lisonjas" (*eùlogías*) eran los medios utilizados para engañar a los creyentes ingenuos. El vocablo "lisonjas" (*eùlogías*) significa "alabanza", "discurso pulido", "palabras escogidas" (aunque falsas), "falsa elocuencia", "halagos". Todas esas artimañas eran usadas con el fin de atraer seguidores.

16:19

"Vuestra obediencia" (*hùmôn hypakoèi*). Seguramente, la mayoría de los creyentes en Roma eran obedientes a la verdad del evangelio (véase 1:5), pero había una minoría que causaba problemas. La obediencia de aquellos hermanos era **"notoria"** entre los demás. El verbo *àfíketo* significa "ha llegado". Pablo quiere destacar el hecho de que la actitud obediente de los hermanos romanos "ha llegado" o "ha alcanzado" un alto grado de notoriedad. Esa actitud producía mucho gozo en el corazón de Pablo. El apóstol desea (*thélo*) que los hermanos sean sabios con relación al bien (*tò àgathón*), pero que sean "simples" o "inocentes" (*àkéraious*) con miras al mal.

16:20

"Y el Dios de paz aplastará en breve a Satanás bajo vuestros pies." La referencia al "Dios de paz" (véase 15:33) guarda relación con el hecho de que dentro de la congregación había quienes querían causar "divisiones y tropiezos" y, por lo tanto, intentaban interrumpir el buen funcionamiento de la asamblea. Las discusiones y divisiones en la iglesia tienen su raíz en las actividades satánicas. Pablo afirma que Dios "aplastará" (*syntrípsei*) "en breve" (*èn táchei*) a Satanás. La expresión "en breve" no significa que sería hecho de inmediato, sino que cuando el proceso comience su ejecución será rápida y cierta.

16:25

"Y al que puede confirmaros según mi evangelio y la predicación de Jesucristo." Pablo concluye la epístola con una doxología. "Y al que puede" (*tôi dè dynaménoi*), es decir, "y al que es dinámicamente capaz" o "al que tiene poder dinámico". La referencis es, por supuesto, a Dios.

"Confirmaros" (*hùmâs steiríxai*) es el aoristo infinitivo de *steirídso*, que significa "hacer firme", "hacer estable" (véase 1:11). La expresión "según mi evangelio" (*katà tò eùangélíon mou*) significa "el evangelio que predico" (véase 2:16). La frase "y la predicación de Jesucristo" (*kaì tò kéirugma Ieisoû Christoû*) es, probablemente, epexegética, usada para aclarar o ampliar el sentido de la frase anterior. Es decir, el evangelio predicado por Pablo era concretamente una proclamación cuyo contenido era la persona de Jesucristo.

"**La revelación del misterio**" (*àpokálypsin mysteiríou*). Probablemente se refiere a la proclamación del mensaje de la muerte y resurrección de Cristo que fue predicado por los apóstoles y por la iglesia tanto a judíos como a gentiles. El tema de la salvación mediante la fe en la persona de Cristo era un secreto que estuvo escondido en Dios "desde los tiempos de los siglos" (*chrónois aìoníois*). El vocablo "**ha mantenido oculto**" (*sesigeiménou*) es el participio perfecto, voz pasiva de *sigaó*, que significa "estar en silencio". El participio perfecto sugiere un estado o condición. Es decir "la revelación del misterio estaba en un estado de silencio" hasta el tiempo determinado por Dios.

16:26

"**Pero que ha sido manifestado ahora**" (*fanerothéutos dè nûn*). "Pero que" (*dè*) sugiere contraste entre las edades pasadas ("los tiempos de los siglos") y lo ocurrido a raíz de la muerte, resurrección y exaltación de Cristo. La expresión "ha sido manifestado" (*fanerothéutos*) es el aoristo participio, voz pasiva de *faneróo*, que significa "manifestar", "revelar", "aclarar". El aoristo señala la realidad del suceso y la voz pasiva sugiere que la revelación tuvo una causa o agente que la produjo.

"**Y que por las Escrituras de los profetas**" (*dià te grafôn profeitikôn*), es decir, "a través de las escrituras proféticas". Esta es una referencia a las Escrituras del Nuevo Testamento, o sea, los libros escritos bajo la inspiración del Espíritu Santo por los apóstoles neotestamentarios.

"**Según el mandamiento del Dios eterno**." La verdad del evangelio ha sido revelada a través de los escritos inspirados en conformidad con la voluntad de Dios. La expresión "el Dios eterno" (*toû aìoníou theoû*) se usa sólo aquí en el Nuevo Testamento y, literalmente significa "el Dios de las edades" (para un uso en el Antiguo Testamento, véase Gn. 21:22).

"**Se ha dado a conocer a todas las gentes para que obedezcan la fe**." En el texto griego dice: "Con miras a la obediencia de la fe a todas las gentes ha sido dado a conocer." Esta frase expresa la *meta* de la proclamación del mensaje del evangelio entre los gentiles para que escuchen y crean en Jesucristo. El hombre que escucha el evangelio no tiene excusa delante de Dios.

16:27

La epístola concluye con una doxología que afirma que sólo hay un Dios digno de recibir gloria y honra. Sólo a través de Cristo tenemos acceso en la presencia de Dios.

RESUMEN Y CONCLUSIÓN

El capítulo final de la carta a los Romanos es una verdadera joya referente al significado de la amistad cristiana. Pablo sabía valorar la relación fraternal. No olvidaba reconocer la labor de hermanos y hermanas que, de alguna manera, habían contribuido a su vida.

Este capítulo contiene, además, una exhortación y una advertencia tocante a creyentes que causan divisiones y problemas en el seno de la congregación. Pablo manda a marcar y a apartarse de los tales. La epístola termina con una potente y maravillosa doxología que reconoce las virtudes del único y sabio Dios, digno de alabanza y adoración a través de Jesucristo.

PREGUNTAS DE REPASO

1. ¿Quién llevó la carta a Roma? _____

   Hermana Febe

2. ¿Qué tres cosas dice Pablo de Febe? 1) Es diaconisa de la
   iglesia en cencrea. 2) Que la recibais
   an el Señor, como es digno de los santos.
   3) Que la ayudeis an cualquier cosa, porque
   ella a ayudado a muchos, y a mi mismo.

3. ¿Qué dice Pablo de Aquila y Priscila? 1) Mis colaboradores
   en cristo Jesus. 2) Que expusieron su vida
   por mi. 3) A los cuales no solo yo doy
   gracia, sino tambien todos los iglesias
   de los gentiles.

4. Nombre cinco mujeres mencionadas en Romanos 16 _____
   - Febe   - parsida
   - Priscila   - julia
   - Maria
   - Trifena
   - Trifosa

5. ¿Qué debe hacerse con los apóstatas según Romanos 16:17? _____
   Apartarse de ellos

6. ¿Qué caracteriza a los falsos maestros según Romanos 16:18? _____
   Sirvan a sus propios vientres
   y con suaves palabras y lisonjas
   enganan los corazones de los
   ingenuos

7. ¿Qué elogio hace Pablo de los Romanos y qué les recomienda según 16:19? _Elogio : porque vvestra obediencia ha venido a ser notoria a todos, asi que me gozo de vosotros. Recomienda: que sean sabios para el bien y inocentes / ingenuos para el mal._

8. ¿Qué hará aún Dios a Satanás? _y el Dios de paz aplastara en breve a Satanás bajo vuestros pies._

9. ¿Cuántos nombres propios menciona Pablo en Romanos 16? _____

10. ¿De qué maneras puede Dios "confirmar al creyente"? _____
- Por medio del Evangelio y la predicación de Jesucristo. - por medio a la obediencia de la Fe.

11. ¿Qué significa la frase "según la revelación del misterio que se ha mantenido oculto desde los tiempos eternos"? _La revelación de Jesucristo por medio de los asentar._

Conclusión

El mensaje de la Epístola a los Romanos hoy

La singularidad de la *Epístola a los Romanos* es reconocida universalmente por el pueblo cristiano. Esta epístola abarca casi todas las doctrinas fundamentales de la fe cristiana.

El tema central de la *Epístola a los Romanos* tiene como base fundamental al Dios Trino. Dios es santo, soberano, justo, omnipotente, creador de todas las cosas, misericordioso, clemente, amoroso y celoso. Como soberano y creador demanda obediencia y fidelidad de todas sus criaturas. Pero el hombre, corona de la creación, se ha rebelado y ha desobedecido al Creador. La rebelión de Adán ha afectado a toda la raza humana. El hombre es esclavo del pecado y es incapaz de autoliberarse.

Dios, en su infinita misericordia, ha intervenido en beneficio del pecador. Cristo, Dios Hijo, ha muerto en la cruz del Calvario como satisfacción de la deuda del pecador. Ha resucitado para justificar a todo aquel que cree en El. Ha sido exaltado a la gloria desde donde vendrá para establecer su reino de paz y de justicia.

La carta a los Romanos enfoca la obra del Dios Trino: Padre, Hijo y Espíritu Santo. El Padre es el autor de un plan perfecto que incluye no sólo la creación del universo sino la salvación de pecadores y la manifestación final de su absoluta soberanía. El Hijo es el ejecutor del plan diseñado por el Padre. Se encarnó en cumplimiento expreso de la voluntad del Padre para realizar la obra de la redención. El Espíritu Santo es quien da testimonio en el mundo de la obra de redención realizada por Cristo. Redarguye de pecado, ilumina el corazón y la mente del hombre, ha inspirado las Sagradas Escrituras, sella con su presencia al pecador que cree en Cristo, une al creyente con Cristo de manera permanente y le da poder para vivir la vida cristiana en este mundo.

La *Epístola a los Romanos* también dice mucho acerca del hombre. La raza humana está unida en Adán. De él proceden tanto los judíos como los gentiles. La caída de Adán produjo la caída de toda la raza humana: "**por la desobediencia de un hombre entró el pecado y por el pecado la muerte y la muerte pasó a todos los hombres por cuanto todos pecaron**" (Ro. 5:12).

El pecado ha afectado a la totalidad de la raza humana y ha corrompido al hombre en lo moral, lo espiritual y lo físico. Cualquier hombre es capaz de cometer cualquier pecado. El hombre, en el colmo de su rebeldía, ha desafiado a Dios. La idolatría, la violencia, la corrupción sexual, el orgullo, la vanidad y la injusticia son muestras evidentes de la condición moral y espiritual del hombre (1:18-32).

En esta carta, Pablo explica con claridad sorprendente el plan divino de la salvación. El evangelio de la gracia de Dios es ese plan. Es evangelio porque trae consigo *buenas noticias*. La mejor noticia para el hombre es que Cristo murió como sustituto del pecador y resucitó para garantizar la justificación a todo aquel que cree en El. La salvación es una obra de gracia puesto que nadie se la merece. No hay nadie digno de recibirla por sus propios méritos. Es un don absolutamente inmerecido. Esa gracia procede de Dios. El es el único que puede otorgarla puesto que El es el Justo y el justificador de aquel que cree y se identifica con la persona y la obra de Cristo (3:19-26).

El hombre es declarado justo delante de Dios únicamente por la fe en la persona y la obra de Cristo. Tal acto es producto de la gracia de Dios. No importa en qué época de la historia el hombre haya vivido, antes o después de la muerte de Cristo. Dios sólo justifica al pecador por la fe y como un acto de su gracia (4:1-25). El hombre justificado es hecho beneficiario de la comunión con Dios (5:1-11). La desobediencia de Adán rompió su comunión con Dios e hizo que toda su descendencia naciese en desobediencia y en pecado. El hombre como criatura de Dios está bajo la obligación de adorar, servir y obedecer al Creador. El Dios creador y soberano hizo al hombre a su imagen y semejanza (Gn. 1:26-28) y lo bendijo. Dios puso al hombre como gobernador sobre la tierra y le dio dominio y autoridad sobre todo lo que habita en el planeta. El hombre deshonró a Dios y perdió los privilegios que Dios le había otorgado (Ro. 1:21-25). La entrada del pecado afectó radicalmente la creación original. Tanto el hombre como el universo físico han sido afectados por el pecado.

El plan original de Dios, sin embargo, no ha sido anquilosado ni disminuido. Dios está realizando una nueva creación. La nueva creación comienza con la contención contra la problemática del pecado y el autor del pecado, es decir, Satanás. Todo aquel que cree en Cristo es hecho una nueva criatura en El. Eso significa que ha muerto al pecado (6:2) y ha resucitado espiritualmente para andar en vida nueva (6:3).

La vida nueva exige una vida de obediencia a Dios y la responsabilidad de practicar la justicia para poner de manifiesto las virtudes y la gloria del Dios soberano (6:6-23). Por supuesto que tanto la salvación como la vida cotidiana del que ha creído en Cristo se originan y fundamentan en la gracia de Dios y se canalizan a través de la fe. Así como es imposible salvarse a uno mismo es igualmente imposible vivir la nueva vida en el poder de la carne (7:1-25). El nuevo hombre tiene el privilegio y la obligación de dejarse guiar por el Espíritu Santo. La guía del Espíritu es la única alternativa a la dominación del pecado en la vida de la nueva criatura (8:1-17).

El propósito eterno de Dios tocante a su creación será realizado plenamente cuando en la consumación del tiempo Dios lleve a cabo la manifestación de su reino. Entonces reinarán la justicia, la paz y la santidad. Habrá una nueva creación y el pecado será definitivamente derrotado (8:18-25). También su propósito respecto de la salvación del hombre será consumado indefectiblemente. Nada ni nadie podrá impedir que los redimidos del Señor disfruten de la comunión con El por toda la eternidad. Para cumplir su propósito eterno, Dios escogió soberanamente a aquellos que serían hechos objeto de su amor. Esa elección es soberana, producto del amor de Dios y basada en su gracia infinita (Ro. 8:28-30). La elección tuvo lugar en la eternidad pasada. Pero, además, Dios ha fijado el destino eterno de sus escogidos (8:29). Luego, en el tiempo y en la historia, Dios llamó mediante el evangelio de su gracia y declaró justos a quienes por la fe han reconocido a Cristo como salvador personal. Finalmente, Dios asegura la salvación de sus escogidos garantizándoles la glorificación (8:30) y la imposibilidad de ser separados del amor de Cristo (8:31-39).

La salvación que Dios ofrece a través de Cristo es tanto para judíos como para gentiles. Dios, sin embargo, hizo un pacto perpetuo con Abraham (Gn. 12:1-3; 13:14-17; 15:17-21; 17:1-8). Dios prometió bendecir la descendencia de Abraham y darle la tierra de Canaan en perpetuidad.

Dios cumplirá esa promesa en un remanente escogido por gracia (Ro. 9:27; 11:5). Ese remanente tendrá que reconocer a Cristo como su Mesías y Salvador (10:9-13). Dios bendecirá a la simiente física-espiritual de Abraham representada por el remanente que en los días postreros será regenerado y restaurado por la fe en Cristo (11:12, 15, 25-29).

En la era presente, que comenzó en el día de Pentecostés (Hch. 2), Dios está escogiendo un pueblo de entre todas las naciones. El evangelio de la gracia de Dios es para todas las naciones. Los que aceptan ese evangelio se benefician de las misericordias de Dios (12:1) y son llamados a someterse a la voluntad del Señor y a vivir una vida de santidad y justicia (12:1-2). La práctica de la santidad y la justicia se inicia con el sometimiento a la soberanía de Dios y el reconocimiento de que Dios soberanamente ha repartido capacitaciones entre los creyentes. Dios está formando un cuerpo compuesto de hombres y mujeres nacidos en Cristo y, por lo tanto, hechos nuevas criaturas. El nuevo hombre tiene la responsabilidad de practicar el amor, la justicia y la compasión hacia otros (12:3-21). También tiene un deber insoslayable hacia la sociedad de la que forma parte. El nuevo hombre en Cristo debe obedecer las leyes que gobiernan la sociedad en la que vive (13:1-6). La influencia moral, espiritual y social del nuevo hombre debe ponerse de manifiesto de manera decisiva en su comunidad.

Cristo dijo que sus seguidores son luz del mundo y sal de la tierra. Como luz, el nuevo hombre debe poner de manifiesto la justicia y la santidad de Dios. Como sal, es un agente protector contra la corrupción y generador de sed de Dios entre sus semejantes.

El nuevo hombre debe crecer en madurez espiritual. Ese crecimiento se produce mediante el ministerio del Espíritu Santo a través de la Palabra de Dios. Una evidencia de la madurez espiritual es la práctica de la compasión hacia los más débiles en la fe y no juzgarles ni hacerles tropezar (Ro. 14:1-15:6). El nuevo hombre ha sido recreado para vivir y crecer por medio de la fe. Su nueva relación con Dios, la capacitación que ha recibido a través del Espíritu Santo y las demandas éticas impuestas por la Palabra de Dios le ponen bajo obligación. Está obligado a amar y obedecer a Dios, a proclamar el evangelio de la gracia de Dios entre los hombres y a vivir una vida de justicia y santidad como la mejor manera de evidenciar en este mundo la justicia de Dios (15:7-21; 16:25-27).

Sin duda, este mensaje de la carta de Pablo a los romanos tiene vigencia para el hombre de fe de hoy. *Romanos* destaca la santidad y la justicia de Dios, la pecaminosidad y falta de justicia en el hombre, la manera como el hombre puede obtener la justicia que necesita para agradar a Dios y las exigencias prácticas de la santidad de Dios en la vida del hombre que ha sido declarado justo por la fe en Cristo. En resumen, la *Epístola a los Romanos* presenta un equilibrio magistral entre el credo y la conducta, entre la fe y las obras, entre la ordodoxia y la ortopraxis. Tú y yo, como creyentes, debemos reflexionar seriamente en el mensaje de esta epístola de manera urgente para *creer, vivir y proclamar* su contenido.

Vocabulario teológico de la Epístola a los Romanos

(Las palabras y expresiones consideradas a continuación han sido definidas según el uso que se les da en la *Epístola a los Romanos*.)

Abraham: este sustantivo significa "padre de multitudes". Se refiere al padre y fundador de la nación de Israel. El nombre original era Abram, que significa "padre grande". En un sentido amplio, Abraham es el padre espiritual de todos los creyentes (véase Ro. 4:1-25). El hecho de que Abraham fue declarado justo (Gn. 15:6) antes de haber sido circuncidado (Gn. 17:26) da pie al argumento de Pablo de que la justificación se basa exclusivamente en la fe en Dios sin que intervenga mérito humano de clase alguna.

Adán: el primer hombre creado por Dios y cabeza de la raza humana. El pecado de Adán en el huerto del Edén afectó radicalmente a toda la humanidad. Según Romanos 5:12, el pecado entró en la raza humana a través de la desobediencia de Adán. El pecado trajo como resultado la muerte y la muerte pasó a toda la humanidad porque en Adán toda la humanidad pecó.

Adopción: del griego *huiothesía*. Significa colocar como hijo adulto dentro de una familia con todos los privilegios y responsabilidades que se derivan de dicha posición. Teológicamente, es el acto de Dios por el cual El coloca en su familia a la persona que pone su fe en Cristo. Este vocablo se usa en Romanos 8:23 con referencia a la manifestación final de la adopción, es decir, denota el aspecto escatológico de dicha doctrina.

Apóstol: del griego *apóstolos*. Un agente o representante autorizado. Alguien comisionado para una tarea concreta. Pablo fue comisionado como apóstol por el mismo Jesucristo (véase Ro. 1:5). Su apostolado era especialmente a los gentiles.

Arrepentimiento: del griego *metanoia*. Significa un cambio genuino de manera de pensar que afecta la vida de la persona. En el arrepentimiento hay tres elementos: (1) *intelectual* que resulta en el reconocimiento del pecado o culpa personal; (2) *emocional* que produce un cambio de sentimientos o tristeza por los pecados cometidos; y (3) *voluntario*, es decir, un cambio de propósito que conduce al abandono del pecado y a la búsqueda del perdón. El tema del arrepentimiento no ocupa un lugar prominente en las epístolas de Pablo. En Romanos se menciona en 2:4 solamente. En Romanos 2:5 la expresión "no arrepentidos" (*ametanoieiton*) se usa para impugnar a los moralistas que se consideraban sin culpa delante de Dios. Pablo pone énfasis en la fe en la persona de Cristo como requisito único para la salvación.

Autoridades superiores: frase usada por Pablo para referirse a las autoridades civiles. Pablo manda a los creyentes a "someterse" (*hypotasséstho*) a las autoridades civiles porque todas ellas son puestas por Dios. Algunos piensan que la expresión también incluye a los ángeles, puesto que estos tienen que ver con los gobiernos humanos. Pero la idea de la expresión más bien guarda relación con el hecho de que Dios ha establecido un orden para los habitantes de la tierra. El gobierno humano es el medio utilizado por Dios para mantener ese orden.

Bautismo: del griego *baptísmatos*. Este vocablo proviene del verbo *bápto*, que significa "sumergir". También el verbo *baptidso* tiene afinidad con el sustantivo *baptismos*. *Baptidso* es enfático y se usa en el Nuevo Testamento en relación con el bautismo de Juan y de Jesús. El bautismo de Juan iba acompañado de un llamamiento al arrepentimiento. Jesús mandó a los apóstoles a "hacer discípulos" y bautizarlos en el nombre del Padre, del Hijo y del Espíritu Santo. Teológicamente, *bautismo* significa *identificación*. Aquel que oye el evangelio y cree en Jesucristo se identifica tanto con el mensaje como con la persona del Salvador.

Benignidad: del griego *chreistóteis*. Pablo usa este vocablo en Romanos 2:4 y 11:22 para referirse a la *bondad* y a la *benignidad* de Dios (véase

Sal. 31:19). Dios ha mostrado su bondad hacia el hombre en el hecho de haber provisto salvación por medio de Cristo (Ef. 2:7).

Carne: del griego *sárx*. Este vocablo aparece en la carta a los Romanos 21 veces (véase Ro. 1:3; 2:28; 3:20; 4:1; 6:19; 7:5, 18, 25; 8:1, 3, 4, 5, 6, 9, 13; 9:3, 5, 8; 11:14; 13:14). El término *sárx* se usa en el Nuevo Testamento con connotaciones diferentes. En Romanos 1:3; 4:1; 9:3, 5; 11:14, dicho vocablo se usa para indicar una relación filial o de parentesco físico. En Romanos 3:20 se refiere al ser humano en su totalidad, mientras que en 2:28 tiene un uso ético. Hay, además, un uso teológico del término "carne". Por ejemplo, en Romanos 8:1, 5, 6, 7, 8 tiene que ver con la esfera de la realidad dentro de la cual el inconverso vive. Es muy importante, pues, observar los diferentes usos de dicho vocablo dentro del entorno o ambiente en el que se usa para poder realizar una exégesis adecuada.

Circuncisión: es la señal y el sello del pacto que Dios hizo con Abraham (Gn. 17:7-11; 13—14; 23—27). El vocablo "circuncisión" (*peritomé*) se usa en el Nuevo Testamento con tres connotaciones: (1) el acto de circuncisión (Ro. 4:9-11); (2) el estar circuncidado (Ro. 2:25-29); y (3) la comunidad de los circuncidados, es decir, el pueblo judío (Ro. 3:30; 4:12; 15:8). Hay, además, un uso metafórico en el que el término "circuncisión" se refiere al nuevo nacimiento o circuncisión del corazón (Ro. 2:28-29; véase también Col. 2:11-13).

Codicia: del griego *epithymía*. Este vocablo se usa a veces en un sentido neutro (véase Mr. 4:19) y también en un sentido positivo (véase Fil. 1:23). Sin embargo, su uso más común en el Nuevo Testamento es con un sentido malo o negativo. De ese modo significa "el deseo de algo prohibido". De ahí que el último mandamiento dice "no codiciarás" (véase Ro. 7:7; 13:9). En Colosenses 3:5, Pablo usa la expresión "malos deseos" (*epithymían kakéin*) en la que dicho vocablo tiene una connotación sexual. En el mencionado versículo, el término traducido "avaricia" es *pleonexía*, vocablo que está relacionado funcionalmente con "codicia".

Conciencia: del griego *syneidésis*. Este vocablo se deriva del verbo *synoida*, que significa "saber con otro", "estar en el secreto de", "tener conciencia de". Fundamentalmente, el significado de *conciencia* tiene que ver con el conocimiento que uno comparte consigo mismo de haber hecho algo erróneo o de haber hecho algo correcto. De ahí proviene lo que se llama en castellano "tener mala conciencia" o "tener buena conciencia" (véase Ro. 2:15; 9:1; 13:5). En el Nuevo Testamento se hallan estos usos: (1)

toda buena conciencia (Hch. 23:1); (2) conciencia débil (1 Co. 8:7); (3) conciencia de pecado (He. 10:2); (4) mala conciencia (He. 10:22); y (5) conciencia cauterizada (1 Ti. 4:2). La conciencia en sí misma no es la fuente de normas morales, sino que funciona como un mecanismo reflexivo por el que alguien puede medir su conformidad a una norma.

Concupiscencia: del griego *epithymía*. Este vocablo es usado en Romanos 1:24; 6:12; 7:7 y 13:14 para expresar los deseos que entran en conflicto con la voluntad de Dios. El término abarca los apetitos de la carne y los deseos malignos que residen en la mente y actúan en la voluntad.

Condenación: de los vocablos griegos *kríma* (decisión, veredicto, disputa); *krisis* (decisión, juicio, separación, crisis, disensión); *katákrima* (castigo, condenación, veredicto judicial, sentencia de juicio). En Romanos 2:2-3 la frase "el juicio de Dios" y en 3:8 la expresión "condenación" son el mismo vocablo (*kríma*). En estos casos el significado más cercano parece ser "la ejecución misma del castigo". En Romanos 5:16, 18 y 8:1 el vocablo *katákrima* significa veredicto judicial, es decir, la sentencia que se pronuncia contra alguien al concluir un juicio. En los mencionados versículos la referencia es a la condenación divina que resulta en condenación eterna. El que ha creído en Cristo ha sido librado de la condenación eterna que el pecado produce.

Confesar: del griego *homológeo*. Este vocablo está compuesto de *homo*=lo mismo y *lego*=decir. De modo que, literalmente, confesar significa "estar de acuerdo" o "decir lo mismo". Este término se usa en Romanos 10:9, donde Pablo dice que el judío debe *admitir* ("confesar") que Jesús es el Señor, es decir, debe reconocer que Jesús es Jehová. El judío que desea ser salvo debe *declarar públicamente* que Jesucristo es Dios. En Romanos 14:11 y 15:9, Pablo usa el verbo *exomológeo*, traducido en ambos casos por "confesar", pero en ambos casos es preferible entender dicho vocablo con el significado de "alabar" o "aclamar", particularmente a Dios.

Confirmar: este vocablo aparece en Romanos 1:11 en la RV/60. Allí es la traducción del verbo *steirichtheinai*, que es el aoristo pasivo de *steirídso*, que significa "fortalecer" (véase 16:25). En Romanos 1:11 Pablo dice que desea estar con los hermanos en Roma para compartir con ellos los dones espirituales con el fin de que sean fortalecidos en la fe como cristianos. En Romanos 15:8, el término "confirmar" es *bebaiosai*, que es el aoristo infinitivo de *bebaióo*, que significa "hacer firme", "establecer", "confirmar una promesa". En este versículo Pablo explica el porqué Cristo se hizo siervo de la circuncisión. Según Pablo, fue que la fidelidad de Dios tocante a su pacto fuese confirmada. Cristo confirmó y cumplió las promesas hechas por Dios a los patriarcas.

Consolación de las Escrituras: esta expresión aparece en Romanos 15:4. Pablo se refiere a las Escrituras del Antiguo Testamento y dice que éstas producen consolación (*parakleiseos*) en la vida del creyente. La exhortación de Pablo es que los creyentes hagan uso de la paciencia y la consolación que las Escrituras dan para aferrarse a la esperanza que tienen en Cristo.

Contra naturaleza: del griego *tein para fysin*. Esta frase aparece en Romanos 1:16. Allí Pablo contrasta "el uso natural", es decir, el uso del sexo tal como fue diseñado por Dios con el uso que es "contra naturaleza", o sea, la actividad sexual contraria al diseño divino. Dios diseñó el sexo para que su práctica se realizase dentro del marco legal entre un hombre y una mujer. Toda práctica homosexual o lesbiana es contra naturaleza porque se opone al diseño divino.

Corazón: del griego *kardía*. Este vocablo se usa muchas veces en el Nuevo Testamento con un sentido ético. La referencia no es al órgano que llamamos corazón, sino más bien al aspecto del ser humano que denota su capacidad de pensar, sentir y actuar. En ese sentido el corazón tiene que ver con el centro mismo de la vida del ser humano. Obsérvese el uso que Pablo hace de dicho vocablo en Romanos 1:21, 24; 2:5, 15, 29; 5:5; 6:17; 8:27; 9:2; 10:1, 6, 8, 9, 10; 16:18. En todas esas referencias el énfasis recae en el centro de la vida.

Corrupción: del griego *fthoras*. El vocablo griego tiene una variedad de significados: ruina, destrucción, disolución, deterioro, corrupción. En Romanos 8:21, Pablo se refiere a la "esclavitud de la corrupción" o "esclavitud para corrupción". A causa del pecado, la creación ha sido sujeta a la esclavitud de corrupción. Cuando los hijos de Dios experimenten la liberación final, entonces la creación misma recibirá su propia liberación como resultado de la glorificación escatológica de los hijos de Dios.

Creador: del griego *ton ktísanta*. En el texto griego es el aoristo participio con artículo del verbo *ktídso*, que significa "crear". El aoristo participio *ton ktísanta* significa "el que creó", "el que ha creado". La idea que dicha expresión denota en Romanos 1:25 es que el Creador es el único digno de ser adorado porque, siendo el Creador, es el dueño y soberano sobre todas las cosas creadas.

Culto racional: del griego *logikein latreían*. Se refiere a la adoración genuina que un cristiano debe rendir a Dios. Tal vez la idea de la frase denota el concepto de adoración espiritual. La adoración espiritual consiste en la presentación de la persona del creyente en sacrificio vivo, santo, agradable a Dios.

Débiles: del griego *asthenón*. Pablo usa este vocablo en Romanos 5:6 para describir el estado espiritual del hombre sin Cristo. El inconverso se encuentra en un estado de incapacidad espiritual y moral de modo que no puede salvarse mediante su propio esfuerzo. Pablo también usa la forma verbal de dicho vocablo en Romanos 4:19 para referirse a la fe de Abraham que "no se debilitó" en medio de la prueba (véase también Ro. 8:3; 14:1, 2, 21).

Deidad: del griego *theióteis*. Este vocablo que sólo aparece en Romanos 1:20 en realidad significa "divinidad". Es un término helenístico que denota la naturaleza divina y sus propiedades, es decir, la suma total de los atributos de Dios. El vocablo *theióteis* sugiere la revelación de la majestad y la gloria de Dios. El término *theióteis* (traducido por "deidad" en Ro. 1:20) debe diferenciarse de *theóteis* que aparece en Colosenses 2:9 donde también se traduce por "deidad". El vocablo *theóteis* denota la personalidad divina.

Descendencia: del griego *spérmatos*. En el contexto de Romanos 4:13, el vocablo "descendencia" parece referirse tanto a los gentiles como a los judíos que han ejercitado una fe similar a la de Abraham y, por lo tanto, han sido declarados justos y han sido hechos participantes de las bendiciones del pacto abrahámico.

 Don espiritual: del griego *chárisma pneumatikón*. Esta expresión se usa en Romanos 1:11 y significa una capacitación especial dada por el Espíritu Santo al creyente para el ejercicio del ministerio y con la finalidad de la edificación de la iglesia (véase además Ro. 12:6; 1 Co. 12; 1 Ti. 4:14; 2 Ti. 1:6).

Edificación: del griego *oikodomei*. El significado literal de dicho término es "el proceso de levantar un edificio". Pero ese vocablo se usa en sentido figurado en el Nuevo Testamento con referencia a fortalecer espiritualmente a otra persona (véase Ro. 14:19). Pablo enfatiza en Romanos 12 y 1 Corintios 12 que el ejercicio de los dones espirituales debe tener como finalidad el fortalecimiento mutuo de los creyentes.

Elección: del griego *eklogei*. Este vocablo aparece en Romanos 9:11; 11:5, 7, 28 y puede definirse como el acto soberano de Dios quien, para su propia gloria, según el puro afecto de su voluntad y en el ejercicio de su gracia, ha escogido antes de la fundación del mundo a los que han de ser salvos.

Enemigos: del griego *echthroi*. Se refiere tanto a la hostilidad del hombre pecador hacia Dios como a la de Dios hacia el hombre pecador (véase Ro. 5:10 y 11:28).

Escogidos: del griego *ekletón*. Las personas que Dios ha escogido: (1) desde antes de la fundación del mundo; (2) en amor; (3) según su beneplácito; (4) sin la intervención de méritos humanos; (5) soberanamente; y (6) para la alabanza de la gloria de su gracia, para que formen parte de los que han de ser herederos de salvación. En Romanos 8:33 Pablo pregunta: "¿Quién acusará a los escogidos de Dios?" y responde diciendo: "Dios es el que justifica". El texto enfatiza que *Dios* escoge a individuos. Dios no hace nada incorrecto o caprichosamente porque es santo y sabio. Los escogidos de Dios han sido liberados de toda inculpación porque han sido declarados justos por la fe en Cristo Jesús.

Esperanza: del griego *elpís*. Es la expectación del bien. La esperanza del cristiano descansa en el "Dios de la esperanza" (Ro. 15:13). Pablo dice que Cristo en el creyente es "la esperanza de gloria" (Col. 1:27). También dice: "Porque en esperanza fuimos salvos..." (Ro. 8:24). La prueba de la fe produce esperanza (Ro. 5:4). El cristiano tiene, además, "una esperanza viva" que descansa en la realidad de la resurrección de Cristo y "una esperanza bienaventurada" basada en la certeza de la segunda venida del Señor (véase 1 P. 1:3 y Tit. 2:14).

Espíritu Santo: la tercera persona de la Deidad. La Biblia enseña que Dios es uno en esencia (véase Stg. 2:19; Dt. 6:4; 1 Ti. 2:5; Jn. 10:30). De igual manera enseña que el Padre es Dios (Ro. 1:7; Jn. 6:27; 1 P. 1:2); que el Hijo es Dios (Jn. 1:1; Ro. 9:5; Col. 2:9; He. 1:8); y que el Espíritu Santo es Dios (Hch. 5:3-4; 1 Co. 2:10). Dios es uno en sustancia (Jn. 4:24) pero tres en personas (Mt. 28:19; 2 Co. 13:14).

Evangelio: del griego *euangélion*. Este vocablo significa literalmente "buenas nuevas", "buenas noticias". En el Nuevo Testamento, el mensaje del evangelio concierne fundamentalmente el tema del pecado humano. La proclamación del evangelio anuncia que Cristo murió para pagar el precio del rescate del pecador y resucitó de los muertos para ser el Salvador de todo aquel que pone su fe en El (véase Ro. 1:16-17). El evangelio revela la justicia de Dios porque es el mensaje que proclama que sobre la base de la fe en Cristo, Dios recibe al pecador que cree en el Salvador. Pablo lo llama "el evangelio de Dios" (Ro. 1:1) y "el evangelio de su Hijo" (Ro. 1:9), pero sólo hay un evangelio (Gá. 1:6-9).

Fidelidad de Dios: del griego *teín místin tou theou*. Se refiere a la lealtad y al compromiso de Dios en el cumplimiento de todo lo que ha prometido. La fidelidad de Dios es absoluta, no depende en manera alguna de la actitud de las criaturas (véase Ro. 3:3; 1 Ti. 2:13).

Gloria de Dios: del griego *téin dóxan tou theou*. El vocablo griego *dóxa* significa "gloria", "esplendor", "majestad" y se corresponde con el término hebreo *kábôd*. Dicho vocablo se usa para expresar la majestad revelada de Dios. Pablo usa esta palabra con referencia a la manifestación del Dios verdadero (Ro. 1:23). El pecado ha separado al hombre de Dios y, por lo tanto, le impide acercarse a su gloria (Ro. 3:23). La Biblia enseña, sin embargo, que el hombre redimido ha de experimentar la gloria de Dios (véase Is. 35:2; Ro. 8:18; Fil. 3:21). La gloria de Dios será vista en el creyente cuando Cristo venga por segunda vez (Col. 3:4). Pero mientras llega ese día, el creyente debe glorificar a Dios en la tierra (Ro. 15:7, 9).

Glorificar: del griego *doxádso*. Este verbo aparece en Romanos 1:21, donde dice que "los hombres... habiendo conocido a Dios, no le glorificaron como a Dios", es decir, no le dieron el reconocimiento y la adoración propias de su majestad divina. También aparece en Romanos 15:6, 9, donde el énfasis es el reconocimiento y la alabanza a Dios por quien Él es y también por lo que ha hecho por sus hijos. En Romanos 8:30 se usa en relación con lo que Dios ha de hacer con sus redimidos. En 8:30 la forma verbal es el aoristo indicativo. El tiempo aoristo indica una acción puntual realizada en el pasado y el modo indicativo habla de la realidad de la acción. Es evidente que Pablo desea manifestar que la salvación final del creyente, es decir, su glorificación, es tan cierta que desde el punto de vista de Dios puede darse como realizada.

Gracia: del griego *cháris*. Este vocablo aparece 155 veces en el Nuevo Testamento. De ellas, 100 veces se usa en las epístolas paulinas. Sólo en la carta a los Romanos aparece 24 veces. El significado general de dicho vocablo es "favor", "buena voluntad", "cuidado tierno", "ayuda". En las epístolas de Pablo, sin embargo, el término "gracia" se usa con relación al favor divino hacia el hombre. Para Pablo, *cháris* es la esencia del acto soberano de Dios en la salvación a través de Cristo (véase Ro. 3:24). La gracia de Dios es la base de la salvación que Dios ha provisto en Cristo Jesús (Ro. 3:21-31; 4:4, 16; 5:15-21). En la literatura clásica, *cháris* ("gracia") se usaba para indicar el favor espontáneo o la generosidad que un amigo mostraba a otro amigo, nunca a un enemigo. En el Nuevo Testamento, sin embargo, se usa con relación al hecho de que Dios ha mostrado su misericordia hacia sus enemigos (Ro. 5:10, 15, 17).

Griegos: del griego *hélleini*. Este sustantivo aparece en Romanos 1:14, 16 y 10:12 como antítesis del judío. El vocablo se usa con el significado de gentiles, es decir, todo aquel que no es judío (véase Ro. 3:9).

Heredero del mundo: esta frase contempla la promesa que Dios hizo al patriarca Abraham: (1) que le daría una descendencia tan grande que sería imposible numerarla (Gn. 12:2; 13:16; 15:5; 16:10; 17:4-6; 17:16-20; 22:17); (2) que le daría una tierra en perpetuidad (Gn. 13:15-17; 15:12-21; 17:18); y (3) que a través de él todas las naciones de la tierra serían bendecidas (Gn. 12:3; 18:18; 22:18). En Romanos 4:13 Pablo enfatiza que Abraham recibió la promesa antes de ser circuncidado y, por lo tanto, no a través de algún mérito personal sino como un acto de la pura gracia de Dios. La promesa de Dios tendrá su cumplimiento literal en la era del reino del Mesías. La promesa de Dios es para Abraham y su simiente. La simiente de Abraham tiene que ver tanto con el aspecto físico como con el espiritual. El requisito divino para entrar en el reino siempre es la regeneración por la fe (véase Jn. 3:3, 5).

Hijo de Dios: esta frase aparece en Romanos 1:3 y en otros pasajes tales como 5:10; 8:3, 21, 32. Dicha expresión revela la relación eterna entre la segunda y la primera personas de la Trinidad. Esa relación no tiene que ver con origen ni con comienzo de existencia. El Hijo es eterno y consustancial con el Padre. El nunca comenzó a existir, sino que ha sido siempre desde la eternidad con el Padre y con el Espíritu Santo. El Padre y el Hijo son de la misma sustancia (Jn. 10:30). Quien ha visto al Hijo ha visto al Padre (Jn. 14:4) en el sentido de que el Hijo es el revelador de Dios (He. 1:1-3). El Dios invisible se ha hecho visible en el Hijo (Col. 1:15-16).

Hombres: del griego *ársenes*. Este vocablo se usa en Romanos 1:27 y significa "masculino", "viril", "fuerte". El sustantivo *ho ársein* destaca el aspecto sexual del ser y significa "hombre", "macho". También aparece en Mateo 19:4 y Marcos 10:6, donde Cristo afirma que en el principio Dios creó al hombre "varón" (macho) y "hembra". En Romanos 1:27, Pablo denuncia la práctica del homosexualismo y la clasifica como una degeneración y perversión del propósito original de Dios con el hombre. Las prácticas homosexuales también son condenadas en el Antiguo Testamento (véase Lv. 18:22 y 20:13).

Iglesia: del griego *ekkleisía*. Este vocablo tiene varias acepciones en el Nuevo Testamento. Sólo el contexto determina su significado preciso. El significado general de este término es: "una asamblea que se reúne porque ha sido convocada".

1. En Hechos 19:39, 41 la asamblea está compuesta por paganos que se reúnen para aclamar a Diana de los efesios.
2. En Hechos 7:38 el vocablo *ekklesía* se refiere a la asamblea del pueblo de Israel en el desierto.
3. En Efesios 1:22-23 se usa con relación a la Iglesia cristiana en su carácter universal, es decir, todos los que han puesto su fe en Cristo como salvador.
4. En Romanos 1:16 *ekklesía* se aplica a una asamblea local de creyentes en Cristo que se hallaba en Cencrea y de la que Febe era miembro.

Impíos: del griego *asebón*. Este vocablo significa "falta de revencia hacia Dios", "sacrílego". Pablo usa este término como sinónimo de "débiles" (Ro. 5:6), "pecadores" (5:8) y "enemigos" (5:10). Esto nos da una idea del valor enorme de la muerte de Cristo puesto que El murió por los impíos.

Incredulidad: del griego *apistía*. Este vocablo significa literalmente "sin fe", "desconfianza", "falta de fidelidad". En el contexto de Romanos 3:3 esta expresión se relaciona con el hecho de que Dios confió su Palabra (*ta lógia tou theou*) al pueblo de Israel, pero un número considerable de ellos no confió en las promesas de la Palabra de Dios. De modo que los que no confiaron cayeron en la incredulidad. En Romanos 4:20, Pablo menciona el ejemplo de Abraham quien, a pesar de su edad, recibió la promesa de que engendraría un hijo. Abraham creyó a Dios, se fortaleció en su fe, es decir, no fue incrédulo. En Romanos 11:20, 23 Pablo afirma que la cegue-ra judicial que Israel experimenta se debe a su *incredulidad*, pero el día que abandonen ese estado de *incredulidad* (11:23) serán injertados en el tronco del olivo, es decir, volverán a disfrutar de las bendiciones del pacto abrahámico.

Inculpar: del griego *mémfomai*. Este vocablo aparece en Romanos 9:19 y significa "censurar", "reprender", "hacer reproches", "quejarse", "estar descontento o disgustado". Pablo utiliza dicho término para expresar la pregunta de un supuesto interlocutor quien afirma que si lo que Romanos 9:18 dice tocante a la libertad soberana de Dios de tener misericordia de quien El quiere y endurecer a quien El quiere es cierto, entonces Dios no debe "censurar" ni "inculpar" al hombre que resiste. La respuesta de

Pablo en 9:20 es que el hombre no debe hablar irreverentemente contra Dios. La soberanía de Dios no es caprichosa sino sabia y saturada de su gracia.

Inmundicia: del griego *akatharsían*. El significado de este término es "suciedad", "impureza", "depravación". La referencia en Romanos 1:24 apunta a la aberración sexual. Romanos 1:18-32 describe la condición moral de los idólatras gentiles. Romanos 1:24, 26, 28, dice tres veces que "Dios los entregó" a ciertas cosas. Debido a la rebeldía y a la dureza del corazón "Dios los entregó a la inmundicia". El resultado de esa acción divina, según 1:24, es el hecho de que "deshonraron entre sí sus propios cuerpos".

Ira de Dios: del griego *orgé theou*. En el contexto de Romanos 1:18 tiene que ver con la actitud de Dios hacia el pecado. Dios aborrece y odia el pecado. Romanos 1:18 sugiere un aspecto presente de la ira de Dios (véase el verbo *apokalyptetai* = "se revela", que está en tiempo presente, voz pasiva y también 1 Ts. 2:16). Hay también un aspecto futuro de la ira de Dios (véase Ro. 2:5-9; 5:9; Col. 3:6; 1 Ts. 1:10; 2 Ts. 1:6-10; Ap. 6:16-17).

Juicio de Dios: del griego *tò kríma tou theou*. En los escritos de Pablo, esta expresión generalmente significa el veredicto judicial de Dios para condenación (véase Ro. 2:2, 3, 5; 3:8; 5:16). Pablo afirma, además, que el juicio de Dios es (1) justo (2:5); (2) según verdad (2:2) y (3) sin discriminación (2:11).

Justicia de Dios: del griego *dikaiosyné theou*. Esta expresión se encuentra ocho veces en la Epístola a los Romanos (véase 1:17; 3:5, 21, 22, 25, 26; 10:3). Aunque la justicia es un atributo de Dios, no parece ser ese el uso que Pablo pretende darle aquí. Pablo usa el vocablo "justicia" de manera forense. Es así que *dikaiosyné* ("justicia") es la actividad de establecer o declarar justo. El uso forense de "justicia" tiene que ver con el estar *en relación correcta con Dios*. De modo que "justificar" (*dikaióo*) significa "declarar justo" por Dios. Dios no *hace* justo, sino que *declara* justo al pecador que pone su fe en Cristo. Poseer la justicia de Dios significa poseer la justicia que Dios provee. La expresión "justicia de Dios", por lo tanto, se refiere a la justicia imputada a la persona que confía en Cristo para su salvación. De ahí que Pablo dice que el evangelio revela la justicia de Dios. El evangelio es la proclamación tocante a la muerte y la resurrección de Cristo que satisfizo todas las demandas de la justicia divina (Ro. 3:24-25).

Justificación: es el acto divino por el cual Dios declara justo y admite en su presencia a todo aquel que ha puesto su fe en Cristo. La justificación es un acto de la gracia de Dios basado sobre la obra perfecta de Cristo en la cruz. El hombre es declarado justo en el momento de creer en Cristo (véase Ro. 5:1; Ro. 3:24-26, 28).

Ley: del griego *nómos*. Este vocablo adquiere varias acepciones en los escritos paulinos. A veces se usa para designar los diez mandamientos (Ro. 7:7); otras veces designa al Pentateuco (Ro. 3:21); hay casos donde *nómos* se usa para referirse a todo el Antiguo Testamento (Ro. 2:17-24). Es probable que en Romanos 2:12 la expresión "sin ley" signifique "los gentiles" y la frase "bajo la ley" se refiere a los judíos. Pablo utiliza el vocablo *nómos* ("ley") un total de 119 veces de las que 72 aparecen en la carta a los Romanos. La ley revela la santidad de Dios y la pecaminosidad del hombre. La ley fue dada a la nación de Israel como un acto de la misericordia de Dios para que esa nación conociese objetivamente la voluntad de Dios. La ley no fue dada como un medio de salvación, sino que fue dada a un pueblo redimido para que supiese cómo agradar al Dios que lo liberó de la esclavitud. Cristo, mediante su muerte y resurrección, puso fin al aspecto *regulatorio* de la ley. El aspecto revelatorio permanece porque es la Palabra de Dios que vive y permanece para siempre.

Libertador: del griego *hruómenos*. Este vocablo aparece en Romanos 11:26 y es una cita tomada de Isaías 59:20. El Libertador es el Mesías que vendrá con poder, gloria y majestad a salvar al remanente de Israel. La frase "que apartará de Jacob la impiedad" se refiere a la aplicación del nuevo pacto (descrito en Jer. 31:33-34) al conjunto del remanente que será salvo en los postreros días (11:27).

Linaje de David: del griego *spérmatos Daueid*. Esa expresión aparece en Romanos 1:3 y literalmente significa "de la simiente de David". Dicha frase se refiere al derecho de Jesucristo de reinar como el Rey Mesías. Dios prometió a David que un descendiente suyo ocuparía su trono para siempre (2 S. 7:12-16). El Antiguo Testamento da testimonio de la venida del Mesías para reinar en gloria (véase Is. 9:6; 11:1, 10; Jer. 23:5, 6; 30:9; 33:14-18; Ez. 34:23-24; Zac. 6:12-13). También el Nuevo Testamento enseña que Jesús es ese descendiente de David que un día ocupará el trono davídico y reinará sobre la casa de Jacob para siempre (véase Mt. 1:1-16; Lc. 1:30-33).

Llamado/llamados: del griego *kleitós, kleitois*. Pablo utiliza estos vocablos en Romanos 1:1 y 8:28 (véase también 1:6, 7; 4:17; 9:12, 24, 25, 26).

En Romanos 1:1 se refiere al hecho de haber sido separado concretamente y comisionado como apóstol de Jesucristo. En Romanos 8:28 tiene que ver con el acto de Dios al convocar a quienes han de tener una relación especial con él. En 8:28, "los llamados" se refiere a creyentes. No se refiere a toda la humanidad ni a un grupo que recibe la invitación y puede aceptarla o rechazarla, sino a individuos que son convocados eficazmente por Dios para que sean objeto de la gracia salvífica.

Misericordia: del griego *éleos* (sustantivo) y *eleéo* (verbo), y *oiktismós*. El sustantivo *éleos* y sus derivados se encuentran 26 veces en los escritos de Pablo. El vocablo significa "compasión", "misericordia", "piedad". El verbo significa "apiadarse", "compadecerse". En todo el Nuevo Testamento *éleos* aparece 78 veces casi siempre con relación a la misericordia de Dios (sólo en dos ocasiones de usa de la misericordia del hombre hacia el hombre; véase Mt. 5:7; 18:33). El término "misericordia" (*éleos*) se corresponde con el vocablo hebreo *hesed*. En el Antiguo Testamento *hesed* significa el amor leal de Dios hacia su pueblo y su fidelidad para guardar su pacto. En Romanos 9:15, 16, 18; 11:30, 31, 32, Pablo destaca el hecho de que, a pesar del rotundo rechazo del evangelio por parte de Israel, Dios mantiene su fidelidad en el cumplimiento de sus promesas y continúa teniendo misericordia de la simiente de Abraham (Ro. 11:28-29). Pero Dios también ha tenido misericordia de los gentiles quienes, al igual que Israel, han sido desobedientes (Ro. 11:30-32).

Misterio: del griego *mysteírion*. Pablo usa este sustantivo en Romanos 11:25 y 16:26. Este vocablo no significa algo misterioso sino que refiere al plan y propósito de Dios que permanecía oculto en el pasado y, por lo tanto, era imposible que los seres humanos lo conocieran. En el sentido teológico, un "misterio" es una verdad que sólo se conoce cuando Dios la revela. Pablo dice que el endurecimiento espiritual de Israel era un misterio. Dios ha revelado que la razón de la ceguera espiritual de Israel es para que los gentiles sean bendecidos. En 16:25, el misterio tiene que ver con el hecho de que con la venida de Cristo, su muerte y resurrección, Dios ha dado a conocer de manera clara y final su plan de redención que había permanecido oculto en las edades pasadas (véase He. 1:1-3).

Moisés: el libertador, líder y profeta de la nación de Israel. Autor de los primeros cinco libros del Antiguo Testamento llamados el Pentateuco. Nació en Egipto de la tribu de Leví. Su vida aparece dividida en tres períodos de 40 años. Dios habló con él "cara a cara" y le dio las tablas de la ley. Pablo lo menciona en Romanos 9:15. Sin duda, Moisés es uno de los principales personajes en toda la Biblia. La historia de su vida se relata en el Antiguo Testamento (Ex. 2:1—Dt. 34:12).

Muerte: del griego *thánatos*. Este sustantivo aparece 120 veces en el Nuevo Testamento. El uso principal en los evangelios es respecto de la muerte de Cristo. En los escritos paulinos, sin embargo, la referencia es a la muerte del hombre (véase Ro. 1:32; 5:10, 12, 14, 17, 21; 6:3, 4, 5, 9, 16, 21, 23; 7:5, 10, 13, 24; 8:2, 6, 38). En la literatura clásica griega, *thánatos* significa "el acto de morir" o "la experiencia de estar muerto". En el Antiguo Testamento, muerte es la terminación de la existencia física del hombre (2 S. 14:14). La muerte, según la Biblia, es resultado directo del pecado de la desobediencia a la prohibición hecha por Dios en Génesis 2:17 y 3:1-6. El Nuevo Testamento enseña de manera terminante que la muerte es "separación" y no cese de la existencia. La muerte humana tiene tres aspectos y en cada uno de ellos la idea de separación es manifiesta. En Santiago 2:26 se enseña tocante a la muerte física. Allí se dice que "el cuerpo sin el espíritu está muerto." Es decir, la muerte física ocurre cuando el espíritu se separa del cuerpo (véase Ro. 5:14). La Biblia también enseña tocante a la muerte espiritual. El pecador que vive en este mundo alejado de Dios está muerto en delitos y pecados (Ef. 2:1, 12). Ese es el estado de la muerte espiritual (véase Ro. 5:12). El remedio para la muerte espiritual es la fe en la persona de Cristo (véase Ro. 6:7, 23). El tercer aspecto de la muerte es el eterno. El hombre que muere sin haber recibido el regalo de la vida eterna mediante la fe en la persona de Cristo experimenta la separación eterna de Dios. La Biblia llama esa condición "la muerte segunda" (Ap. 20:6). La persona que pone su fe en Cristo es librada de la muerte segunda (véase Ro. 8:2, 38). En Lucas 16:19-31 se relata la parábola o la historia del rico y Lázaro. Ambos murieron y pasaron a la eternidad. Ambos estaban conscientes. Uno de ellos, Lázaro, estaba en el paraíso disfrutando de las bendiciones de Dios. El rico, sin embargo, estaba consciente en un sitio de condenación al que el texto llama el Hades. Resumiendo, la muerte no es ni aniquilación ni el dormir del alma. La muerte es separación tanto en el aspecto *físico* (separación entre el cuerpo y el espíritu) como en el aspecto *espiritual* (separación del hombre Dios durante la vida terrenal) y el aspecto *eterno* (separación eterna entre el hombre y Dios en la eternidad).

Mujeres: del griego *théileiai*, que significa "femenino", "hembras". Este vocablo aparece en Romanos 1:26, donde Pablo desea hacer una diferencia entre los dos sexos. Romanos 1:26 debe hacer que el lector piense en el hecho de que, originalmente, Dios creó al ser humano como "varón" y "hembra". Es una abominación absoluta delante de Dios la relación afectiva entre personas de un mismo sexo. Tal relación constituye una degeneración (véase Gn. 1:27 y 1 Co. 6:9-10).

Mundo: del griego *kósmos*. El sustantivo *kósmos* es usado en la literatura clásica griega para indicar "orden", como, por ejemplo, en una batalla o el sitio que debían ocupar los remeros de un barco. Luego se le dio el significado de "la regulación de la vida en una sociedad", "la constitución que regula una comunidad" y, finalmente, los atavíos que utiliza una mujer. En el Antiguo Testamento también se usa en el sentido de "atavío" (véase Jer. 2:32; 4:30; Is. 3:10-20). En el Nuevo Testamento el vocablo *kósmos* casi invariablemente significa "el mundo" (una excepción es 1 P. 3:3). El término "mundo" (*kósmos*), sin embargo, tiene diferentes acepciones en el Nuevo Testamento. A veces significa "el universo" (Ro. 1:20). Otras veces significa "el mundo de los seres humanos" o "la humanidad" (Ro. 3:19; 5:12). También hay casos en que "mundo" se utiliza como sinónimo de "la tierra" como lugar de habitación del hombre (Mt. 4:8). En los escritos de Juan, muchas veces el vocablo *kósmos* se refiere al sistema u orden mundial que desde que el pecado entró en la raza humana está bajo el poder de Satanás (véase 1 Jn. 15-17; Jn. 17:14-16).

Olivo silvestre: del griego *agriélaios*. Pablo utiliza dicho vocablo metafóricamente en Romanos 11:17, 24 para referirse a los gentiles de quien Dios ha tenido misericordia y han sido injertados en el "buen olivo", es decir, han sido hechos partícipes de las bendiciones del pacto abrahámico.

Paciencia: del griego *hypomoné*. Este sustantivo es un vocablo compuesto de *hypo* = debajo y *moné* = acción de quedarse. Es decir, este vocablo significa "la acción o el hecho de quedarse o permanecer debajo de algo". De ahí la idea de resistir o aguantar el peso de una prueba y, por lo tanto, ejercer la paciencia. Pablo utiliza el término "paciencia" en Romanos 4:3, 4 en relación con la fe para enseñar el resultado de la fortaleza espiritual de quien ha confiado en Dios. La paciencia o el aguante bajo la prueba hace que la fe del creyente se robustezca (véase también Ro. 8:25; 15:4-5).

Pactos: del griego *ditheikai*. Este vocablo aparece en Romanos 9:4 en singular (el pacto). Sin embargo, la forma plural (pactos) tiene un mejor apoyo textual. La referencia es a los pactos hechos por Dios con los patriarcas Abraham, Isaac, Jacob, David y el nuevo pacto (véase Gn. 15:17; 17:1-27; 26:24; 28:10-22; 35:9-15; 2 S. 7:12-16). Probablemente la expresión "los pactos" incluye también el pacto mosaico. Un pacto es un compromiso o una alianza. En el Antiguo Testamento había "pactos de sal" (véase Nm. 18:19 y 2 Cr. 13:5). Los pactos eran sellados con un juramento (Gn. 26:28; 31:53) y, además, eran confirmados mediante el sacrificio de animales. De ahí la idea veterotestamentaria de "cortar el pacto". La acción de cortar el pacto era una manera de expresar que a quien violase el compromiso le ocurriría lo mismo que a las víctimas sacrificadas.

Paga del pecado: del griego *ta opsónia teis hamartías*. Esta frase aparece en Romanos 6:23. El vocablo *opsónia* traducido "paga" se usaba con referencia al sueldo de un soldado o a la ración asignada a un esclavo. El pecado es personificado en este versículo. Aquí Pablo presenta al pecado como si fuese un jefe militar que paga el salario diario de sus soldados o un señor que da la ración de sus esclavos. ¡El pecado se paga con la muerte! (véase Stg. 1:15).

Pasiones vergonzosas: del griego *pathei atimías*. Pablo usa esta expresión en Romanos 1:26 para explicar el acto judicial de Dios al entregar a los gentiles a "pasiones de deshonra" o a "pasiones deshonrosas" a causa de la rebeldía de ellos, tal como el apóstol lo explica en 1:25. Es incuestionable que las "pasiones vergonzosas" tiene que ver con pasiones sexuales y se corresponden con la "inmundicia" (*akatharsían*) mencionada en 1:24. La expresión "deshonraron entre sí sus propios cuerpos" (1:24) es ampliada por medio de la expresión "Dios los entregó a pasiones vergonzosas." No fue un acto permisivo sino un acto decisivo y judicial.

Pecado: es todo aquello que no está en conformidad con el carácter de Dios. El apóstol Juan dice que "...el pecado es infracción de la ley" (1 Jn. 3:4). La idea que aparece en Romanos 2:23 destaca la falta de conformidad con la gloria de Dios. Probablemente la gloria de Dios significa su carácter. En el Nuevo Testamento se utilizan doce palabras distintas para describir lo que es el pecado:

1. *Adikía* (injusticia), Romanos 1:8.
2. *Anomos* (traducido por "inicuo", pero literalmente "sin ley"), 2 Tesalonicenses 2:8.
3. *Agnoein* (ignorancia, desconocimiento), Romanos 2:4.
4. *Asebes* (impío, sacrílego), Romanos 4:5.
5. *Enochos* (culpable), 1 Corintios 11:27; Santiago 2:10.
6. *Hamartía* (errar el blanco correcto y darle al incorrecto), Romanos 5:12; 6:1, 23.
7. *Kakós* (malo, defectuoso, inhábil), Romanos 12:17; 13:3-4.

8. *Parabátes* (transgresor, violador), Romanos 2:23; 5:14.
9. *Ponerós* (malo, perverso, maligno), Romanos 12:9; 1 Tesalonicenses 5:22.
10. *Paráptoma* (falta, error, delito, caer), Romanos 5:15-20.
11. *Planáo* (extraviar, desviar, apartar del buen camino), 1 Juan 1:8; 1 Pedro 2:25.
12. *Hypókrisis* (fingimiento, hipocresía), 1 Timoteo 4:2; Gálatas 2:11-21.

Predestinar: del griego *proóridso*. Este es un verbo compuesto de *horídso* = designar, determinar, y *pro* = pre, de antemano, predeterminar. Pablo usa dicho vocablo en Romanos 8:29-30 para describir el propósito de la gracia electiva de Dios. Predestinación es el propósito predeterminado de Dios para los elegidos. La predestinación de los elegidos tuvo lugar en la eternidad (véase Ef. 1:5). La Biblia no dice nada tocante a la predestinación de los no elegidos. Bíblicamente, la predestinación se relaciona con los elegidos y les asegura tanto su posición presente como su destino final.

Predicación de Jesucristo: del griego *to kéirygma Ieisou Christou*. Esta frase va precedida de la conjunción *kai* usada con función explicativa (uso frecuente en el griego). De modo que significa "es decir", "esto es". La idea puede expresarse así: "Y al que puede confirmaros según mi evangelio, es decir, [según] la predicación de Jesucristo..." (Ro. 16:25). Lo que Pablo dice es que *su evangelio* es ni más ni menos que la *proclamación de Jesucristo*. El contenido fundamental del evangelio de Pablo era la persona de Cristo.

Presciencia: del griego *proginósko*. Este es un verbo compuesto de *pro* = de antemano, pre, y *ginósko* = conocer. Pablo usa dicho verbo en Romanos 8:29. Allí Pablo expresa que Dios "conoció de antemano" a ciertos individuos. El texto no dice que Dios preconoció las acciones de individuos sino que preconoció a los individuos en sí. Ese conocimiento previo tuvo lugar antes de que el tiempo fuese (Ef. 1:4; 2 Ti. 1:9). Cuando Dios es el sujeto del verbo *proginósko*, el significado de dicho verbo equivale a "elegir" o "seleccionar". En ese sentido se usa el verbo hebreo *yadá* en Amós 3:2, donde Dios le dice a Israel: "A vosotros solamente he conocido de todas las familias de la tierra...". Ciertamente Dios conocía la existencia de las demás naciones, pero sólo Israel fue escogida para cumplir sus propósitos.

Profetas: del griego *profeitikón* y significa "uno que habla por otro", especialmente "uno que habla por Dios". Los profetas del Antiguo Testamento fueron personas escogidas por Dios para que proclamasen y enseñasen al pueblo de Israel los preceptos de la ley de Dios. A veces los profetas predecían cosas que iban a ocurrir en el futuro. Otras veces denunciaban el pecado de la nación (véase el libro de Amós). Los profetas del Nuevo Testamento eran fundamentalmente una continuación de los del Antiguo Testamento. Los profetas neotestamentarios fueron dados a la iglesia como fundamento de la misma (Ef. 2:20) quienes, conjuntamente con los apóstoles, dieron las Escrituras inspiradas a la Iglesia (Ro. 16:26). Tanto en el Antiguo como en el Nuevo Testamento, el profeta genuino era una persona autorizada por Dios para ser un portador de su palabra. Debe destacarse, además, que puesto que los profetas del Nuevo Testamento junto con los apóstoles son el fundamento de la Iglesia, desde que estos murieron ambos oficios cesaron. Es decir, hoy día no existen ni profetas ni apóstoles genuinos.

Promesa: del griego *epangelía*. Este vocablo aparece en Romanos 4:13 donde Pablo trata el tema de la relación entre Abraham y los creyentes tanto judíos como gentiles. El sustantivo *epangelía* no se refiere al acto de prometer, sino a lo que se promete. *Epangelía* (promesa) es el antecedente de la frase "que sería heredero del mundo". Esa fue la promesa que Dios hizo a Abraham (véase Gn. 12:2; 13:16; 15:5; 17:4-6).

Propiciación: del griego *hilastéirion*. Este vocablo significa "lo que hace expiación o propicia", "el medio por el cual se hace expiación". También puede significar "el lugar donde se hace expiación" (el propiciatorio). Teológicamente, propiciación significa apartar o alejar la ira mediante la presentación de una ofrenda. Desde el punto de vista bíblico, propiciación es el aspecto de la expiación que mira hacia Dios. Dios está airado con el hombre a causa del pecado. La ira de Dios necesita ser aplacada (véase Dt. 6:14-15; Jos. 23:16; Sal. 88:7). También el Nuevo Testamento menciona el hecho de la ira de Dios (Jn. 3:36; Ro. 1:18; 2:5; Ef. 2:13). La ira de Dios fue derramada en el Antiguo Testamento en repetidas ocasiones (véase Gn. 6-9; 11; 19; Dt. 13:15-17). En Romanos 3:25 Pablo dice que Dios "puso" (*proétheto*), es decir, "ha presentado públicamente" a Cristo como "propiciación" por medio de la fe en su sangre. La muerte de Cristo ha satisfecho las demandas de la justicia y de la santidad de Dios. De modo que la ira de Dios ha sido propiciada, satisfecha y, por lo tanto, aplacada (véase 1 Jn. 2:2; 4:10).

Propósito: del griego *prothesin*. Pablo usa este vocablo en Romanos 8:28; Efesios 1:11; 3:11; 2 Timoteo 1:9. Dicho término se refiere al decreto eterno de Dios por el cual, según el puro afecto de su voluntad, para su gloria, Dios ha preordenado todas las cosas que han de suceder. En Romanos 8:28 el propósito tiene que ver con la salvación de los escogidos.

Ramas naturales: del griego *katá fysin kládon*. Esa expresión se encuentra en 11:21 y se refiere a los judíos incrédulos. La frase "ramas naturales" es una metáfora que sugiere el hecho de que aunque son incrédulos siguen siendo simiente de Abraham. Pero a pesar de ser simiente de Abraham han sido disciplinados por Dios.

Reconciliación: del griego *katalásso*, que significa cambiar una relación de enemistad por una de amistad. Teológicamente la reconciliación es el aspecto de la obra de Cristo que mira hacia el hombre. El ser humano, a causa del pecado, se ha constituido en enemigo de Dios y necesita ser reconciliado con su creador. El sacrificio de Cristo en la cruz ha hecho posible la reconciliación. En Romanos 5:10 Pablo dice: "Porque si siendo enemigos, fuimos reconciliados con Dios por la muerte de su Hijo, mucho más, estando reconciliados, seremos salvos por su vida" (véase también 2 Co. 5:18-21). En Romanoas 5:11 el vocablo *reconciliación* es teológicamente equivalente a *expiación*.

Redención: del griego *apolytrosis* que significa la liberación que se alcanza mediante el pago de un rescate. En Romanos 3:24 Pablo presenta el hecho de que la justificación del creyente se debe a que Cristo ha pagado el rescate de su liberación. El vocablo *apolytrosis* se usaba para describir el rescate que se pagaba para liberar a los prisioneros de guerra. Algunos escritores modernos pretenden negar la idea del pago de un rescate y para ello aluden al uso de *apolytrosis* en la Septuaginta y en algunos pasajes del Nuevo Testamento. Pero en Efesios 1:7, Pablo afirma que la redención (*apolytrosis*) es "a través de" (*dià*) la sangre de Cristo.

Régimen nuevo: del griego *kainóteiti*. Pablo usa esa expresión en Romanos 7:6, donde se refiere a la "novedad del Espíritu" o "el estado nuevo del Espíritu". La referencia parece ser a la nueva relación que el creyente tiene con el Espíritu Santo sobre la base de la muerte y resurrección de Cristo, comenzando el día de Pentecostés.

Régimen viejo: del griego *paleióteiti*. Esta expresión también aparece en Romanos 7:6, donde Pablo contrasta "el estado nuevo del Espíritu" y "el estado viejo de la letra". La expresión "régimen viejo" parece referirse a estar bajo la ley mosaica. El creyente ha muerto con Cristo y, por lo tanto, ha muerto al "régimen viejo" que tiene que ver con los preceptos de la ley. De modo que el cristiano está "libre de la ley" (Ro. 7:6) y sirve a Dios bajo "el régimen nuevo del Espíritu".

Reino de Dios: del griego *he basileia tou theou*. Esta expresión aparece en Romanos 14:17 y es la única referencia al reino de Dios que Pablo hace en la Epístola a los Romanos. La expresión "reino de Dios" tiene varias acepciones: (1) a veces se refiere al reino eterno y universal de Dios que ha existido y existirá para siempre (véase Sal. 103:19; 145:13). (2) Otras veces se refiere al reino mesiánico terrenal que será establecido cuando Cristo regrese a la tierra con poder y gloria (véase Dn. 2:44; Mt. 6:10; Lc. 1:32-33; Ap. 11:15). (3) Hay, además, un uso espiritual de dicha expresión. En Romanos 14:17 Pablo parece referirse a ese aspecto del reino de Dios. El reino espiritual no se caracteriza por comidas ni bebidas, sino por "justicia, paz y gozo en el Espíritu Santo". Los creyentes han sido trasladados a ese reino por la fe en Cristo (Col. 1:13).

Remanente: del griego *hypóleimma*, que significa "resto", "residuo", "remanente" (véase Ro. 9:27) y *leimma*, que significa "resto" (véase Ro. 11:5). Se refiere al número de israelitas que serán salvos en los postreros días, disfrutarán de las bendiciones del pacto abrahámico y del reino del Mesías.

Restauración: este vocablo aparece en Romanos 11:12 en la Reina-Valera 1960. La traducción de la R/V 60 no se ajusta al texto griego. Una traducción más cercana al texto griego es la siguiente: "Pero si su caída es riqueza del mundo, y su merma riqueza de [los] gentiles, ¡cuánto más [lo será] su número pleno" (*Sagrada Biblia*, versión crítica sobre los textos hebreos, arameo y griego, por Francisco Cantera Burgos y Manuel Iglesias González). La expresión "plena restauración" es la traducción del vocablo *pléiroma*. En el contexto de Romanos 11:12, *pléiroma* probablemente significa "número total y completo". Restauración se refiere, por lo tanto, al número pleno del remanente de Israel que disfrutará de las bendiciones futuras que aún aguardan a dicha nación como resultado del cumplimiento de los pactos antiguotestamentarios.

Resurrección: del griego *anástasis* que significa "levantamiento", "acto de levantarse o despertar", "resurrección". Pablo usa dicho vocablo en Romanos 1:4 con referencia a la resurrección de Cristo, es decir, su regreso a la vida corporal después de haber muerto y permanecido en la tumba tres días. En Romanos 6:5, Pablo usa el término resurrección para referirse a la unión vital del creyente con Cristo y a su identificación con El en su muerte y resurrección al momento de creer. La resurrección de Cristo es la base de todas las resurrecciones (véase 1 Co. 15). La Biblia enseña que habrá una resurrección para vida (Jn. 6:25-29*a*) y otra para condenación (Jn. 6:29*b*). La resurrección futura se efectuará por el poder de Jesucristo (Jn. 6:40; 11:25).

Retribución: del griego *antapódoma* que significa "recompensa", "paga", "retribución". Pablo usa ese vocablo en Romanos 11:9 donde cita el Salmo 69:22-23. Teológicamente, retribución significa el merecido castigo de los inicuos.

Revelación: del griego *apokálypsis*. Pablo usa este término en Romanos 2:5 y 16:25. Este vocablo tiene varias acepciones en la Biblia: (1) algunas veces se refiere a todo lo que Dios ha dado a concoer en el universo; (2) otras veces se refiere a las Sagradas Escrituras; y (3) también dicho vocablo se usa tocante a la venida de Cristo en gloria. En Romanos 2:5 "revelación" se refiere a la manifestación futura de la ira de Dios. En Romanos 16:25 la referencia es al conocimiento tocante al evangelio que Dios dio a los apóstoles y, a través de ellos, a la Iglesia.

Sacrificio vivo: del griego *thysían dsóson* que literalmente significa "ofrenda o sacrificio viviente". Pablo usa esa expresión en Romanos 12:1 como una exhortación a los creyentes a realizar una entrega completa de sus vidas a Dios.

Sacrilegio: del griego *hierosyleis*. Este vocablo se usa en Romanos 2:22 y significa "robar un templo". La expresión podría referirse al robo de artículos pertenecientes a templos paganos. El argumento presentado por Pablo es que, por un lado, los judíos hacían alarde de su odio a la idolatría, pero, por otro lado, usaban objetos robados de los templos paganos o por ellos mismos o comprados a quienes los robaban.

Salvación: del griego *soteirían*. Es la completa liberación de todos los efectos del pecado para aquel que deposita su fe en la persona y la obra de Cristo. La salvación espiritual es un acto de la gracia soberana de Dios en el que no intervienen méritos humanos de clase alguna (véase Ro. 1:16; 10:10; 13:11). El vocablo "salvar" también se usa muchas veces en el Nuevo Testamento para indicar liberación en el sentido físico (véase Mt. 14:30; Stg. 5:20). Los usos mencionados en Romanos parecen referirse en su totalidad a la salvación espiritual.

Santas Escrituras: del griego *grafais hagíais*. Esta expresión aparece en Romanos 1:2. Dicha expresión se refiere a la Escrituras canónicas que fueron escritas bajo la dirección del Espíritu Santo. En la Carta a los

Romanos, Pablo usa algunas expresiones que son sinónimas de Santas Escrituras. Por ejemplo: "la palabra de Dios" (*tá lógia tou theou*) en Romanos 3:2; "la Escritura" (*hé grafé*) en 4:3 y 9:17; "las Escrituras de los profetas" (*grafón profeitikón*) en 16:26.

Santos: del griego *hagios*. Este vocablo significa "separado", "apartado", particularmente para Dios. Pablo usa dicho término en Romanos 1:17; 8:27; 12:13; 15:25, 26, 31; 16:2, 15. En todos esos pasajes la referencia es a creyentes que aún vivían en la tierra. De manera que Pablo utiliza el vocablo "santos" como sinónimo de creyente. Por lo tanto, según la Biblia, santo es todo aquel que ha puesto su fe en Cristo (véase Fil. 1:1).

Satanás: del griego *satanan*. Este vocablo significa "adversario", "opositor". Pablo usa dicho sustantivo en Romanos 16:20 donde afirma la derrota de dicho personaje. Satanás es el rey de las tinieblas y el enemigo de Dios. El es el tentador y el acusador de los creyentes (véase Ap. 12:9-10).

Señor Jesucristo: del griego *kyrios Ieisus Christos*. Pablo usa esos sustantivos en Romanos 1:4 y 1:7. El sustantivo *kyrios* significa "señor" y se usa en el Nuevo Testamento de manera general. Pero con relación a Cristo adquiere el sentido que en el Antiguo Testamento tienen "Jehová" y "Adonai". Señor Jesucristo es, por lo tanto, un título de la completa deidad de nuestro Señor. En Romanos 10:9 donde el contexto es manifiestamente judaico, Pablo dice: "Que si confesares con tu boca que Jesús es Señor...". En ese versículo, Señor es equivalente a Jehová. De modo que Pablo exhorta al judío a reconocer que Jesús es Jehová para que sea salvo.

Siervo: del griego *doulos*. Este sustantivo significa "esclavo" y en la literatura clásica describía una persona que por naturaleza no se pertenecía a sí misma sino a otro. Pablo utiliza dicho vocablo 30 veces en sus epístolas. En el sentido social, Pablo manda a los esclavos a obedecer a sus amos y a no rebelarse contra ellos (véase Col. 3:22; Ef. 6:5). En sentido espiritual, Pablo se consideraba a sí mismo un esclavo de Jesucristo (Ro. 1:1). Es decir, Pablo voluntariamente había renunciado al uso de su voluntad y se había sometido a la voluntad de Cristo.

Tiempos eternos: del griego *chrónois aioníois*. Esta frase aparece en Romanos 16:25. Es probable que dicha expresión contemple el pasado remoto cuando el evangelio de Jesucristo no había sido revelado. Más probable aún es que se refiera al tiempo antes de la creación cuando el propósito eterno de Dios estaba escondido en Dios mismo.

Transgresión: del griego *paráptoma*. Este vocablo aparece en Romanos

5:15, 17, 18, 20. Este término destaca el hecho de una caída que se considera deliberada. También se usa la palabra *parábasis* (Ro. 4:15 y 5:14), donde se traduce por "transgresión" y también tiene el sentido de "violación", "falta", "prevaricación". En todos los casos ambos vocablos se utilizan para destacar aspectos de la pecaminosidad del hombre.

Tribulaciones: del griego *thlípsesin*. Este sustantivo aparece en Romanos 5:3. La referencia es a las aflicciones que se padecen en la vida terrenal, es decir, las pruebas de la vida diaria. El creyente en Cristo puede gloriarse incluso en medio de las pruebas que le afligen en la vida diaria a causa de la esperanza que tiene en Cristo Jesús.

Tribunal de Cristo: del griego *béimati tou Christou*. En algunos manuscritos aparece la lectura "tribunal de Dios" (Ro. 14:10). *Beima* era un estrado o plataforma donde se sentaban los jueces que otorgaban las coronas o galardones a quienes ganaban las competencias atléticas. El tribunal de Cristo es el sitio donde las obras de los creyentes serán juzgadas. Los creyentes mismos no serán juzgados, sino sólo sus obras. Será un juicio no para condenar, sino para otorgar galardones a los vencedores (véase 1 Co. 3:11-15; 4:5; 2 Co. 5:10).

Único y sabio Dios: del griego *mónoi sofoi theoi* que omite la conjunción "y". Esta frase forma parte de la doxología comenzada en 16:25. En ella Pablo declara el carácter único de Dios, es decir, no hay otro ser semejante a El. Dios es único en su esencia, su majestad y sus atributos. El es perfecto en todo su ser y en todos sus actos. No sólo es el único Dios, sino también el único *sabio* Dios. La sabiduría de Dios es eterna, total y santa. Dios no sólo es omnisciente (sabe todas las cosas), sino que además es perfectamente sabio en todos sus actos.

Uso natural: del griego *fysikèin chreisin*. Esta expresión aparece en Romanos 1:26-27. En estos versículos la referencia es al uso correcto del sexo. Los hombres y las mujeres descritos en Romanos 1:18-32 cambiaron el uso natural del sexo, es decir, el uso para el cual el Creador diseñó esa relación, y se entregaron a prácticas contrarias a la naturaleza, tales como el homosexualismo, el lesbianismo y, probablemente, el sodomismo.

Vasos de ira: del griego *skeúei orgeis*. Esta expresión aparece en Romanos 9:22, y se refiere a quienes rehusan arrepentirse y reconocer la soberanía de Dios. Los tales son objetos de la ira de Dios. Según Efesios 2:3 no tiene que ser una condición permanente. El pecador que pone su fe en Cristo es librado de la ira de Dios (véase Jn. 3:36).

ocabulario teológico de la Epístola a los Romanos 347

Vasos de misericordia: del griego *skeúei eléous*. Esta frase contrasta con la expresión "vasos de ira" de 9:22. Los "vasos de misericordia" parece referirse a los elegidos de Dios mencionados en Romanos 8:28-30. Obsérvese que la frase habla de "vasos de misericordia" y no de "vasos de favoritismo". El contexto inmediato de Romanos 9:23 tiene que ver con el remanente de Israel que ha puesto su fe en el Mesías, pero también se extiende a los llamados de entre los gentiles.

Vida eterna: del griego *dsoéin aiónion* (véase Ro. 2:7). Se refiere a la misma vida de Dios que es dada a quien pone su fe en Cristo. La vida eterna es un regalo de la gracia de Dios sin que intervengan méritos u obras humanas de clase alguna (véase Jn. 3:16; 5:24; Ro. 6:23).

Vida nueva: del griego *kainóteiti dsoeis*. Esta expresión describe la conducta del creyente. La persona que se ha identificado con Cristo por la fe ha recibido una vida nueva y el aspecto moral de esa vida tiene que ver con el comportamiento o estilo de vida que caracteriza a esa persona mientras viva en este mundo (véase 2 Co. 5:17; Ro. 6:11-14; 12:1-2).

Viejo hombre: del griego *palaiós ánthropos*. Se refiere a la naturaleza caída en su totalidad. Lo que el hombre sin Cristo o el hombre en Adán es. Cuando el pecador pone su fe en Cristo y se identifica con la persona del Salvador, el viejo hombre es cocrucificado con el Señor. En Romanos 6:6 la frase "viejo hombre" es sinónimo de la expresión "cuerpo del pecado". Ambas expresiones apuntan a la naturaleza pecaminosa.

Bibliografía

Libros en castellano

*Allen, C.J. *Comentario sobre Romanos*. El Paso: Casa Bautista de Publicaciones, 1958.

*Brokke, Harold J. *Explorando el libro de Romanos*. Miami: Editorial Betania, 1989.

*Calvino, Juan. *Epístola a los Romanos*. Grand Rapids: Subcomisión de Literatura Cristiana, 1977.

Crandfield, C.E.B. *A Critical and Exegetical Commentary on the Epistle to the Romans*, 2 tomos. Edimburgo: T&T Clark, 1975, 1979.

*Dana, H. E. y Mantey, J. R. *Gramática griega del Nuevo Testamento*. El Paso: Casa Bautista de Publicaciones, 1975.

*Erdman, Carlos R. *La Epístola a los Romanos*. Grand Rapids: TELL, 1972.

*Harrison, Everett, ed., *Comentario bíblico Moody: Nuevo Testamento*. "Romanos", por A. Berkeley Mickelsen. Grand Rapids: Editorial Portavoz, 1965.

*Ironside, Harry A. *Estudios sobre la Epístola a los Romanos*. Terrassa: CLIE.

*Kunz, Marilyn y Schell, Catherine. *La carta de Pablo a los Romanos*. Buenos Aires: Ediciones Certeza.

Liddon, H.P. *Explanatory Analysis of St. Paul's Epistle to the Romans*. Minneapolis: James and Klock Christian Publishing Co., 1977.

Luther, Martin: *Commentary on the Epistle to the Romans*. Una nueva traducción por J. Theodore Mueller. Grand Rapids: Kregel Publications, 1977.

*Mac Gorman, Jack W. *Romanos: el Evangelio para todo hombre*. El Paso: Casa Bautista de Publicaciones, 1976.

McClain, Alva J. *Romans: The Gospel of God's Grace*. Chicago: Moody Press, 1973.

Moo, Douglas. "Romans 1-8". *The Wycliffe Exegetical Commentary*. Kenneth Barker, General Editor. Chicago: Moody Press, 1991.

Murray, John. *The Epistle to the Romans*. Grand Rapids: William B. Eerdmans Publishing Co., 1971.

*Newell, Willam R. *Romanos: versículo por versículo*. Grand Rapids: Editorial Portavoz, 1984.

*Pettingill, William L. *Estudios sencillos sobre Romanos*. Terrassa: CLIE.

Rienecker, Fritz. *A Linguistic Key to the Greek New Testament*. Traducido y revisado por Cleon L. Roger, Jr. Grand Rapids: Zondervan, 1980.

*Robertson, A. T. *Imágenes verbales en el Nuevo Testamento*. Terrassa: CLIE, tomo 4, 1989.

*Simpson, A. B. *La Epístola a los Romanos*. Terrassa: CLIE.

*Steele, Daniel y Thomas, Curtis. *Romanos: un bosquejo explicativo*. Grand Rapids: TELL, 1970.

Stifler, James A. *The Epistle to the Romans*. Chicago: Moody Press, 1960.

*Stott, John R. W. *Hombres nuevos: un estudio de Romanos 5—8*. Buenos Aires: Ediciones Certeza.

*Trenchard, Ernesto. *Epístola a los Romanos*. Grand Rapids: Editorial Portavoz, 1969.

APOCALIPSIS
La consumación del plan eterno de Dios

EVIS L. CARBALLOSA

Uno de los mejores estudios exegéticos del libro de Apocalipsis disponibles en español.

Como conclusión de la revelación escrita de Dios para el hombre, el libro del Apocalipsis es vital para comprender las escenas finales de la historia tal como la conocemos, y el inicio de la soberanía absoluta en el reinado de Dios como Rey de reyes.

NUESTRA VISIÓN

Maximizar el efecto de recursos cristianos de calidad que transforman vidas.

NUESTRA MISIÓN

Desarrollar y distribuir productos de calidad —con integridad y excelencia—, desde una perspectiva bíblica y confiable, que animen a las personas a conocer y servir a Jesucristo.

NUESTROS VALORES

Nuestros valores se encuentran fundamentados en la Biblia, fuente de toda verdad para hoy y para siempre. Nosotros ponemos en práctica estas verdades bíblicas como fundamento para las decisiones, normas y productos de nuestra compañía.

Valoramos la excelencia y la calidad
Valoramos la integridad y la confianza
Valoramos el mérito y la dignidad de los individuos
y las relaciones
Valoramos el servicio
Valoramos la administración de los recursos

Para más información acerca de nuestra editorial y los productos que publicamos visite nuestra página en la red: www.portavoz.com